HERA LIND

Die Frau, die zu sehr liebte

Roman nach einer wahren Geschichte

Diana Verlag

Vorbemerkung
Dieses Buch erhebt keinen Faktizitätsanspruch. Es basiert zwar zum Teil
auf wahren Begebenheiten und behandelt typisierte Personen, die es so
oder so ähnlich gegeben haben könnte. Diese Urbilder wurden jedoch
durch künstlerische Gestaltung des Stoffs und dessen Ein- und Unter-
ordnung in den Gesamtorganismus dieses Kunstwerks gegenüber den
im Text beschriebenen Abbildern so stark verselbstständigt, dass das
Individuelle, Persönlich-Intime zugunsten des Allgemeinen, Zeichen-
haften der Figuren objektiviert ist.

Für alle Leser erkennbar erschöpft sich der Text nicht in einer reportage-
haften Schilderung von realen Personen und Ereignissen, sondern be-
sitzt eine zweite Ebene hinter der realistischen Ebene. Es findet ein Spiel
der Autorin mit der Verschränkung von Wahrheit und Fiktion statt. Sie
lässt bewusst Grenzen verschwimmen.

Zitatnachweis S. 59/60:
Erich Kästner, *Sachliche Romanze* aus: *Lärm im Spiegel.* © Atrium Verlag,
Zürich 1929 und Thomas Kästner (ISBN 978-3-85535-398-9)

MIX
Papier aus verantwor-
tungsvollen Quellen
FSC® C014496

Verlagsgruppe Random House FSC® N001967
Das für dieses Buch verwendete
FSC®-zertifizierte Papier *Holmen Book Cream*
liefert Holmen Paper, Hallstavik, Schweden.

Originalausgabe 12/2015
Copyright © 2015 by Diana Verlag, München,
in der Verlagsgruppe Random House GmbH
Umschlaggestaltung: t.mutzenbach design, München
Umschlagmotiv: © Susan Fox/trevillion images
Satz: Leingärtner, Nabburg
Druck und Bindung: GGP Media GmbH, Pößneck
Printed in Germany
Alle Rechte vorbehalten
ISBN 978-3-453-35782-2

www.diana-verlag.de

Für Patti, Simon und Barbara,
ohne euch hätte ich es nicht geschafft

1

Nebenan rief jemand meinen Namen. »Linda!«
Ich hob den Kopf und machte einen langen Hals. Im Nachbargarten hob ein dunkelhaariger Mann kopfschüttelnd einen Roller auf und lehnte ihn an die Hauswand.

»Meint der mich?«, fragte ich amüsiert.

»Bist du elf und hast Zöpfe?« Michaela grinste. »Seine kleine Tochter heißt auch Linda.«

Sie griff zu einem Glas Weißwein, das wir uns an diesem frühsommerlichen Spätnachmittag gönnten, und prostete mir zu. »Heißt du eigentlich wirklich Linda, oder ist das eine Abkürzung von Sieglinde, Gerlinde oder etwas noch Schrecklicherem?«

»Ich heiße wirklich Linda«, bemerkte ich nicht ohne Stolz. »Wenn meine Eltern auch sonst viel verkehrt gemacht haben!«

»Der passt auch echt zu dir.« Michaela sah mich anerkennend an. »Strahlend und blond, und die Kurven da, wo sie hingehören … Linda heißt ja ›die Schöne‹, oder nicht?«

»Ach komm, hör auf, dich über mich lustig zu machen!« Ich schaute verlegen zu Boden und ließ meine große Zehe mit der knallroten Sandalette spielen, die mir vom Fuß gerutscht war.

»Ich hab zehn Kilo zu viel auf den Rippen, mein Blond ist nicht echt, und strahlen tu ich nur, weil es bei dir saugemütlich ist und wir endlich mal in Ruhe quatschen können.«

Das taten wir. Ungehemmt. Über Männer, Kinder, Schwiegermütter, Sehnsüchte und Träume.

Michaela schüttelte lächelnd den Kopf und bedachte mich mit einem liebevollen Blick.

Ich mochte sie sehr, diese unkomplizierte, ausgeglichene Freundin. Wir genossen die laue Frühlingsluft im schicken Frankfurter Wohnviertel, in dem sich gepflegte Einfamilienhäuser um nette Gärten gruppierten. Überall gab es Swimmingpools, Schaukeln, Klettergerüste und große Trampolins. Michaelas Sohn Alex feierte seinen zwölften Geburtstag und tobte mit seiner Gästeschar, zu der auch meine Kinder Patti und Simon gehörten, um die Tischtennisplatte im Keller herum. Es roch nach gebratenen Würstchen, Schokoladenkuchen und feuchtem Gras. Auf der Terrasse wehten die Luftschlangen, Luftballons und bunten Girlanden um die Wette – zumindest das, was die Rasselbande davon übrig gelassen hatte.

Der Mann im Nachbargarten suchte immer noch nach seiner Tochter. »Linda!«, rief er nimmermüde. Seine Stimme war angenehm sonor.

»Sollen wir es ihm sagen?« Ich wies mit dem Kinn nach drüben.

»Nee. Dann war's das mit unserer herrlichen Ruhe.« Michaela schloss die Augen und ließ sich die Sonne ins Gesicht scheinen.

»Dass die Kinder sich kein bisschen um das herrliche Wetter scheren! Die kommen ja gar nicht mehr aus dem Keller!«

Ich nickte. »Die Tischtennisplatte war eine gute Investition. Ich werde Jochen bitten, dass unsere Kinder auch eine bekommen.«

Michaela warf einen Eiswürfel in ihr Glas und bot mir auch einen an.

»Her damit! Macht wenigstens nicht dick.«

»Also wirklich, Linda, ich weiß gar nicht, was mit deiner Selbstwahrnehmung nicht stimmt.« Michaela musterte mich prüfend. »Du siehst aus wie Brigitte Bardot in den besten Jahren …«

»Brigitte Bardot in den Wechseljahren?«

»… und deine Kurven sind doch sehr weiblich und sexy in diesem roten Sommerkleid!«

Ich schüttelte den Kopf. »Michaela, du bist echt süß.« Mit einem Seitenblick auf den sonoren Nachbarn senkte ich die Stimme. »Aber wenn ich weiblich und sexy bin, warum hab ich dann seit drei Jahren keinen Sex mehr?«

»Hast du nicht? Echt nicht?« Michaelas graue Augen wurden rund. Sie war eher ein unscheinbarer Typ mit ihren kurzen braunen Haaren, ihren Shorts und Turnschuhen und dem verwaschenen T-Shirt. Sie hatte fein geschnittene Gesichtszüge, wirkte immer glücklich und zufrieden und konnte wunderbar zuhören. Sie selbst führte offensichtlich eine sehr gute Ehe mit ihrem Mann Rainer, der Tierarzt war. Jedenfalls kam nichts Gegenteiliges aus ihrem Munde.

»Nee.« Ich nahm hastig einen Schluck Wein. »Toll, was?«

»Ja, aber dein Jochen …«

Ich grinste schief. »Wir leben jetzt seit knapp zwanzig Jahren zusammen und haben uns nichts mehr zu sagen.«

Michaela sah mich zweifelnd an. »Er ist so ein lieber, netter Kerl!«

Ich stellte das Glas etwas zu heftig auf den Tisch. »Und ich denk mir immer, Linda, war's das etwa schon?«

»Ach komm, das sagt doch jede Frau mal …« Michaela legte die Hand auf meinen Arm. »Du, Lady in Red? Bei deinem Sexappeal?« Ungläubig runzelte sie die Stirn.

Ich sah Michaela stumm an, für die meine Offenbarung wohl ziemlich überraschend kam.

»Echt? Euer Liebesleben liegt total brach?« Das musste sie wohl erst mal verdauen.

Mir lag diese Tatsache ja selbst schwer im Magen. Seit wieder Sommer war, ganz besonders. Verlegen wippte ich mit dem Fuß, bis meine knallrote Sandalette in Michaelas Blumenbeet kullerte. Gereizt wippte ich weiter. Mein Zehennagellack passte farblich zu meinem Kleid und meinen Sandaletten. Soeben war ich noch bei der Pediküre gewesen, hätte meine Füße aber genauso gut in grobe Wanderstiefel oder Gesundheitslatschen zwängen können. Und die ganze Linda in einen Kartoffelsack packen. Mein Mann Jochen merkte sowieso nichts.

»Wofür mach ich das eigentlich alles?« Ich strich mein schickes Kleid glatt. »Verdammt, Michaela, ich bin jetzt Mitte vierzig, und mehr als die Hälfte meines Lebens ist vorbei.« Ich warf die Hände in die Luft und sah sie herausfordernd an. »Ich möchte mich noch einmal spüren!«

»Ach komm!« Michaela legte wieder ihre schmale kleine Hand auf meinen Arm. »So kenne ich dich ja gar nicht. Was ist denn los?« Mitfühlend sah sie mich an. »Ich hab Jochen und dich immer als sehr harmonisches Paar empfunden.«

»Nach außen hin sind wir das auch, aber letztlich …« Ich schielte über die Hecke.

»Letztlich was?«

»Nimmt er mich als Frau überhaupt nicht mehr wahr.«

»Aber Linda, er ist ein viel beschäftigter Arzt! Ich hab dich immer um ihn beneidet!«

»Echt? Ich schenk ihn dir.« Ich angelte nach meiner Sandalette und streifte sie mir wieder über den Fuß. Dabei gewährte ich dem immer noch nach seiner Tochter suchenden Nachbarn nicht ganz zufällig Einblick in mein üppiges Sommer-Dekolleté. Der Typ blieb stehen und schaute mich kurz an. Er sah wirklich gut aus. Sehr sogar. Und er nahm mich wahr. Verdammt. Das war mir schon lange nicht mehr passiert. Seit ein paar Jahren hielt ich mich für unsichtbar.

»Linda!« Er spähte ins Gesträuch. »Wo steckst du denn?«

»Hier, Süßer«, sang ich halblaut.

»Lass ihn.« Michaela beugte sich vertraulich vor. »Erzähl lieber!«

»Jochen geht morgens um halb sieben aus dem Haus und fährt in seine Praxis«, berichtete ich bereitwillig. »Dann kommt er mittags gestresst nach Hause und schlingt sein Essen herunter. Währenddessen checkt er seine E-Mails auf dem iPad und seine SMS auf dem Handy, und zur allgemeinen Unterhaltung hat er Medizinjournale neben seinem Teller liegen mit ekligen Geschwüren, amputierten Zehen oder widerlichem Ausschlag – gern auch an den Genitalien. Die liest er dann, während er seine Suppe schlürft.«

Michaela lachte glockenhell. »Du bist wirklich ne Marke, Linda!«

Das fand ich auch. Ich hatte mich richtig in Rage geredet und warf meine blonden Haare nach hinten, was den Nachbarn bei seiner Tochtersuche innehalten ließ. Ich senkte die Stimme. »Und abends ist es wieder genau das Gleiche. Nur dass dann noch der Fernseher läuft und er laut mit seiner neunzigjährigen, schwerhörigen Mutti telefoniert.«

Michaela lachte sich kaputt. »Das Horrorszenario schlechthin!«

»Jochen hält mich für einen Haushaltsgegenstand«, petzte ich weiter. »Da kann ich ihm in Körbchengröße Doppel-D sein Steak servieren oder meinen selbst gebackenen Streuselkuchen unter die Nase schieben, sooft ich will: Er verschlingt das alles, ohne mich auch nur eines Blickes zu würdigen, und diktiert dabei Gutachten zu Neurodermitis und Abszessen!«

»Er scheint ein absoluter Workaholic zu sein. Andererseits habt ihr eine Menge geschafft: du mit deinem betriebswirtschaftlichen Know-how und er als angesehener Dermatologe. Es geht euch doch gut, Linda. Ihr habt ein tolles Haus, die Praxis läuft gut, die Kinder gehen aufs Gymnasium, sind gesund und munter …«

»Nach außen hin ist alles super, das geb ich gerne zu!« Ich nahm noch einen Schluck Wein.

»Linda!«, schrie der Nachbar, jetzt zunehmend genervt.

»Hier bei der Arbeit«, murmelte ich. »Weißt du, Jochen ist kein schlechter Mensch, diesen Eindruck will ich auch gar nicht vermitteln. Aber ich sehe mir selbst beim Vertrocknen zu.«

»Nein, mach dir ruhig mal Luft. Ich kenne doch Jochen, den alten Knochen.«

»Aus dem der Saft raus ist«, fuhr ich verdrossen fort. »Ich weiß gar nicht mehr, wann wir das letzte Mal zusammen in Urlaub gefahren sind. Oder wann er mir was Schönes mitgebracht hat. Schmuck, Unterwäsche oder auch nur Blumen. Wenn er mir was schenkt, ist es ein Haushaltsgerät mit Bedienungsanleitung. Aber ich bin eine Frau und keine Haushälterin!«

Michaela lachte. »Also voll das Klischee von der vernachlässigten, liebeshungrigen Hausfrau.«

»Ich sollte mir ein Verhältnis zulegen«, raunte ich spaßeshalber mit Blick auf den Nachbarn. »*Warum soll eine Frau kein Verhältnis haben …*«, sang ich leise und ein bisschen kokett.

»Linda!« Jetzt stand er direkt vor uns. Wow. Der sah aber wirklich hammergut aus.

»Ja-ha«, rief ich kokett. »Hier bin ich!« Diesmal laut. Die Worte waren mir einfach so aus dem Mund und über die Hecke gekullert – wie ein Ball, den er jetzt aufheben musste. Aber ich hatte ja auch schon zwei Gläser Wein intus.

Zwei kräftige Männerhände zerteilten das Gesträuch wie Moses das Meer, gefolgt von zwei tiefbraunen Augen mit attraktiven Lachfältchen.

»Linda?«

»Ja. Sie haben mich gefunden.« Ich breitete die Arme aus, das Weinglas noch in der Hand, und schaute ihn herausfordernd an.

»Na so was.« Der Mann fuhr sich durch seinen dichten dunklen Haarschopf und zwinkerte – ob aus Verlegenheit oder weil er mit mir flirten wollte, konnte ich beim besten Willen nicht sagen.

»Wirklich? Sie heißen Linda?«

»Was dagegen?«

»Nicht als Abkürzung von Sieglinde oder Gerlinde?«

»Nein. Nur Linda.« Ich straffte die Schultern und sah ihm forsch ins Gesicht.

Um seine Mundwinkel zuckte es.

»Das ist ja ein Ding. Wissen Sie, dass meine Tochter auch so heißt?«

»Seit einigen Minuten. Michaela hat's mir erzählt.«

Ich grinste verlegen, und er grinste auch. Sein Lächeln wurde mir mit jedem Schluck Wein immer sympathischer.

»Hallo Frank«, sagte Michaela. Sie warf mir einen tadelnden Blick zu, der sagen sollte: Siehst du, jetzt haben wir den Salat. Höflicherweise stand sie auf.

»Linda ist längst nicht so häufig.«

»Nein, ganz und gar nicht«, pflichtete er mir bei. Suchend sah er sich um. Ich ging davon aus, dass Michaela jetzt die Katze aus dem Sack, beziehungsweise das Kind aus dem Keller lassen würde, aber sie fühlte sich wohl genötigt zu sagen: »Der Name passt zu meiner Freundin, findest du nicht?«

»Aber so was von!« Frank starrte mich an, als hätte er soeben eine Vision. »Wissen Sie, dass das mein absoluter Lieblingsname ist?!« Seine Begeisterung war nicht zu bremsen.

»Scheint so«, bemerkte ich schlagfertig. »Sonst hätten Sie Ihre Tochter ja Gerda oder Gisela genannt.«

Frank stutzte, dann lachte er frei heraus. »Sie sind aber auch nicht auf den Mund gefallen, was?«

Ich spürte, wie ich rot wurde. »Nein«, sagte ich und schlug die Beine übereinander. An der großen Zehe ließ ich wieder die rote Sandalette baumeln. »Sie denn?«

»Also, schüchtern bin ich nicht gerade.« Bei diesen Worten kickte er einen in die Hecke gerollten Ball weg, und ich konnte einen Blick auf seinen wohlproportionierten, durchtrainierten Körper werfen, der in einem lässigen weißen Hemd und engen Jeans steckte. Nicht schlecht, der Nachbar.

»Und Frank passt zu Ihnen«, sagte ich forsch. »Kurz und bündig, frank und frei.«

»Nun, Letzteres ist relativ.«

»Dann hätten wir das also auch besprochen.« Ich wunderte mich selbst über meine Keckheit.

Michaela folgte unserem Wortgeplänkel wie einem Tennismatch. Sie schien noch zu überlegen, wie sie ihn wieder loswerden könnte, besann sich dann aber auf ihre guten Manieren und stellte uns einander offiziell vor.

»Frank, das ist meine Freundin Linda Albrecht. Linda, das ist mein Nachbar Frank Hellwein. Frank und Heidrun Hellwein sind mit ihren Kindern Linda und Lena vor ein paar Monaten hier eingezogen.« Michaela stellte das Glas auf den Tisch und zeigte zum Haus. »Ich glaube, dass Linda unten bei den anderen ist.« Sie schickte sich an, in den Keller zu gehen.

»Hallo«, sagte ich freundlich und gab dem Mann an der Hecke die Hand. »Nett, Sie kennenzulernen.«

»Ganz meinerseits! Ich wusste gar nicht, dass meine Nachbarin so eine attraktive Freundin hat!«

Er hatte einen angenehmen Händedruck und schien mich gar nicht wieder loslassen zu wollen. Da standen wir, und zwischen uns war diese Blütenhecke, in der die Bienen emsig summten. War ich jetzt Dornröschen und er der Prinz? Erwachte ich gerade aus einem hundertjährigen Schlaf? Ich spürte, wie mir das Adrenalin in die Adern schoss, und eine unzweckmäßige Röte kroch mir über die Wangen. Jetzt war so ziemlich alles an mir rot: das Kleid, die Schuhe, das Gesicht. Tja. Wie nun weiter schöpferisch diesen Heckendialog gestalten?

Finden Sie mich wirklich attraktiv?, hätte ich den guten Mann gern gefragt. Wissen Sie, das ist nämlich genau das Thema, um das es gerade ging. Ich fühle mich in letzter Zeit so alt, matt und glanzlos und würde mich am liebsten zum Gerümpel in den Keller packen.

Aber das sagte ich natürlich nicht, sondern strahlte dieses Geschenk Gottes nur gewinnend an.

»Und – was machen Sie so?«

»Wie meinen Sie das?« Er runzelte fragend die Stirn.

»Wenn Sie nicht gerade Ihr Kind suchen.«

»Oh, ach so. Ich bin Banker. Bei einer Privatbank. Also, um genau zu sein, ich bin der Bankdirektor.«

»Wow. Wie ein Bankdirektor sehen Sie gar nicht aus.« Ich war wie verzaubert.

»Wie sehen Bankdirektoren denn Ihrer Meinung nach aus?«

»Na, gesetzt und bieder und mit ein paar Strähnen, die ihre Glatze verdecken sollen …« Ich rieb mir die Nase. »Irgendwie langweilig. Mit Ärmelschonern und Strickweste. Auf jeden Fall dick und alt.«

Dieses Heckengespräch machte einen Riesenspaß. Noch viel mehr als der Frauentratsch von eben.

»Linda, Linda, was haben Sie nur für ein schlechtes Bild von Bankern.«

Frank Hellwein steckte die Hände in die Hosentaschen und drehte sich einmal um sich selbst. »Da muss ich Sie eines Besseren belehren.«

»Okay, Sie machen mir Hoffnung.«

»Worauf?« Schelmisches Blitzen in seinen braunen Augen.

Wohin sollte das jetzt führen? Was machte ich eigentlich hier? Ich war eine verheiratete Frau und Mutter von drei Kindern. Um ehrlich zu sein, war ich sogar schon Großmutter einer kleinen süßen Enkelin. Aber musste ich das diesem schönen Jüngling auf die Nase binden? Ich improvisierte.

»Ich überlege gerade, ein paar Aktien zu kaufen. Ich habe nämlich BWL studiert und beschäftige mich gern mit der Börse.«

»Oh«, sagte Frank Hellwein und trat näher. »Eine schöne Frau, die auch noch klug ist. Aktien sind ein heikles Thema.« Er schwieg eine Weile und sagte dann: »Aber zufälligerweise genau mein Spezialgebiet.«

»Ich dachte an *Kalgoorlie Consolidated Gold Mines*«, gab ich mein gesundes Halbwissen zum Besten. »Was meinen Sie?« Ich strich mir durch die Haare und spielte kokett mit meinem Glas. Ja, da schaust du, Herr Bankdirektor! »Ist das eine gute Geldanlage?« Linda, du flirtest, schoss es mir durch den Kopf. Du FLIRTEST! Sein wann hast du nicht mehr geflirtet?

Ich konnte regelrecht zusehen, wie seine Bewunderung für mich wuchs.

»Wow, Sie scheinen ja was von der Materie zu verstehen!«

Ich hätte den Blick senken können, aber irgendetwas hielt mich davon ab.

»Ich lese regelmäßig den Wirtschaftsteil der *Frankfurter Allgemeinen*.« Heimlich ballte ich die Siegerfaust.

»Dahinter steckt immer ein kluger Kopf«, zitierte Frank den Werbeslogan dieses Blattes. Ich stieß einen koketten Lacher aus. Genau das hatte ich von ihm hören wollen.

»Also? Was sagt der Fachmann?«

Er sah mich mit unergründlichem Blick an. »Wenn ich ehrlich bin, habe ich diese Aktie gerade nicht auf dem Schirm. Sie scheinen tiefer in der Materie zu stecken als ich!«

Es machte ihn umso sympathischer, dass er seine Wissenslücke zugab. Doch ehe ich mich versah, schob sich irgendetwas zwischen uns, und der Zauber war vorbei.

Ein Geräusch? Die blendende Abendsonne?

Frank Hellwein wandte sich abrupt um, und in diesem Moment wurde mir bewusst, dass seine Ehefrau auf die Terrasse getreten war. In Sekundenschnelle nahm ich ihre Gestalt in mir auf. Okay, sie war eher so der Typ Müslifee. Sie trug ein langes Blümchenkleid und hatte die Haare zu einem struppigen Dutt hochgesteckt. »Frank? Linda?« Jetzt war sie mit Rufen dran. »Ja, wo bleibt ihr denn?«

Sie war ziemlich blass und dünn, und ihre Füße steckten in diesen groben Clogs, die in den Siebzigerjahren mal Mode gewesen waren. Sanft schlug sie an ein Windspiel aus Bambus. »Die Sojawürstchen und der Spargel-Endivien-Salat sind fertig!«

Eine naturverbundene Biokostverzehrerin also. Wie hieß sie gleich wieder? Was hatte Michaela gesagt? Heidrun. Ja, genau so sah die aus. Wie ein leicht verwelktes Heideröslein.

»Ein Steak wär mir lieber«, raunte Frank Hellwein verschwörerisch.

»Bei mir würdest du es kriegen«, dachte ich sofort.

»Ich komme gleich«, rief Frank über die Schulter. » Michaela holt Linda gerade aus dem Tischtenniskeller!«

Das Heideröslein verschwand wieder im Haus.

Frank Hellwein seufzte laut, und ich konnte sehen, wie es hinter seiner Stirn arbeitete.

»Also, Linda … Ich werd mich schlau machen und Ihnen ganz genau sagen, ob Sie investieren sollten.«

Bei dem Blick, mit dem er mich bedachte, wurden mir die Knie weich. Und wie meinte er das genau mit dem »investieren«? Schon in dieser Sekunde war ich bereit, sehr viel zu investieren. Und das sagte ich ihm auch. Jetzt oder nie!

»Wenn es die richtige Aktie ist, dann setze ich alles auf eine Karte.«

Wir konnten die Augen nicht voneinander lassen.

Plötzlich flog die Terrassentür hinter mir auf. Türenknallen, aufgeregte Kinderstimmen und Michaela, die ein paar soeben angekommene Mütter begrüßte und auf die Terrasse bat. Es klingelte, ein Hund bellte – und plötzlich war der magische Moment vorbei. Der Hausherr war gerade nach Hause gekommen, und wurde begeistert begrüßt. Es war, als hätten Chor und Statisten die Opernbühne gestürmt und das innige Liebesduett der zwei Solisten beendet.

»Dafür bräuchte ich allerdings Ihre Handynummer«, bemerkte Frank, ohne den Blick von mir abzuwenden.

»Haben Sie was zu schreiben?«

»Nein, die merk ich mir auch so.«

»Okay …« Hastig sah ich mich um, denn jetzt stürmten auch schon meine Sprösslinge auf mich zu. »0 69-66 67 68 69.« Ich lächelte ihn an. »Die ist leicht zu merken. Frankfurter Vorwahl, dann mein Geburtsjahr plus eins, plus eins, plus eins …

Frank kapierte sofort. Sein Blick wurde sehr privat. »Sie hören von mir, Linda. Ich melde mich, so bald ich kann.«

2

Mami? Du hörst uns gar nicht zu!«
Ungeduldige Kinderhände tippten mir von hinten auf die Schulter. »Jetzt bist du schon so wie Papa! Der hört uns auch nie zu!«

Patti und Simon saßen auf dem Rücksitz und erzählten aufgeregt von der Tischtennisplatte und dem jungen Hund. Natürlich wollten sie beides auch haben. Und ich wollte auch so einiges haben. Ich hatte Herzchen in den Augen, während ich unsere Familienkutsche durch die hügelige Landschaft zurück nach Hause lenkte. War mir je aufgefallen, wie traumhaft schön der Taunus war? In der Dämmerung standen Rehe am Waldrand und schauten mich an. Der Abendhimmel färbte sich nachtblau, und aus den Wiesen stieg der weiße Nebel wunderbar. Ich fing leise an zu summen.

»*Und unsern kranken Nachbarn auch ...*« Ich kicherte. Einen kranken Eindruck hatte der nun wirklich nicht gemacht. »Und unsern schlanken Nachbarn auch ...«, improvisierte ich verknallt.

»Mami? Alles in Ordnung mit dir?«

»Wie ist eigentlich diese Linda?«, fragte ich beiläufig zurück.

»Wie soll die schon sein?«

»Mögt ihr die?«

»Ja, die ist eigentlich ganz nett.«

»Und ihre Schwester?«

»Die Lena?«

»Ja?«

»Die hat ne Zahnspange.«

Das war eigentlich nicht die Information, die ich brauchte.

»Kennt ihr auch die Mutter?«

Ich meine, man wird doch noch fragen dürfen.

»Wieso?«

»Nur so.«

»Ich glaub, die müssen immer so vegetarisches Zeug essen. Aber der Vater von denen, der läuft Marathon.«

Ich spitzte die Ohren und schaute in den Rückspiegel. »Echt?«

»Ja, der fährt immer in verschiedene Städte auf der ganzen Welt und läuft da mit! Mit 100 000 Leuten, voll krass!«

»Das ist ja toll.«

Mich durchlief ein warmer Schauer. Deshalb sah er so durchtrainiert aus. Ein Marathonläufer!

Aber was dachte ich da eigentlich? Kopfschüttelnd setzte ich den Blinker und bog in unsere verschlafene Wohngegend ein. Das an der Hecke war doch nur ein harmloser Flirt gewesen. Mehr nicht. Linda, du dumme Gans!, rügte ich mich insgeheim. Bild dir bloß nichts ein! Aber es hatte Spaß gemacht. Und genau das hatte ich gerade gebraucht.

Zu Hause angekommen, fand ich meinen leicht übergewichtigen, bärtigen Jochen in seinem zu engen Flanellhemd in unserem Wohnzimmer vor, in dem man vor lauter Medizinerzeitschriften, Laptops, Diktiergeräten, Kabeln und Patientenunterlagen kaum noch den Fußboden, geschweige denn den Esstisch erkennen konnte. Auf den Papierbergen thronte ein Teller mit einem angebissenen Mettbrötchen und eine Tüte mit säuerlich riechender Milch. Der Fernseher lief, der Computer war an, aus dem Radio kamen die Nachrichten, und Jochen schrie gerade in sein Handy, was bedeutete, dass er mit seiner schwerhörigen Mutter telefonierte.

Na toll. Der Alltag hatte mich wieder.

Ein kleiner, bösartiger Teufel in mir konnte es sich nicht verkneifen, einen direkten Vergleich zwischen Frank Hellwein und Jochen Albrecht zu ziehen, was sicherlich sehr gemein und schäbig von ihm war. Aber ich kam nicht umhin festzustellen, dass mein Jochen ein blasser, müder Kaktus war gegen die in Blüte stehende Heckenrose Frank Hellwein. Oje. Es hatte mich so richtig erwischt.

Die Kinder stürmten in ihre Zimmer, und ich zog mir bequeme Jeans an und machte mich daran, die Einkäufe aus dem Auto zu holen. Pflichtbewusst kam Jochen hinterher und nahm mir die Getränkekisten ab.

»Na? Wie war's?«

»Gut. Und bei dir?«

»Ich hab wie immer Ärger mit dem Personal, und die Kassenärztliche Vereinigung …«, stimmte Jochen sein übliches Klagelied an, das mir längst zu den Ohren raushing. Auf einmal ging mir seine weinerliche Stimme auf den Geist. Ich wusste genau, was jetzt kam.

»Am Wochenende muss ich leider …«

»… Gutachten diktieren, ein Seminar vorbereiten und außerdem deine Mutter besuchen«, fuhr ich fort.

Jochen sah mich gekränkt an. »Ernestine geht es wirklich nicht gut, sie klagt über Einsamkeit und …«

Natürlich wollte Jochen damit erreichen, dass ich ihm diese Pflicht abnahm. Was ich auch seit vielen Jahren tat. Wieder und wieder hörte ich mir Schwiegermutters immer gleiche Geschichten aus Böhmen und Mähren an, doch plötzlich wehrte sich etwas in mir dagegen. Es war alles so eingefahren und spießig!

Gleichzeitig schämte ich mich, denn Ernestine war eine bezaubernde alte Dame, immer um Familienfrieden bemüht, an den Kindern interessiert und eine regelrechte Ersatzmutter für mich. Einerseits fand ich rührend, wie sie bei uns im Haushalt versuchte, ihre böhmischen Knödel zu kochen, halb blind und mit zitternden Fingern, andererseits ging sie mir manchmal mit ihrer Umständlichkeit auf den Geist. Dann wurde ich ungeduldig und ungerecht. Ich konnte sie nicht immer um mich haben! Ich brauchte auch meinen Freiraum, ich war doch auch noch da! Warum ging es immer nur um Ernestine, die Kinder und Jochen? Meine Seele war auch liebesbedürftig! Ich klagte auch über Einsamkeit! Aber vielleicht nicht laut genug? Hatte ich überhaupt ein Recht darauf, Gefühle anzumelden? Nach zwanzig Jahren?

Ich ertappte mich dabei, dass ich mein Handy aus der Handtasche zog und in der hinteren Jeanstasche verschwinden ließ, während ich die Einkäufe in der Küche verstaute und Jochen sein übliches Steak mit Bratkartoffeln und Salat zubereitete. Niemand von uns wollte ihm beim Essen Gesellschaft leisten. Die Kinder hatten sich schon auf der Geburtstagsparty die Bäuche vollgeschlagen, und ich hatte nicht den geringsten Appetit. Ständig musste ich an diesen Frank denken und war davon wie beschwipst. Ich summte beim Zwiebelschneiden und Kartoffelschälen leise vor mich hin, was Jochen wegen seiner Kopfhörer nicht bemerkte. Dabei stellte ich mir vor, vom feschen Frank heimlich beobachtet zu werden. Wenigstens konnte ich ungestört verknallt sein.

Jochen schlang sein Essen in sich hinein, ohne die Kopfhörer abzunehmen. Mit plötzlicher Abscheu beobachtete ich, wie er schmatzend auf den Bildschirm schielte, als entdecke er darin eine biblische Offenbarung. Ich hätte schreien können. Hallo?

Ich war doch nicht unsichtbar! Seit heute Nachmittag an der Hecke wusste ich das. Ich tastete nach meiner Gesäßtasche und versuchte, Jochen nicht anzusehen, während meine Finger über das Handy glitten. War es auch auf laut gestellt? Oder sollte ich es besser auf Vibrieren stellen? Das tat ich. Und kam mir ziemlich verrucht dabei vor.

Hastig räumte ich die Küche auf und klapperte etwas lauter mit dem Geschirr als nötig. Mit dem Lappen wienerte ich die Arbeitsfläche, als wollte ich sämtliche Spuren meines bisherigen Lebens damit ausradieren.

Danach ließ ich mich in einen Sessel fallen und starrte aus dem Fenster. Jochen ließ sich von seinen elektronischen Geräten fernsteuern, und die Kinder blieben auf ihren Zimmern. Ich hörte nur, wie Jochens Finger auf die Tastatur einhackten. Es roch immer noch nach Zwiebeln und Kartoffeln, ein aufdringlicher Geruch, der so gar nichts mehr mit dem Blütenduft der Hecke heute Nachmittag zu tun hatte. Ich wollte alle Fenster aufreißen und lüften, aber um punkt einundzwanzig Uhr gingen in unserem Hause wie von Geisterhand alle Rollläden runter – etwas, worauf Jochen sehr stolz war: So konnte niemand in unsere traute Idylle blicken. Aber was gab es bei uns schon zu sehen? Eine Familie, die lachend am Tisch saß und Gesellschaftsspiele spielte? Ein verliebtes Ehepaar, das Wange an Wange tanzte? Oder sich sogar gegenseitig auf dem Sofa verführte?

Nein. Jeder starrte in sein eigenes viereckiges Gerät. Auf einmal konnte ich Jochens Anwesenheit nicht mehr ertragen.

»Gute Nacht, ich geh dann schlafen.« Ich wollte allein sein und nachdenken. Jemandem nachdenken: Frank. Welch schöner, passender Name. Ich wollte frank und frei sein, und wenn es nur in meinen Träumen war.

»Wie, jetzt schon?« Jochen drehte sich kurz zu mir um. »Ist alles in Ordnung?«

»Ja, ich bin nur müde.«

Aber das war ich nicht. So farblos und schlapp ich mich noch gestern gefühlt hatte – aus dem Badezimmerspiegel blickte mir heute eine ganz andere Linda entgegen: eine Frau in den besten Jahren, in der Blüte ihres Lebens. Ich zog mich ganz langsam aus und versuchte, mich wieder mit Franks Augen zu sehen. Weibliche Kurven, blonde lange Haare und ein fast mädchenhaftes Gesicht mit großen blauen Augen. In denen alle Sehnsucht dieser Welt lag. Sehnsucht nach Liebe, Beachtung und Anerkennung.

Schon als Kind hatte ich nichts von alledem bekommen, und ich war regelrecht ausgehungert danach. Frank hatte mich auf eine Art angesehen, dass ich mir auf einmal – wichtig vorkam. Gar nicht mehr so unsichtbar. Beachtenswert. Liebenswert. Schön. Ich war eine schöne Frau! Ich ließ meine Hände über meine Brüste, den Bauch und die Schenkel gleiten und spürte weiche warme Haut, die sich nach Berührung sehnte. Bevor ich ein weißes Spitzennachthemd anzog, zog ich noch das Handy aus der Jeanstasche und legte es auf mein Kopfkissen. Das Display zeigte keinen Anruf. Ich kuschelte mich in meine Decke und malte mir Frank aus, in seinem Haus in Frankfurt. Bestimmt saß er jetzt mit seiner naturbelassenen Müslifee am offenen Kamin, googelte heimlich meine Aktien, während sie ihm nichts ahnend eine Platte mit Möhren und Selleriesticks reichte, dazu gab es lauwarmen, dünnen Kamillenblütentee. Ich musste grinsen. Vielleicht tranken sie auch Wein? Aber wenn, dann nur biologisch angebauten, mit Wasser verdünnten Hellwein, hahaha. Ich giggelte in mein Kopfkissen wie ein Schulmädchen.

Ich war so ganz anders als diese schmalbrüstige Gemüsefee namens Heidrun. Ich war nämlich ein Vollweib. Warum merkte das bloß keiner?

Ich warf mich auf den Rücken und starrte an die Decke.

Und ich war noch etwas: die Frau, die zu Frank Hellwein passte.

3

Guten Morgen Frau Albrecht, Privatbank Frankfurt, Sekretariat, mein Name ist Silke Fuchs, ich verbinde mit Herrn Direktor Hellwein, wenn Sie bitte einen Moment in der Leitung bleiben wollen.«

Die geschäftsmäßige Frauenstimme ließ mich erstarren. Ich hatte gerade die Kinder in der Schule abgeliefert und lehnte mit zitternden Knien am Familienkombi – unfähig einen klaren Gedanken zu fassen. Es war kurz nach acht, und schon war mein engagierter Anlageberater von gestern am Werk?

»Linda?«

Die wohlklingende Stimme von der Hecke drang an mein Ohr. Ich schloss die Augen und bekam eine Gänsehaut, die sich wie ein Seidencape um meine Schultern legte. Dabei war ich ungeschminkt und fühlte mich so attraktiv wie ein alter Sack. Ich musste mich räuspern und versuchte, nicht allzu mädchenhaft zu piepsen.
»Frank?«

»Wie geht's?«

»Ähm … wunderbar! Und selbst?«

»Ich hätte da ein paar sehr interessante Informationen für Sie, schöne Frau«, sagte er mit seiner sonoren Bankdirektorstimme. »Ihre Aktien betreffend.« Seine Stimme nahm plötzlich einen förmlichen Klang an. Offensichtlich war gerade jemand ins Zimmer gekommen. »Wäre es Ihnen möglich, heute um die Mittagszeit in die Zentrale zu kommen? Meine Sekretärin bringt Sie dann in mein Büro.«

Ich versuchte, das Hämmern in meinen Schläfen zu verdrängen und zählte innerlich bis fünf. »Lassen Sie mich kurz meine Termine checken …« O Gott, ich stand in Joggingklamotten am Auto vor dieser Waldorfschule und konnte mich kaum bremsen, vor lauter Aufregung auf und ab zu hüpfen. O Gott, meine Haare. Ich hatte sie heute Morgen zu einem struppigen Pferdeschwanz gebunden. Ich brauchte einen Haarschnitt. Eine Glanzkur. Neue Strähnchen.

Notfallplan. Meine Gedanken überschlugen sich. Ich treffe ihn. Ich treffe ihn in der Stadt. Ohne seine Heidrun. Es wird ein Businesstreffen. Natürlich. Ich bin seine Klientin.

Friseur. Maniküre. Ein neues Kostüm. Passende Schuhe. Passende Handtasche.

Die Kinder. Sie mussten zu meiner Freundin Barbara. Sie würde einspringen. Ohne mit der Wimper zu zucken und ohne Fragen zu stellen. Barbara war meine beste Freundin, und sie wohnte hier in der Nähe.

Ich räusperte mich und verlieh meiner Stimme einen viel beschäftigten Ton.

»Ja, gegen vierzehn Uhr könnte ich es einrichten.«

»Okay«, sagte Frank Hellwein kurz angebunden. »Ich freu mich. Bis dann.«

Mein »Ich freu mich auch« verhallte ungehört. Er hatte bereits aufgelegt.

Klar, anders als ich war der Mann wirklich viel beschäftigt!

O Gott. Da stand ich. Am Waldrand vor der Waldorfschule. Neben mir warf jemand scheppernd Flaschen in einen Altglascontainer, der Briefträger radelte grüßend vorbei, und ein dicker Junge, der offensichtlich zu spät gekommen war, rannte mit hüpfendem Tornister die Treppe hinauf. Zwei Mütter verabredeten sich laut rufend zwischen ihren Autos zum Tennis, und zwei ältere Damen stapften wild entschlossen mit ihren Walkingstöcken vorbei.

Alles war genau wie immer, und doch nichts mehr so wie zuvor.

Auf einmal fühlte ich mich wie in einem Film, und sechs Stunden später kam mein großer Auftritt:

In einem hellblauen, tief ausgeschnittenen Kostüm und beigefarbenen Pumps betrete ich die Privatbank. Mit einer perfekt sitzenden Frisur und einer schwarzen Prada-Handtasche. Eine blasse Sekretärin mit Brille und dem Namensschild »Silke Fuchs« schießt auf mich zu, reicht mir die Hand und führt mich zum gläsernen Aufzug. Ich schwebe mit ihr in die Chefetage. Nach kurzem Anklopfen öffnet sie mir die Tür, der unglaublich gut aussehende Direktor hinter dem gläsernen Schreibtisch springt auf, drückt mir die Hand und bedeutet seiner Sekretärin mit einer kurzen Geste, zu gehen. Sie löst sich in Luft auf, und er, der Herrlichste von allen, trägt einen edlen Boss-Anzug mit Silberkrawatte, darunter ein strahlend weißes Hemd. Sein schwarz glänzendes Haar ist mit Gel nach hinten gekämmt. Unter seinen Manschetten blitzt eine goldene Rolex hervor. Er sieht noch besser aus als gestern.

»Linda!«

»Hallo …«

Filmriss. Überwältigt, wie ich war, vergaß ich doch glatt meinen Text und suchte an meiner Prada-Handtasche Halt, die leider nicht echt war. Statt schlagfertig zu reagieren, blinzelte ich verdattert mit den Augendeckeln, die heute extrem sorgfältig geschminkt waren. Frankfurts komplette Skyline lag vor mir, und der Main wand sich wie ein blaues Band durch die Häuserschluchten. Bunte Spielzeugautos, stecknadelgroße Spaziergänger und ihre noch winzigeren Hunde wuselten dort unten herum.

Unser Wolkenkratzer spiegelte sich in den Fassaden der anderen, und ich sah mich als hellblauen Klecks in unermesslichen Höhen schweben. Meine ungewohnt hohen Absätze bohrten sich in den cremefarbenen Teppich, der das Parkett vor dem Schreibtisch bedeckte. Ich wagte kaum, einen Schritt zu tun.

»Linda«, wiederholte der Traum meiner schlaflosen Nacht. »Wie schön, dass Sie kommen konnten. Sie sehen heute sogar noch besser aus als gestern!« Und ehe ich mich versah, hatte er mich auch schon umarmt. Der Duft seines edlen Rasierwassers hüllte mich ein und benebelte mir die Sinne. Hoffentlich hatte ich keine Wimperntusche auf seinem blütenweißen Hemdkragen hinterlassen. Die müsste seine Waldblumenfee dann wieder rauswaschen, dachte ich. Doch damit würde sie sich ziemlich schwertun: Ich hatte wasserfeste gewählt.

»Ja, ich …« Keine Ahnung, wohin das führen sollte. »Ich freue mich auch.«

»Wollen wir etwas essen gehen?« Frank griff nach seiner Aktentasche. »Ich habe Hunger wie ein Bär.«

Ja. Das wollte ich. Angesichts dieses fantastischen Mannes hatte ich doch durchaus – Appetit. Während Frank Hellwein mich aus seinem Büro schob, spürte ich die Blicke seiner Sekretärinnen und Vorzimmerdamen im Rücken. Auch die blasse Silke Fuchs lugte bebrillt aus ihrem gläsernen Bau. Jawohl, meine Damen. Schaut ruhig. Ich geruhe jetzt, mit eurem Chef speisen zu gehen! Obwohl ich sonst nie mit dem Hintern wackelte, probierte ich vorsichtig einen provokanten Hüftschwung. Sollte Silke Fuchs doch ruhig sehen, mit welch weiblichen Kalibern ihr Chef zu verkehren pflegte.

Wenn ihr wüsstet, dachte ich im Stillen, wie ich heute Morgen vor der Waldorfschule ausgesehen habe. Ihr hättet mich für einen Altkleidersack gehalten.

Kurz darauf fanden wir uns im lauschigen Gastgarten einer Sachsenhausener Äppelwoikneipe wieder. Frank Hellwein entledigte sich seines Jacketts, was mir wieder einen Blick auf seinen gestählten Oberkörper gewährte, zog seine Krawatte aus, öffnete gleich zwei Knöpfe seines gestärkten Hemds und streckte genüsslich die Beine von sich.

»So, schöne Frau. Was wollen Sie trinken?«

»Ähm – Äppelwoi? Eine Apfelweinschorle bitte.« Ich strahlte ihn gewinnend an. »Ich muss heute noch fahren.«

Also tranken wir dieses herrlich erfrischende Getränk, von dem einem so leicht ums Herz wird und das den Mund zum Sprechen bringt.

Noch bevor die Kellnerin uns Köstlichkeiten in grüner Soße serviert hatte, waren wir schon beim Du.

Frank aß mit großem Appetit seine Schlachtplatte, befleißigte sich allerdings einer deutlich gepflegteren Nahrungsaufnahme als mein hektisch schlingender Jochen zu Hause: Er genoss sichtlich jeden Bissen und führte die nie überladene Gabel langsam zum Mund.

»Meine Frau glaubt, ich bin Vegetarier«, sagte er schmunzelnd. »Und weil es ihr Freude macht, lasse ich sie in dem Glauben.«

Mich beschlich der Gedanke, dass er sie auch in Bezug auf andere Dinge so einiges glauben ließ, was mir ein nur noch heftigeres Prickeln bescherte. Offensichtlich hatte sich der Herr Bankdirektor heute viel Zeit für seine momentane Lieblingsklientin genommen. Nämlich für mich.

Ich musterte seine langen schlanken Finger, bemühte mich, den schmalen Ehering zu übersehen, und sah seinem Mund beim Sprechen zu, während er über irgendwelche Aktien plauderte, die mich nicht interessierten. Dann schob er seinen Teller von sich, tupfte sich mit der Serviette den Mund ab und sah mir tief in die Augen.

»So, Linda. Hast du noch Fragen?«

Er machte nicht den Eindruck, als wollte er gleich in sein Büro zurück.

»Ja«, sagte ich spontan. »Läufst du wirklich Marathon?«

Frank stutzte, dann lachte er. Begeistert erzählte er mir von seiner Laufleidenschaft und dass er zu jedem großen Marathon reiste. Erst neulich sei er in New York mitgelaufen, davor in Istanbul und Wien, und im September sei Athen geplant. Aber vorher komme noch Prag. Fasziniert beobachtete ich, wie sich tausend schelmische Lachfältchen um seine Augen bildeten. »Und dann ein großes frisches Bier vom Fass! Gleich nach der Ziellinie! Es gibt nur ein Gefühl, das noch schöner ist!«

In mir zog sich alles zusammen. Ich ließ das Salatblatt in die Tunke fallen und starrte ihn an. Angesichts seiner Miene begann mein Herz zu poltern. Das ging mir alles etwas zu – schnell.

»Nur fliegen ist schöner!«

Er lachte mich aus, und ich sank errötend in meinen Stuhl zurück. Jetzt hatte er etwas von einem großen Jungen, dem ein Streich geglückt ist, und auf seiner rechten Wange erschien ein Grübchen.

»Woher weißt du das mit meiner Marathonleidenschaft?«

»Die Kinder haben es mir erzählt.« Ich sah ihn verlegen lächelnd an. »Und jetzt weiß ich auch, warum du heimlich massenweise Fleisch isst.«

Sein Blick war dermaßen durchdringend, dass mir ein heißkalter Schauer über den Rücken lief.

»Sieh an, sieh an. Schon wegen der Kinder könnten wir beide nie ein Geheimnis haben.«

Frank nahm in aller Öffentlichkeit meine Hände und drückte sie an seine Wangen.

Mein Herz machte einen ganz unrhythmischen Hopser. »Das muss toll sein, wenn man so weite Strecken laufen kann«, bemerkte ich schnell und zog hastig meine Hände zurück. »Ich bin leider völlig unsportlich.«

»Das bildest du dir nur ein, Linda. Jeder Mensch hat den Drang sich zu bewegen. Das setzt Glückshormone frei.«

Er hielt mir einen begeisterten Vortrag über Endorphine, die sich daraus ergebende positive Energie, die seine Karriere so raketenmäßig beflügelt hatte, dass er jetzt in der Chefetage saß.

»Deshalb bist du in deinem jugendlichen Alter auch schon Bankdirektor? Bist du überhaupt schon vierzig?«

Ich erfuhr, dass Frank ganze sieben Jahre jünger war als ich. Und ich hatte ihm gestern mit der Telefonnummer treudoof mein Geburtsjahr verraten! Mir sank das Herz ins neu gekaufte Mieder, das mir sämtliche Luft aus den Lungen presste.

Nie und nimmer würde er etwas mit einer Frau meines Alters anfangen! Ich fühlte mich wie ein Gebrauchtwagen, der neben einem blinkenden Neuwagen auf dem Parkplatz steht. Was sollte das Ganze hier? Machte er sich nur einen Spaß? Ich schluckte trocken, während ich versuchte, seinem forschenden Blick standzuhalten. Wollte er mir bloß Aktien verkaufen? Oder hatte er wirklich Interesse an mir?

Das erfuhr ich in den folgenden Stunden, die wir einfach in dem urigen Gastgarten sitzen blieben. Schon bald schwirrte mir wohlig der Kopf vom vielen Apfelwein. Alles verschwamm, nur Frank war wichtig. Ich saugte jedes Wort auf, das er von sich gab.

Frank hatte schon früh die Mutter verloren. Sie hatte seinen Vater und ihn verlassen, als er sechs Jahre alt war. Sein jüngerer Bruder Mark war sogar erst fünf. Darum war er, Frank, im ersten

Schuljahr auch gleich sitzen geblieben. Die Mutter war einfach mit dem Bus weggefahren und nie wiedergekommen! Das muss so ein kleiner Bub erst mal verkraften. Mir zog sich das Herz zusammen, als ich mir vorstellte, ich hätte meinen Simon in diesem Alter verlassen. Nie und nimmer hätte ich das über mich gebracht! In meinen Augen stand Mitgefühl, das fast schon an Liebe grenzte.

Frank fühlte sich verantwortlich für seinen kleinen Bruder, der wochenlang mittags an der Bushaltestelle stand, um Frank abzuholen – in der rührenden Hoffnung, auch die Mutter würde dort wieder auftauchen. Doch die Eltern ließen sich scheiden. Frank versuchte den kleinen Bruder zu trösten. Er erzählte ihm viele fantasievolle Geschichten, damit er einschlafen konnte. Tatkräftig organisierte er den Alltag. Aus dem Bedürfnis heraus, selbstständig zu werden, nahm er schon früh Arbeit an. Nach der Schule räumte er im Supermarkt Regale ein und trug Zeitungen aus. Er räumte Schnee aus den Zufahrten der Nachbarn und bekam dafür Geld und Anerkennung. Deshalb war er heute ziemlich ehrgeizig.

Frank lachte verlegen.

Spätestens an dieser Stelle schmolz mein Herz wie Butter in der Sonne. Welch starker, eigenständiger Mann! Wie hart ihn das Schicksal doch schon als Kind geprüft hatte! Schon so früh war er auf sich selbst gestellt gewesen und hatte auch noch Verantwortung für einen kleinen Bruder übernommen! Mein Leben war ähnlich verlaufen.

Wenn ich da an meinen verweichlichten Jochen dachte: Als spät geborenes Einzelkind wurde er von früh bis spät verhätschelt. Er war ein lang ersehntes Wunschkind und wuchs in einem behüteten Beamtenhaushalt auf. Mich grauste immer, wenn ich Fotos aus seiner Jugend ansehen musste: Jochen in selbst gestrickten Ensembles mit Bommelmütze und so. Seine Mutter nannte ihn heute noch »Jungele«.

Nun also das Kontrastprogramm: Frank, der tapfere Kämpfer.

Franks Vater, ein Polizist, bemühte sich redlich, seine Söhne zu anständigen Männern zu erziehen, was ihm offensichtlich auch gelungen war. Pünktlichkeit, Disziplin und Sport spielten eine große Rolle. Gemeinschaftsgeist, Fußballverein, Meisterschaften, im Winter Skireisen nach Österreich, von denen Frank ausführlich schwärmte. Seine schönsten Jugenderinnerungen spielten sich in den Bergen ab. Er war sogar Skilehrer gewesen und hatte so einigen Skihaserln das Wedeln beigebracht. Wieder musste ich unwillkürlich an Jochen denken, der es schaffte, noch vom Schlitten zu fallen, wenn dieser schon stand.

»Meine österreichischen Pisten muss ich dir unbedingt mal zeigen«, brach es aus Frank hervor. Er schien völlig vergessen zu haben, dass wir uns erst seit einem halben Tag kannten. Trotzdem sehnte ich mich danach, mit Frank zu verreisen. Wie unbeschreiblich wunderbar musste es sein, mit Frank auf einem Segelboot zu sitzen, denn er hatte natürlich auch einen Segelschein.

Als Frank zwölf war, tauchte die abgehauene Mutter plötzlich wieder auf. Die Eltern heirateten erneut, und die Jungs mussten sich wieder umstellen.

Als Frank fünfzehn war, verließ die Mutter die Familie zum zweiten Mal. Diesmal nahm sie den jüngeren Bruder mit. Frank war nun völlig auf sich allein gestellt. Der Heranwachsende brach jeden Kontakt zu Mutter und Bruder ab. Bis heute, wie er mir erzählte. Vater und Sohn hielten danach eng zusammen, wobei Frank sich mehr um seinen verlassenen Vater kümmern musste als umgekehrt. Es dauerte Jahre, bis Horst seine zweite Frau kennenlernte.

Ich wollte Frank in den Arm nehmen und trösten, aber das

stand mir nicht zu. Linda, er hat eine Frau!, rief ich mich innerlich zur Ordnung. Die heißt Heidrun, und auch wenn sie keinen Busen hat, bist du nicht zuständig für rückwirkende Nestwärme. Er erzählt dir das nur, weil … weil … Ich lehnte mich zurück. Er will keine Nestwärme. Er will etwas anderes. Als mir das dämmerte, zuckte ich zusammen.

Er ließ meine Hand los, und der Zauber verflog.

»O Gott, schon so spät!« Ich linste verstohlen auf die Uhr und registrierte, dass es inzwischen sechs Uhr nachmittags war. Die Sonne stand genauso schräg wie gestern, als ich Frank zum ersten Mal begegnet war, im Märchengarten, als der Prinz die Hecke geteilt und Dornröschen aus einem hundertjährigen Schlaf geküsst hatte. Na ja, geküsst hatte er mich noch nicht. Aber diese Möglichkeit erschien mir gar nicht mehr so abwegig. War unsere erste Begegnung wirklich erst vierundzwanzig Stunden her? Ich wollte mich in den Arm kneifen. Und tat es auch. Frank kam mir schon so vertraut vor, er war mir so nahe, und ich sah ihn als kleinen Jungen vor mir stehen, verlassen von seiner kaltherzigen Rabenmutter …

Apropos kaltherzige Rabenmutter: So was war mir noch nie passiert, dass ich meine Mutter- und Hausfrauenpflichten völlig vergaß. Du musst Jochen anrufen!, ermahnte mich eine innere Stimme. Oder wenigstens deine Freundin Barbara, bei der die Kinder immer noch sind. Die Stimme der Vernunft klopfte an.

Komisch, dass die weiblich ist, die Vernunft, dachte ich, und der Spaß männlich. Frau Vernunft und Herr Spaß. Die beiden lieferten sich einen interessanten Zweikampf, während ich weiter mit heißen Ohren und glasigen Augen an Franks Lippen hing.

Frau Vernunft hielt gerade mit erhobenem Zeigefinger und schneidender Stimme eine Moralpredigt, während Herr Spaß sie auslachte und meinte, die arme Linda habe nach zwanzig Jahren Tretmühle doch wenigstens heute mal einen freien Tag verdient.

Mensch, Frau Vernunft!, rief Herr Spaß und knuffte sie freundschaftlich in die Rippen. Sei doch nicht so verkniffen! Seit zwanzig Jahren funktionierst du wie ein Räderwerk, da darfst du dich heute doch mal ein paar Stunden ausklinken!

Wie soll das gehen?, keifte Frau Vernunft humorlos dazwischen. Die Kinder müssen abgeholt werden, und Jochen will sein Steak und seine Bratkartoffeln!

Jochen kann sich ruhig mal selbst einen Knochen in die Suppe werfen, witzelte Herr Spaß. Dann merkt er wenigstens mal, was Linda alles leistet!

So ging das hin und her, bis Herr Spaß irgendwann hinter mir stand und mir beruhigend die Hände auf die Schultern legte, damit ich sitzen blieb, während Frau Vernunft sich zeternd in Luft auflöste.

Frank erzählte währenddessen weiter: Fleißig wie er war, machte er schließlich ein ansehnliches Fachabitur. Dann schloss er eine Banklehre ab und studierte BWL, finanziert durch Nebenjobs als Kellner, Barkeeper und Skilehrer. Und nun, achtunddreißigjährig, war er der jüngste Bankdirektor Frankfurts. Spezialisiert auf Anlageberatung. Er lief Marathon. Unter vier Stunden. Und er stand auf mich.

Ich kam mir vor, als hätte ich im Lotto gewonnen.

Und fasste einen folgenreichen Entschluss. Schwankend ging ich auf die Damentoilette, rief Barbara an und bat um ein Alibi.

»Können die Kinder ausnahmsweise bei dir schlafen?«

Barbara erwies sich als wahre Freundin und stellte keine weiteren Fragen.

Dann rief ich Jochen an und erklärte, dass ich heute auf einem

Klassentreffen in einem Sachsenhausener Gastgarten sei. Die Kinder schliefen bei Barbara, und er solle sich keine Sorgen machen, wenn es spät würde.

Jochen war zwar etwas erstaunt, dass ich das Klassentreffen noch nie erwähnt hatte, aber da er wusste, dass er sowieso nie zuhörte, glaubte er, selbst daran schuld zu sein. Er wünschte mir sogar viel Spaß und ermahnte mich, vorsichtig zu fahren oder mir notfalls ein Taxi zu nehmen.

»Vielleicht schlafe ich bei einer Freundin«, hörte ich mich sagen.

Mein schlechtes Gewissen zerrte an mir wie ein lästiges Kleinkind, aber ich befreite mich sanft und ignorierte es.

Herr Spaß hatte ganz recht: Jetzt war ich mal dran! Innerlich gefestigt schwankte ich die Treppe wieder hinauf und gesellte mich zu Frank.

Der Herr Bankdirektor hatte inzwischen ebenfalls telefoniert. Er steckte sein Handy soeben in die Innentasche und legte mir fürsorglich die Kostümjacke um die Schultern.

»Gehen wir ein Stück?« Er sah mich mit einem so entrückten Lächeln an, als sähe er eine gemeinsame Zukunft vor sich.

Mit klopfendem Herzen versuchte ich, mit ihm im Gleichschritt zu gehen. Meine neuen Pumps drückten auf meine frisch lackierten Zehen, als wollten sie mir Daumenschrauben anlegen …

Auch das ignorierte ich nach Kräften.

Hand in Hand schlenderten wir bei einem geradezu kitschigen Sonnenuntergang über den Main, durch die abendlich kühlen Auen, Offenbach entgegen. Die Radfahrer und Rollerblader, die uns entgegenkamen, die jungen Familien mit Kinderwagen, die Spaziergänger, Jogger und emsigen Walkingstockschwinger – sie alle hielten uns bestimmt für ein trautes Ehepaar, das sich immer noch so viel zu erzählen hat und dabei ständig lacht. Ich sonnte mich in ihren anerkennenden, ja neidischen Blicken. Eine so schöne Frau hat nun mal einen gut aussehenden, sportlichen, jugendlichen Mann an ihrer Seite. Einen Bankdirektor, hätte ich ihnen am liebsten hinterhergeschrien. Deutschlands jüngsten und erfolgreichsten Bankdirektor! Und Marathonläufer! Ist er nicht der Hammer? Und das Verrückteste ist: Er hat nur noch Augen für mich! Ich zeigte wieder Hüftschwung und ließ meine Handtasche keck nach hinten über die Schulter baumeln. Ich hätte locker in einem Werbespot für weiße Schokolade ohne Kalorien auftreten können.

Währenddessen hörte ich mich aufgedreht lachen.

Stundenlang schritten Frank und ich so dahin, längst spürte ich den Schmerz durch die neuen Riemchenpumps nicht mehr. Ich hätte auch auf glühenden Kohlen gehen können, so euphorisiert war ich, und ignorierte alle warnenden Anzeichen meines Körpers. Irgendwann tauchte ein geradezu magischer Vollmond die Mainauen in verheißungsvolles Licht. Inzwischen hatte ich ihm auch meine Geschichte erzählt, denn Frank war ein aufmerksamer Zuhörer. Er gehörte beileibe nicht zu den selbstherrlichen Männern, die nur über sich selbst reden, ihre Erfolge aufzählen und beklatscht werden wollen.

Sein ehrliches Interesse wärmte meine erstarrte Seele. Immer wieder blieb er stehen, drehte mich zu sich um, sah mir tief in die Augen und stellte eine neue Frage.

»Und wie war deine Kindheit? Was ist dein größter Traum, Linda?«

Sein Blick war so entwaffnend, dass alle Zurückhaltung dahinschmolz.

»Ach, das ist doch alles nicht so wichtig«, wehrte ich tapfer ab. Denn meinen größten Traum, den ich selber erst seit wenigen

Minuten kannte, würde ich ihm nie und nimmer verraten. Nämlich der, in seinen Armen zu liegen.

»Doch. DU bist wichtig. Du bist MIR wichtig. Ich will alles von dir wissen.«

Das überrollte mich wie eine warme Welle.

»Okay, ich versuche es mit der Kurzfassung.«

»Aber warum denn?« Franks Augen ruhten warm auf mir. »Wir haben doch alle Zeit der Welt?«

»Musst du nicht nach Hause?« Ich merkte, dass ich die Luft anhielt.

»Hab mich schon abgemeldet.« Frank zuckte mit den Achseln wie ein Lausbub, und wieder erschienen Grübchen in seinem Gesicht.

»Ich mich auch. Wenn das kein Glückstreffer ist …« Jetzt kannte ich kein Halten mehr. »Ich übernachte bei einer Freundin.«

»Da haben wir beide den gleichen Plan«, sagte Frank zweideutig.

Ich wurde verlegen, hatte in so etwas schließlich keine Übung.

Ich hab ihn heute für mich allein!, dachte ich. Ich kann ihn noch ein bisschen haben. Warum sollte ich diesen magischen Moment zerstören?

»Also die mittellange Fassung. Aber sie ist nicht rosig.«

»War meine doch auch nicht!« Frank drückte mir aufmunternd die Hand. Zärtliches Interesse lag in seinem Blick. Ich schmolz dahin. Endlich fühlte ich mich richtig wahrgenommen und nicht wie ein Haushaltsgegenstand.

»Meine Eltern haben Mitte der Sechzigerjahre geheiratet, weil meine Mutter mit mir schwanger war. Zu diesem Zeitpunkt wollte mein Vater sich gerade von ihr trennen. Sie war siebzehn und er achtzehn.« Ich räusperte mich verlegen und sah Frank von der Seite an. »Es war nicht die große Liebe, es war nur so ein Geplänkel, du weißt schon. Aber eine Schwangerschaft war damals nicht nur ein Grund zum Heiraten, sondern eine Verpflichtung.«

Frank nickte. »Und aus diesem Geplänkel ist etwas so Wunderbares wie du hervorgegangen.« Sein Blick wurde zärtlich. »Ich möchte mich noch heute bei deinen Eltern bedanken.«

»Frank!« Ich lachte. »Du willst mich auf den Arm nehmen.« Gleichzeitig kniff ich mich erneut in den Arm, um zu kontrollieren, ob das alles wirklich wahr war.

»Fantastische Idee!«, strahlte er übermütig. »Darf ich?«

Und bevor ich mich noch wehren konnte, hatte der starke Mann mich starke Frau hochgehoben und trug mich, als wäre ich federleicht. Er drehte sich ein paar Mal um die eigene Achse und schwang mich im Kreis. Ich hörte mich schrill lachen und strampelte quietschend mit den Beinen. Einige Fußgänger, die uns entgegenkamen, lachten gleich mit.

»Sucht euch 'n Zimmer«, sagte ein besonders Vorwitziger belustigt.

»Gute Idee«, rief Frank ihm übermütig nach. Er stellte mich wieder ab und sah mich fragend an. Ich taumelte, weil mir schwindelig war. Schwindelig vor Schwindel, und schwindelig vor Glück. Frank war wie eine Droge. Hoffentlich wurde ich nicht süchtig!

Frank nahm mich in die Arme und hielt mich fest.

»Geht's wieder?«

»Ja.«

Ich zog die Schuhe aus, in denen ich fast umgeknickt wäre, und lief ein paar Schritte barfuss weiter. Oh, war das wohltuend!

»Diese Dinger haben mich fast umgebracht!«

»Das wäre ein sehr heimtückischer Mord gewesen!«

»Wie bitte?« Ich sah ihn irritiert an.

»Mord aus Habgier!«

Frank zog mich auf eine Bank, nahm meine Füße in seine Hände und massierte sie sanft. »Aber heute Abend gehören sie mir.« O Gott, tat das gut! Ich wähnte mich im siebten Himmel. Fast hätte ich laut geschnurrt.

»Und? Wirkt die Wiederbelebungsmaßnahme?«

Besser als du ahnst, dachte ich. Stellen an mir pulsierten, die ich längst vergessen geglaubt hatte. Ich schloss die Augen und gab mich seinen Berührungen hin. Ein Kribbeln stieg meine Schenkel hinauf bis unter meinen Rock.

»Es geht wieder, danke«, stieß ich hervor. Mehr konnte ich im Moment nicht ertragen, denn sonst hätte ich kein Wort mehr über meine blöden Eltern hervorgebracht.

Frank legte den Arm um mich, und im Gleichschritt gingen wir weiter.

»Mein Vater haute ab, als ich ein Jahr alt war, und meine Mutter wollte sich umbringen und mich gleich mit …« Es fiel mir wirklich nicht leicht, darüber zu sprechen. Ich schluckte. »Sie hat sich mit mir vor den Gasofen gelegt, und wenn man uns nicht rechtzeitig gefunden hätte, gäbe es mich nicht mehr …« Meine Stimme zitterte. »Frank, das verdirbt uns doch nur den Abend.«

»Linda. Hör zu. Du musst nicht, wenn du nicht willst, aber glaub mir – ich bin sehr dankbar, dass es deiner Mutter nicht gelungen ist, so etwas Kostbares wie dich zu zerstören.«

Dankbar sah ich Frank an.

»Dir dürfte inzwischen aufgefallen sein, dass wir so einige Gemeinsamkeiten haben«, sagte er eindringlich. »Unsere Begegnung war kein Zufall, sondern Schicksal! Meinst du, ich würde mich hier mit einer x-beliebigen Klientin herumtreiben, wenn der Blitz nicht bei mir eingeschlagen hätte?«

Ich schluckte wieder. Hatte er sich etwa – verliebt? In MICH?

Dann hatten wir in der Tat Gemeinsamkeiten! Es war mir ernst. Ich spielte nicht. Längst hatte ich mich vom Strudel meiner Gefühle mitreißen lassen und fühlte mich wie ein übermütiges Kind auf der Wasserrutsche. Ich hatte das sichere Geländer gewissermaßen losgelassen, und jetzt gab es kein Zurück mehr. Das Herz schlug mir bis zum Hals, und ich seufzte. Irgendwann würde ich bestimmt unsanft im kalten Wasser landen: Wir waren beide verheiratet, und aus uns konnte nichts werden.

Aber noch war es nicht so weit. Noch glitt ich schwerelos in ein braunes Augenpaar hinein, das mich auffing und hielt.

»Ich bin dann bei meiner Großmutter aufgewachsen«, brachte ich die unerquickliche Geschichte rasch zu Ende. »Meine Mutter ist auf der Straße gelandet und hat nach mir noch sechs Kinder von sechs anderen Männern bekommen.«

Frank schüttelte nur schweigend den Kopf und zog mich unwillkürlich enger an sich heran. Plötzlich wurde mir klar, dass wir uns wirklich ähnlich waren. Auch ich hatte mich ganz allein hochgearbeitet. Auch ich hatte einen guten Schulabschluss gemacht, BWL studiert und es zu etwas gebracht. Sein Interesse und seine Anerkennung waren echt. Warum sollte ich das anzweifeln?

»Meine Oma war damals Mitte sechzig und hatte bereits sechs eigene Kinder und zwei Nichten großgezogen. Sie war nicht gerade begeistert, als sie mich halbtoten Wurm vom Jugendamt überreicht bekam. Aber sie hat mich zu einem anständigen Menschen erzogen so wie dein Vater dich.«

»Wir sind aus demselben Holz geschnitzt«, sagte Frank. »Mir ist, als würde ich dich schon ewig kennen.«

Und dann blieb er plötzlich stehen, strich mir sanft eine Strähne aus dem Gesicht, hob mein Kinn und küsste mich. Ganz vorsichtig und zärtlich.

Er schmeckte wunderbar. Mein Herz raste, und ich spürte Dinge, die ich seit zwanzig Jahren nicht mehr gespürt hatte. Ich saugte ihn regelrecht in mir auf, ertrank in seinem Atem.

Es war mir egal, was die Leute dachten. Es war mir egal, was zu Hause los war. Es war mir egal, dass wir beide verheiratet waren. Offensichtlich nicht glücklich genug. Sonst hätten wir uns nicht so voneinander angezogen gefühlt wie zwei Magnete.

Ich wollte diesen kostbaren, einzigartigen Moment festhalten. Er würde viel zu schnell vorüber sein, und dann würde ich den Rest meines Lebens davon zehren müssen.

Wie durch ein Wunder standen wir vor einem kleinen gemütlichen Landhotel. *Zum Rostigen Anker* stand auf einem rostigen Anker. Aber das war noch nicht alles: »Zimmer frei.« Mein Herz stolperte. War das wirklich ein Wunder? Oder hatte Frank mich behutsam hierher geleitet?

Draußen auf den Bierbänken saßen noch ein paar lachende Gestalten, Ruderboote schaukelten leise am Ufer.

»Sollen wir?«

Frank hauchte mir einen Kuss auf die Lippen und zog mich an sich. Plötzlich spürte ich seine Hand an meinem Hintern. Sie entfachte ein wahres Feuerwerk der Lust, und eine Rakete entzündete sich an der nächsten. Auch Franks Wunderkerze, wie unschwer zu erspüren war.

Andererseits … Darauf war ich nun wirklich nicht eingestellt. Ich hatte überhaupt keine Zahnbürste oder so was dabei, und der Gedanke, dass dieser herrlich durchtrainierte Frank mein hautfarbenes Elastikmieder mit Slim-Effekt sehen würde, ließ mich schlagartig zur Besinnung kommen.

»Ähm … Sollen wir was?!«

»Das musst du entscheiden.« Frank zog mich zu einer der Bierbänke und bestellte zwei Gläser Rotwein.

»Aber – was ist mit deiner Frau?«

»Wie gesagt: Ich hab mich schon abgemeldet.«

Der Wein betörte mich, und mein Traummann bettete meine geschwollenen Beine fürsorglich auf die Bierbank und begann sie zärtlich zu kneten. Diesmal etwas höher, also vom Knie an aufwärts.

»Ich schlafe heute im Büro. Das kommt öfter mal vor, wenn wir Vorstandssitzung haben.«

Wieder schlich sich dieses spitzbübische Lächeln auf sein Gesicht, und in Kombination mit Mondlicht, Rotwein und diesem wahnsinnigen Kribbeln in meinem Unterleib schmolz mein Widerstand dahin.

»Woher kannst du so gut … ähm …« … lügen, hatte ich eigentlich sagen wollen, aber aus meinem Mund kam das Wort »massieren«.

»Das ist ja nur das Vorprogramm. Ich würde dir gern das Hauptprogramm zeigen.«

Okay. Das war nun mehr als deutlich und bedurfte einer Antwort.

Frollein, wollnse oder nich?

Aber, wie so oft bei Frauen, die gerade himmlische Gefühle haben, kam das schlechte Gewissen auf seinen dicken Beinen angetrabt und zog an meinem Rockschoß wie ein quengeliges Kind. Du sollst keine himmlischen Gefühle haben! Du sollst sofort nach Hause gehen!

»Es gibt nur ein Gefühl, das NOCH besser ist«, flüsterte Frank. »Ich bringe dich zum Fliegen!«

Halb zog er mich, halb sank ich hin!

Du bestellst dir jetzt ein Taxi, kreischte Frau Vernunft in mein Ohr. Schäm dich, du wirst dich doch wohl nicht ernsthaft dazu hinreißen lassen!

»Ich möchte dich spüren«, flüsterte Frank dicht an meinem Ohr. Seine Hand lag besitzergreifend auf meinem Schenkel, und mit dem Daumen schob er den Rocksaum meines Kostüms unmerklich höher. »Du bist die schönste Frau, die mir je begegnet ist! Komm, lass dich fallen, ich will dich! Vertrau mir, Linda! Ich mach dich glücklich. Was hast du denn zu verlieren? Hm?«

Ja, was eigentlich? Außerdem: Wenn nicht jetzt, wann dann jemals wieder?

Frau Vernunft löste sich in Luft auf, und ich schubste das schlechte Gewissen in den Main. Ohne jede Reue sah ich zu, wie es darin unterging.

Ich war viel zu erregt, um zu hinterfragen, warum sie Frank hier mit Namen ansprachen und ihm ohne Umschweife ein Doppelzimmer zuwiesen. Bestimmt hatte der Nachtportier einen Kredit bei ihm.

4

Jochen saß kauend über seinen »Computerknechten« und erlag dem weit verbreiteten Irrtum, sie zu beherrschen. Dabei beherrschten sie ihn.

Mettwurstbrötchen, Streuselkuchen und mehrere Tassen Kaffee leisteten ihm dabei wie immer Gesellschaft. Er hatte mich offensichtlich kein bisschen vermisst.

»Hallo«, krächzte ich. »Sorry, ich hab bei einer Freundin übernachtet.«

»Kein Problem.« Er schaute nicht mal von seinem Bildschirm auf. »War's schön?«

Mein Herz zog sich schmerzlich zusammen. Hätte Jochen mir eine Szene gemacht, wäre es mir besser gegangen. Und hätte er wenigstens bemerkt, dass ich ein neues Kostüm hatte und strahlte wie die aufgehende Sonne über dem Meer … Aber er bemerkte es nicht. Ich räusperte mich, um den Kloß in meiner Kehle zu entfernen.

»Ja. Sehr nett. Wir haben die ganze Nacht geplaudert und gelacht.«

Das war zumindest nicht ganz gelogen. Frank und ich hatten tatsächlich viel geplaudert und gelacht. Auch. Das schlechte Gewissen klopfte wieder bei mir an, ja, hämmerte mit Fäusten auf mich ein.

Ich zupfte an meinem zerknitterten Kostüm und konnte nur hoffen, nicht allzu sehr nach Frank zu riechen. Plötzlich verspürte ich den heftigen Drang zu duschen. Ich fühlte mich schmutzig und schlecht, wollte Jochen um den Hals fallen und ihm alles beichten. Gleichzeitig wusste ich, dass ich ihm nicht wehtun durfte. Das hatte er einfach nicht verdient. Wenn man beziehungstechnisch Scheiße baut, muss man das für sich behalten. Das ist ein ungeschriebenes Gesetz unter Eheleuten. Nur Loser erleichtern ihr Gewissen auf Kosten des Partners.

Ich wischte mir über die brennenden Augen.

Hatte ich Scheiße gebaut? War es das? Und mehr nicht? Würde ich letzte Nacht vergessen können und wieder zur Tagesordnung übergehen?

»Deine Freundin hat angerufen«, murmelte Jochen geistesabwesend und brachte seine Maus in die richtige Position. Auf dem Bildschirm erschien ein Rechnungsformular.

Fast wäre mir das Herz stehen geblieben. »Welche Freundin?«

O Gott! Hatte Barbara etwa nach mir gefragt? War was mit den Kindern?

Endlich hob er den Kopf. Er sah müde aus. Bestimmt hatte er bis spät in die Nacht geschuftet. »Michaela. Die vom Kindergeburtstag.«

Mein Herz schlug weiter, dafür umso heftiger. Michaela. O Gott. Hatte sie was mitgekriegt? Wusste sie, ahnte sie …? Hatte Heidrun womöglich … Ich wirbelte herum.

»Und?« Hastig räumte ich den Tisch ab, um meine nervösen Hände zu beschäftigen. »Ich meine, wollte sie was Bestimmtes?«

»Uns für Dienstag zum Grillen einladen.«

»Wen uns?«

Jochen hackte bereits wieder auf seine Tastatur ein. »Na uns. Die Kinder, dich und mich. Wer sonst sollte mit ›uns‹ gemeint sein?«

Meine Wangen brannten. »Ach so. Natürlich. Klar.« Zitternd

räumte ich das Besteck und die Teller in die Spülmaschine und schloss schwungvoll die Tür.

Wir würden in Franks Nachbargarten sitzen. Auf dem Präsentierteller. An der Hecke. Ich war mir nicht sicher, ob das eine gute Idee war.

»Ich ruf sie mal zurück.« Meine Stimmbänder waren wie Stacheldraht.

»Ja, mach das.« Jochen addierte routiniert die Mehrwertsteuer. »Sag mal, bist du heiser?«

»Heiser?!«

»Ja, du hörst dich so an, als ob du ziemlich rumgeschrien hättest.«

»Ähm ja, wir haben ziemlich laut geschrien gestern Abend.« Die Röte schoss mir ins Gesicht.

Jochen schüttelte lächelnd den Kopf. »Wehe, wenn sie losgelassen.«

»Äh … Was?«

»Na, so ne Weiberrunde.«

Mir entwich zischend die Luft, die ich gefühlte Minuten angehalten hatte, und ich lachte ein bisschen zu schrill. Hastig drehte ich mich um und rückte überflüssigerweise Gläser im Schrank hin und her.

»Das muss auch mal sein«, sagte Jochen gönnerhaft. »Hauptsache, ihr hattet Spaß.«

»Ja, den hatten wir.« Ich stützte mich an der Arbeitsplatte ab und kniff die Augen zusammen. Erinnerungen an gestern schossen mir durch den Kopf. Meine Knie wurden weich, und auch andere Körperteile erinnerten sich gern. Ich senkte den Kopf, damit er mein Gesicht nicht sah.

»Alles okay?« Jochen warf den Drucker an.

»Mir ist nur ein bisschen schwindelig …«

»Hast wahrscheinlich noch nicht gefrühstückt.«

Er stand auf und zog die Rechnung aus dem Gerät, um sie zu falten. Sonst machte ich das immer, das war meine Aufgabe!

O Gott, war das beschämend. Fehlte nur noch, dass er mir jetzt noch zur Belohnung ein Brot schmierte. Insgeheim sehnte ich mich fast nach einer saftigen Ohrfeige, damit mein Schuldgefühl nachließ. Aber Jochen hatte noch nie die Hand gegen mich erhoben und würde das auch nie tun. Er steckte die Rechnung in den Umschlag und ließ seine Zunge über die Klebefläche gleiten. Ich musste schnell weggucken und putzte an der Kaffeemaschine herum.

»Geht schon. Ich brauch nur eine Dusche. Um zwei gibt's Essen.«

Ich stürmte ins Bad und versuchte mein Herzklopfen unter Kontrolle zu kriegen.

Jochen spürte etwas. Er hatte mich so merkwürdig gemustert. Sonst merkte er noch nicht mal, wenn ich beim Friseur gewesen war. Und jetzt fragte er, ob ich heiser sei.

Ich stand unter der Dusche und ließ das warme Wasser über meinen Körper prasseln.

Seine Hände waren überall gewesen. An meinen Brüsten und Schenkeln, an meinem Hintern – ja, er hatte Stellen entdeckt, von denen ich nicht einmal wusste, dass sie überhaupt existierten. Und als ich endgültig abgehoben war, war er in mich eingedrungen und hatte seine Hand auf meinen Mund gelegt. Ich schloss die Augen und spürte wieder seinen heißen Atem.

Ich hatte keine Ahnung, dass man so – kommen konnte! Und – so oft hintereinander! Ich war völlig erschöpft. Und überdreht. Die verräterischen Spuren an Strumpfhose und Mieder grinsten mich an. Ich stopfte meine Wäsche in die Waschmaschine und stellte sie auf 100 Grad. Doch meine Erinnerungen an gestern Nacht konnte ich nicht wegwaschen. Sie überfielen mich immer wieder: Kaum versuchte ich, meinem Alltag nachzugehen, überlief es mich heiß, und ich bekam wohlige Gänsehaut. Ständig schaute ich aufs Handy.

Frank. Ob er es ernst meinte?

Oder war ich bloß eine flüchtige Affäre?

Machte er das mit allen Frauen so?

Schaute er alle so an? Fasste er alle so an? Küsste er auch andere so? Hielt er ihnen auch den Mund zu, wenn sie – kamen?

Über Heidrun hatte er nur gesagt, dass sie eine Vernunftehe führten. Dass sie völlig leidenschaftslos, fantasielos und prüde sei. Mit ihr könne er nichts von dem machen, was er mit mir gemacht hatte. Sie würde ihn wegen Migräne und anderer Befindlichkeitsstörungen stets abweisen, sodass er es schon lange nicht mehr bei ihr versuche. Heidrun wolle den Kindern ein intaktes Elternhaus bieten, deshalb lebe man friedlich, aber leidenschaftslos nebeneinander her.

Angeblich hatten die beiden seit Jahren keinen Sex mehr.

Aber dann war es ja genau wie bei uns!

Ich stellte mir Heidrun mit Frank im Bett vor, aber dieser Gedanke war völlig absurd! Diese Frau hatte keine Leidenschaft! Frank hatte zwar kein böses Wort über sie verloren, was ich ihm hoch anrechnete, aber so wie er auf mich abgefahren war, ahnte ich, was ihm zu Hause fehlte.

Wir hatten wirklich viele Gemeinsamkeiten!

Ich musste aufhören, an ihn zu denken, aber das war völlig unmöglich.

Als ich die Kinder bei Barbara abholte, fragte meine Freundin sofort, ob ich im Lotto gewonnen hätte. »Du siehst so anders aus ... Du strahlst so ... Wenn ich es nicht besser wüsste, würde ich sagen, du bist verliebt.«

Als ich an diesem Abend neben Jochen im Bett lag, wickelte ich mich fest in meine Decke und klemmte mir ein Kissen zwischen die Beine. Alle fünf Minuten griff ich zum Handy und checkte meine SMS, und endlich, kurz vor Mitternacht, leuchtete sie auf.

»Bin immer noch glücklich. Kann Fortsetzung kaum erwarten. Kuss, F.«

Ich las die Nachricht so oft, bis sie mir vor den Augen verschwamm. Dann löschte ich sie. Nicht dass Jochen hinter mir her schnüffeln würde. Erstens hatte er dazu bisher keinen Grund gehabt. Und zweitens war er viel zu sehr in seiner eigenen Welt gefangen. Jochen war nur noch ein Mitbewohner für mich. Genau wie Heidrun für Frank.

Ich wälzte mich von einer Seite auf die andere. Insofern hatten wir noch nicht mal gesündigt, oder? Es war gar nicht zu vermeiden gewesen. Wie in so vielen Ehen, aus denen die Luft raus ist. Das war doch im Grunde völlig normal. Aber berechtigte mich das zum Fremdgehen? Ich war hin- und hergerissen zwischen Solidarität zu Jochen und Sehnsucht nach Frank. Dieses Prickeln, dieses Kribbeln, das machte so süchtig!

Ich betrachtete meinen Lebenskameraden, der ahnungslos neben mir schlief und dabei leise schnarchte. Sein ehemals rötliches Haar war grau und schütter geworden. Wie unsere Ehe. Saft raus, Farbe raus.

»Kann Fortsetzung kaum erwarten. Kuss, F.« Ich presste das Handy an meine Stirn.

Jochens Atem streifte meine Wange.

Schwungvoll drehte ich mich auf die andere Seite.

Franks Atem war anders gewesen. Aufregender.

Fortsetzung. Wollte ich eine? Und was dann? Noch eine? Eine ganze Serie? Sollte ich mich wirklich auf ein Verhältnis einlassen?

Warum soll eine Frau kein Verhältnis haben? Das hatte ich vorgestern noch ganz kokett bei Michaela an der Hecke gesungen! Das war so ein locker-flockiger Schlager aus den Zwanzigern, der vorgab, dass es ganz normal sei, ein Verhältnis zu haben. Dass es zum guten Ton gehöre als schöne Frau. *Ist sie hübsch, wird man sagen, na, die muss doch eins haben!*, hieß es da.

Ich fühlte mich hübsch.

Seit gestern.

Ich fühlte mich sogar schön.

Das Handy auf meiner Stirn fühlte sich kühl an, gleichzeitig brannte es wie Feuer.

Wohin sollte das führen?

Mehr!, schrie der kleine Häwelmann in meiner einsamen Kinderseele, die sich immer nach Liebe und Anerkennung gesehnt hatte. *Leuchte, alter Mond! Leuchte!*

Und der gute alte Mond leuchtete.

Ich hätte so gern die Fenster aufgerissen, aber die Rollläden waren auch hier automatisch runtergegangen.

Wir lagen in einer dunklen Höhle, wie zwei Bären im Winterschlaf. Obwohl doch Sommer war! Die Bärenfrau wollte aus der Höhle tappen und auf Großwildjagd gehen! Sie hatte eine neue Fährte aufgenommen, und es zog sie magisch in die Freiheit!

Freiheit. Frank und frei. Ich hörte dem Wort nach. War ich denn gefangen? War es Freiheit, den schnarchenden Bärenmann zu betrügen? Oder Selbstbetrug?

Schließlich war Jochen ein wirklich lieber Kerl, der niemandem etwas Böses tat. Ein argloser, etwas phlegmatischer Wohlstandsteddybär.

Ich hatte ihn kennengelernt, als ich bereits eine siebenjährige Tochter hatte. Mit vierundzwanzig. Mein Lebensweg war dem meiner Mutter erschreckend ähnlich gewesen.

Seufzend drehte ich mich auf den Rücken und starrte an die Decke.

Erwin war mein erster Fehltritt gewesen. Erwin von der Kirmes. O Gott, ich durfte gar nicht daran denken.

Sechzehn Jahre war ich alt gewesen, als ich mit meiner Freundin aus unserer Sozialbausiedlung ausgerissen war, zur Kirmes auf einem zugigen Platz voller Pfützen, um endlich das große Abenteuer zu erleben. Meine Oma war streng, die fackelte nicht lang, sie hatte schon acht Kinder vor mir großgezogen und für mich galten dieselben Regeln: Spätestens abends um acht musste ich zu Hause sein. Sonst knallte es. Oma sorgte zwar für mich, aber ich spürte auch, dass ich ihr lästig war. Immer fühlte ich mich schuldig, wenn ich schon wieder aus einem Kleidungsstück rausgewachsen war und sie ihren Geldbeutel dreimal umdrehen musste. Sie ließ mich spüren, dass sie ihre Pflicht tat, aber vor allem ihre Ruhe haben wollte. Meine Sehnsucht nach Zuwendung wuchs zusehends, ich wollte raus aus der spießigen Enge, raus aus der lieblosen Strenge und rein ins pralle Leben. Und da war dieses angesagte Karussell gewesen, Raupe genannt, das immer schneller im Kreis herumratterte und die kreischenden Insassen aneinanderpresste, sobald es in die Kurve ging. Und als Höhepunkt der rasanten Fahrt, begleitet von zuckenden Lichtblitzen und lauter Musik, schloss sich über der Raupe dann auch noch das Verdeck, mit dem hinlänglich bekannten und angestrebten Zweck, dass sich die aneinandergeschmiegten Insassen darin im Schutz der Dunkelheit küssten.

Ja, und dieser zwanzigjährige »Junger-Mann-zum-Mitreisen-gesucht«-Beifahrer namens Erwin küsste mich damals. Die sechzehnjährige einsame Linda.

Ich war so ausgehungert nach Liebe und Zuwendung und

sehnte mich so sehr danach, überhaupt beachtet zu werden, dass dieser Erwin zum Mittelpunkt meines Lebens wurde.

Jeden Abend schlich ich mich wieder zu ihm, und so ergab eins das andere: Ich wurde schwanger.

Als meine Oma davon erfuhr, gab es erst mal Dresche, aber da war es schon zu spät.

Sie hatte mich nicht aufgeklärt, das war in ihrem Erziehungsprogramm nicht vorgesehen. Weil wir aber eine ehrbare, anständige Familie waren oder zumindest nach außen hin vorgaben, eine zu sein, zwang meine Oma Erwins Vater, Erwin zu zwingen, mich zu heiraten.

Damals wähnte ich mich im siebten Himmel. Eine eigene Familie war für mich das Höchste der Gefühle. Oma richtete uns tatkräftig, wenn auch laut fluchend, eine weitere kalte Zweizimmerwohnung in der Siedlung ein und unterstützte uns sogar mit ihrer ohnehin knappen Rente. Unter diesen Umständen bekam ich meine kleine Tochter Susanne, die ich über alles liebte. Aber dass Erwin und ich kein Traumpaar waren, stellte sich schon bald heraus. Er sprach billigem Fusel zu und wurde oft aggressiv. Aber bevor ich mich schlagen ließ, trennte ich mich von ihm und war froh, dass er mit seiner Kirmes weiterzog. Es war eine unglaublich trostlose Zeit für mich, und ich musste eine harte Lektion lernen. Aber Oma hatte mir Disziplin beigebracht. Selbstmitleid war mir fremd. Trotz meiner siebzehn Jahre hatte ich ein starkes Verantwortungsgefühl und kümmerte mich gut um mein Kind. Anders als meine Mutter damals dachte ich keine Sekunde an Selbstmord. Stattdessen putzte ich nachts Kneipenklos, für zehn Mark die Stunde. Oma passte solange auf meine Susi auf. Mit zähem Fleiß und dem festen Glauben an eine bessere Zukunft schaffte ich es sogar, die Abendschule zu besuchen und ein BWL-Studium zu absolvieren.

Dann trat der gutmütige, wohlbehütete Jochen in mein Leben. Und zwar in Form einer Zeitungsannonce: »Für Spieleabende, gemeinsames Kochen und vieles mehr suchen zwei halbwegs ansehnliche Männer mit Bildung und Sinn für Humor zwei weibliche Pendants.«

So kam es, dass Dagmar, meine damalige beste Freundin, und ich eines Abends an einem schlichten Mehrfamilienhaus im vierten Stock klingelten. Und der Gemütliche im Rollkragenpulli, der oben aus dem Dachfenster schaute und »Ja bitte?« rief, das war Jochen.

Wir schleppten uns kichernd und verlegen durchs Treppenhaus, das nach Bohnerwachs und Spießigkeit roch, und eigentlich war uns plötzlich danach, mal eben nach New York abzuhauen oder in zerriss'nen Jeans durch San Francisco zu laufen, aber das ging aus eingangs beschriebenen Gründen nicht, und so nahmen wir mit Jochen und Armin vorlieb. Zwei nette, harmlose Studenten. Einer Chemie, einer Medizin. Einer dunkelhaarig, einer rotblond.

Bei Kartenspiel und Pizza aus dem Karton wurde schnell klar, wer sich wen aussuchte – Dagmar nahm den Braunen, und ich entschied mich für den Rothaarigen. Der hatte die lieberen Augen, und dass er ein bisschen schüchtern war, störte mich auch nicht weiter. Das machte ihn sogar irgendwie – erreichbar. Ich fand es süß, dass er so zurückhaltend war – nach Erwins versoffener Brutalität konnte mir Jochen gar nicht schüchtern und zurückhaltend genug sein. Er war sehr geduldig und freundlich. Ich bereicherte unsere Vierertruppe durch meine Koch-, Aufräum- und Putzkünste, die ich einfach nicht unterdrücken konnte. Da freuten sich die beiden kopfgesteuerten Einsiedler, die ständig für ihr Examen büffelten. Jochen schrieb seine Doktorarbeit über »Die Analfissur bei diabetesbedingten Hämorrhoiden«, und bei Armin war es irgendwas mit Chlor. Obwohl auch ich meinen Uniabschluss machte, konnte ich aus nichts etwas Essbares zaubern, Gardinen nähen und Ordnung schaffen. Kurz und gut, ich machte mich für den angehenden Herrn Doktor so unverzichtbar, dass er auch freudig meine kleine Susanne, Erwins »Ableger«, in sein Herz schloss. Dann gab es da auch noch Jochens süße sorgende Mutti, die damals noch fitte und gesunde Ernestine mit dem ostpreußischen Akzent. Sie kümmerte sich auch um Susanne, sodass ich mich meinem Studium widmen konnte.

Jochen und ich wurden also ein Paar. Er konnte stundenlang mit Susanne spielen und gleichzeitig mir oder seiner Mutter zuhören. Er war ein sehr ausgeglichener Mensch ohne Launen, Ecken und Kanten.

Jochens Eltern waren begeistert von mir, der blonden, anpackenden, fröhlichen, praktischen jungen Frau, und freuten sich für ihr »Jungele«. Ich selbst war mir auch sicher, dass mir nichts Besseres passieren konnte als dieses kleine, heile, spießige Familienglück.

Alles war besser als Kirmes, Erwin und Zweizimmerwohnung in der Sozialbausiedlung.

Unsere sonntäglichen Besuche bei den Schwiegereltern in dem engen Reihenbungalow, in dem eine Wolldecke mit Tigermuster an der Wand hing, liefen immer gleich ab: Jochen und sein Vater sahen fern und diskutierten lauthals über Politik und Sport. Schwiegermutti Ernestine, Susi und ich waren in der Küche, kochten, backten, räumten auf und spülten Geschirr. Um vier Uhr gab es Kuchen, und um fünf Uhr gingen die Rollläden runter.

Das war mein Leben, meine Bestimmung. Ich war die Frau an Jochens Seite. Schnell hatte ich begriffen, was mein Part war, und den füllte ich aus.

Nach Jochens bestandenem Examen zogen wir mit Susanne in eine Dreizimmerwohnung, immerhin schon mit Balkon, die ich mit viel Elan und Geschick einrichtete. Nachdem er zwei Jahre später seinen Facharzt hatte, zogen wir in einen verklinkerten Bungalow am Rande einer Schrebergartensiedlung. Was waren wir glücklich, als ich schwanger wurde! Jochen hätte mich am liebsten in Watte gepackt. Dann kam Patti zur Welt, unser erstes gemeinsames Kind. Patricia Albrecht. Jochen freute sich unbändig, nun ein richtiges Nest gebaut zu haben. Er war mit seiner Arbeit total ausgelastet und hatte nur wenig Zeit für uns, aber das war doch völlig normal! Welcher Familie ging das nicht so? Ich lud Freunde ein, kochte, organisierte Familienfeste und Spieleabende und nahm alle unter meine Fittiche. Ich war die Seele der Familie. Mein Leben war ausgefüllt mit Arbeit, aber ich tat sie gern. Jochen sagte mir sehr oft, wie sehr er mein großes Herz und meine Wärme liebte. Ich erledigte seinen Bürokram, schrieb seine Rechnungen und kontrollierte die Geldeingänge. Wenn ein Patient nicht zahlte, schickte ich ihm freundlich, aber bestimmt eine Mahnung.

Meine Tüchtigkeit und der Rückhalt, den ich ihm bot, ließen Jochen beruflich schnell weiterkommen. Die Praxis lief hervorragend, und immer mehr Menschen mit Allergien, Schuppenflechten, Warzen und Neurodermitis fanden zu Jochen. Schließlich kam auch noch unser Sohn Simon zur Welt. Er wurde mit einer schweren Fußfehlstellung geboren, musste oft operiert werden, und ich fuhr ihn in seinen ersten neun Lebensmonaten täglich morgens in die Frankfurter Uniklinik, wo man seine Beinchen eingipste und millimeterweise in die richtige Richtung »drehte«.

Vielleicht war bereits das der Punkt, an dem unsere Ehe immer mehr zu einer eingespielten Arbeitsgemeinschaft wurde.

Der Übergang war fließend. Jochen war an meiner Seite, sooft er konnte. Patti und Susi durften auch nicht zu kurz kommen, also kümmerten wir uns abwechselnd um sie und ihre Bedürfnisse. Irgendwann war aus Liebe Zeitplanerfüllung geworden. Unsere Dialoge bestanden nur noch aus kurzen Zurufen: Wann löst du mich ab? Wann kommst du am Supermarkt vorbei? Bringst du noch Katzenfutter mit? Wann holst du das Kind? Wer von uns geht zum Elternabend? Warst du schon in der Apotheke?

Simon war oft krank und schrie nächtelang. Erschöpfung nagte an uns und fraß sämtliche Kraftreserven. Längst kamen wir gar nicht mehr auf die Idee, Zärtlichkeiten auszutauschen.

Hätte man damals schon den Begriff Burn-out gekannt, wäre das vielleicht die Diagnose für unsere Ehe gewesen: ausgebrannt.

Vielleicht verloren wir uns auch in Hyperaktivität, um die fehlenden Gefühle füreinander zu übertünchen. Noch einmal wagten wir den Neuanfang, kauften günstig ein baufälliges Haus im Grünen, denn die Kinder sollten es schön haben. Auch dieses Haus sanierten wir, oft an den Wochenenden, bis spät in die Nacht. Wir bauten sogar noch das Dach aus, denn jedes Kind sollte sein eigenes Zimmer haben.

Als dieses Haus endlich fertig war, zogen wir mit allen drei Kindern ein und glaubten, sehr glücklich zu sein. Doch wenn wir abends erschöpft zusammensaßen, starrten wir wortlos in den Fernseher. Wir hatten uns nichts mehr zu sagen. Unsere Liebe war verdorrt wie eine Topfblume, die früher herrlich geblüht hat und jetzt vergessen an ihrem Platz steht. Traurig betrachteten wir diese Topfblume und versuchten, sie neu zu beleben, indem wir sie an einen sonnigeren Platz stellten und ein paar Mal gossen. Aber sie verzieh uns unsere Vernachlässigung nicht mehr.

Vor einiger Zeit war ich mal mit einer neuen Frisur nach Hause gekommen, so wie heute. Sie war blonder, pfiffiger, und mein Haar erstrahlte in neuem Glanz. Ich fühlte mich gleich zehn Jahre jünger.

Jochen hatte stundenlang nichts bemerkt, was mir die Tränen in die Augen trieb.

Damals hatte ich mich vor Jochen aufgebaut und gefragt: »Fällt dir was auf?«

Ihm fiel nichts auf.

Ich war die Hausfrau, die funktionierte. Zum Muttertag hatte er die Kinder ein holpriges Gedicht aufsagen lassen:

»Für die Kinder und für Jochen bist du wirklich gut im Kochen« war Pattis Part, und »Auch zum Haus- und Zimmerputzen kann man dich noch gut benutzen« lispelte Simon durch seine Zahnlücke.

Wir hatten darüber gelacht. Besonders ich. Also, was sollte Jochen jetzt an mir auffallen?

Ich schrie ihn fast an: »Schau mich doch mal genau an!« Ich drehte mich um die eigene Achse und ließ die Haare fliegen.

Jochen musterte mich, wie er die Ekzeme seiner Patienten musterte. Seine Diagnose: »Der Pickel auf deiner Stirn ist weg.«

Da weinte ich schließlich.

Und er stand dabei.

Als sie einander acht Jahre kannten
(und man darf sagen: sie kannten sich gut),
kam ihre Liebe plötzlich abhanden.
Wie andern Leuten ein Stock oder Hut.

Sie waren traurig, betrugen sich heiter,
versuchten Küsse, als ob nichts sei,
und sahen sich an und wussten nicht weiter.
Da weinte sie schließlich. Und er stand dabei.

Vom Fenster aus konnte man Schiffen winken.
Er sagte, es wäre schon Viertel nach vier
und Zeit, irgendwo Kaffee zu trinken.
Nebenan übte ein Mensch Klavier.

Sie gingen ins kleinste Café am Ort
und rührten in ihren Tassen.
Am Abend saßen sie immer noch dort.
Sie saßen allein, und sie sprachen kein Wort
und konnten es einfach nicht fassen.

Nur dass man heutzutage eben nicht mehr in Tassen rührend im Café saß, wie in diesem Gedicht von Erich Kästner, sondern vor dem Bildschirm, wenn man sich nichts mehr zu sagen hatte.

Fröstelnd zog ich die Decke wieder bis zum Kinn.

Das war also der Stand der Dinge, an diesem Abend, nachdem ein anderer Mann mir das Gefühl gegeben hatte, eine begehrenswerte Frau zu sein. Dieser andere Mann fand mich schön, klug, einzigartig, witzig, weiblich, aufregend.

Ich seufzte. Wenn ich doch nur einschlafen könnte!

Frank musste ein einmaliger Fehltritt bleiben, das schwor ich mir. Doch genau in diesem Moment leuchtete das Display meines Handys erneut auf:

»Morgen um sechs. Erwarte dich sehnsüchtig. Kuss, F.«

5

Wider alle Vernunft fand ich mich am nächsten Abend um sechs vor der Bank wieder.

Diesmal stand Frank schon draußen. Er sah sich nervös um, packte meinen Arm und zog mich zu seinem Auto: »Lass uns ein Stück rausfahren.«

Es handelte sich um einen schwarz glänzenden Mercedes, »mein Dienstwagen!«, wie er stolz verkündete, und ich sank beeindruckt in die Lederschalensitze. Frank gab Gas und raste mit mir über die Autobahn in Richtung Taunus. Sein Duft erfüllte das Wageninnere, und ich war regelrecht berauscht davon. Meine Hormone tanzten einen ekstatischen Freudentanz.

Fassungslos sah ich zu, wie meine Ausfahrt an uns vorbeizog, und unterdrückte die Erkenntnis, dass ich erst vor einer halben Stunde von hier aufgebrochen war, mit rasendem Herzklopfen und feuchten Händen. Diese Ausfahrt hier war verbunden mit Alltag – Supermarkt, Kinder, Schule … Hier lag auch Jochens Praxis. Und von hier war ich geflüchtet, um in die Rolle einer anderen Frau zu schlüpfen, einer Frau, die mit alldem nichts zu tun hatte! In der Anonymität der Großstadt hätte mein schlechtes Gewissen vielleicht nicht ganz so heftig an mir gezerrt. Frau Vernunft war auch wieder da. Sie saß auf meiner Schulter und schrie mich an: Noch kannst du wenden, noch kannst du umkehren!, aber ich überhörte sie. Frank kannte ja meine Ausfahrt nicht. Ich verkniff mir die Bemerkung: »Hier wohne ich«, und verleugnete stumm meine Familie, mein Zuhause.

Frank fuhr, als wäre das ein Noteinsatz.

Und irgendwie war es auch einer! Ich wollte so schnell wie möglich von hier weg – nicht, dass wir noch einem unserer Freunde oder Nachbarn begegneten!

Frank hatte die Hand auf mein Bein gelegt und strich nur mit dem Daumen über den Rocksaum. Doch schon spürte ich wieder dieses süße Ziehen im Unterleib.

»Ich hatte Sehnsucht nach dir!« Er sah mich von der Seite an, und seine braunen Augen brannten sich förmlich in meine Netzhaut ein.

Seufzend hielt ich seine Hand fest.

»Was soll das hier eigentlich werden?«

»Nichts, was du nicht willst, Linda. Wir können auch einfach nur einen Spaziergang machen und reden.«

»Ja.« Ich schluckte. »Das wäre schön.«

Bestimmt konnten wir einfach nur Freunde sein. Das redete ich mir zumindest ein. Es musste doch eine Möglichkeit geben, mit diesem wunderbaren Mann über Gott und die Welt zu reden, ausführliche Spaziergänge zu machen und dabei nicht – wie ausgehungert übereinander herzufallen. Aber ich merkte, dass ich genau das wollte. Allen Zwängen entfliehen. Mich neu erfinden. ER hatte mich neu erfunden! ER war schuld!

»Bist du aufgeregt?« Wieder dieses kecke Grinsen, dieses Grübchen in seiner Wange.

»Ja. Und wie!« Ich kicherte nervös. »Ich komme um vor schlechtem Gewissen. In achtzehn Ehejahren habe ich so etwas noch nie gemacht.«

Frank verlagerte seine Hand in meinen Nacken und streichelte mich sanft. Ich fühlte mich wie ein Insekt, das nicht mehr wegfliegen kann.

»Ich bin auch wahnsinnig aufgeregt«, sagte Frank liebevoll. »Weil du so aufregend bist!«

Sofort bekam ich Gänsehaut. Er besaß magische Kräfte! Er sagte immer genau das Richtige, berührte mich an den richtigen Stellen! Er sah fantastisch aus, und er roch fantastisch. Er war – perfekt!

»Fahr nicht so schnell! Du könntest geblitzt werden!«

»Na und?«

»Dann bin ich mit auf dem Foto!«

»Was ist daran so schlimm, mit einer Klientin zu einer Immobilienbesichtigung in den Taunus zu fahren?«

Ich schüttelte den Kopf. »Um Ausreden bist du nicht verlegen, was?«

Er war so cool, so lässig, so weltmännisch!

Nachdem wir uns zwanzig Minuten lang gegenseitig versichert hatten, dass wir verrückt nacheinander seien und nicht wüssten, was aus der Sache werden solle, drosselte Frank endlich das Tempo.

»Es ist nicht so, dass ich kein schlechtes Gewissen hätte …« Frank schaute in den Rückspiegel und setzte den Blinker. »Aber meine Gefühle für dich sind einfach nicht zu unterdrücken.«

Ich schwebte wie auf Wolken: Er hatte Gefühle für mich. Gefühle. Es war nicht nur der übliche, sexuelle Jagdtrieb.

Er fuhr von der Autobahn ab auf eine kurvige Landstraße Richtung Feldberg. Ich musterte seine kräftigen Hände am Steuer und musste die Augen schließen, als mir wieder einfiel, wozu diese Hände in der Lage waren.

Er sah mich von der Seite an.

»Ich habe noch nie so eine unglaubliche Anziehungskraft

empfunden! Seit achtundvierzig Stunden kann ich an nichts anderes mehr denken als an dich!«

Seine Hand wanderte von meinem Nacken den Rücken hinunter und fand meinen Po, schob sich fordernd darunter. Jetzt saß ich auf seiner Hand.

»Du bist schuld, wenn die Privatbank Millionen in den Sand setzt!«

»Was?« Ich lachte empört auf. »Ich?«

O Gott! Was tat er da, was TAT er da?

Er zog seine Hand wieder hervor und schnupperte daran. Er schloss die Augen und ließ den Wagen Schlangenlinien fahren, als wäre er betrunken.

»He! Bist du verrückt?«

»Ja. Verrückt nach dir!«

»Und wenn uns einer entgegenkommt?«

»Sterben wir alle den Liebestod.«

»Frank, bitte! Ich habe Mann und Kinder!«

»Du bist das Weib, von dem ich immer geträumt habe, Linda!«

O Gott, das waren Worte, von denen ich immer geträumt hatte! Und Hände, von denen ich immer geträumt hatte!

Er hielt sie mir unter die Nase. »Riech!«

»Nein!« Ich legte seine Hände wieder aufs Lenkrad. »Du bist nicht mehr fahrtüchtig, Frank. Halt an.«

»Zu Befehl.« Frank bog in einen Waldweg ein, der zur Fahrerseite hin schräg abfiel.

Mein Herz raste. Was machte er da? Wohin sollte das führen?

»So.«

Er stellte den Motor ab. Löste den Gurt. Sein Gesicht kam immer näher, und wieder roch ich diesen Atem, der mich verrückt machte. Ich schloss die Augen. Da waren sie wieder. Seine unbeschreiblich zärtlichen Lippen auf meinen. Wir küssten uns. Er schmeckte nach Frank, nach neulich und nach aller Lust und Freiheit dieser Welt. Dieser Kuss beinhaltete alles, was ich mir von diesem Leben noch erhoffte.

Sämtliche Bedenken fielen von mir ab. Frau Vernunft trommelte noch an die Autoscheibe, aber dann rutschte sie auf der abfallenden Böschung aus und ward nicht mehr gesehen.

Wenn nicht jetzt, wann dann?, schrie Herr Spaß.

Ich will ihn, dachte ich. Und er will mich.

Jochen und die Kinder lösten sich in Luft auf.

Das war jetzt mein Moment, meine geheime Auszeit. Zeit zum Erwachen.

Ich bin eine Frau! Ich bin eine begehrenswerte Frau! Ich bin fünfundvierzig und in der Blüte meines Lebens! Endlich merkt das mal einer!

Hastig schälte er sich aus seinem Jackett und warf es nach hinten. Sein Hemd spannte über dem muskulösen Oberkörper. Den ich kurz darauf in all seiner Pracht zu sehen bekam. Er war makellos – kein einziges Haar. Nichts als gebräunte Haut über Muskeln.

Seine Hände tasteten nach meinen Strümpfen, die zum ersten Mal in meinem Leben an Strapsen befestigt waren, sie zogen und zerrten … Lust durchströmte mich, und ich warf den Kopf in den Nacken. Plötzlich hörte ich mich stöhnen. War ich das? War das meine Stimme, die solche Laute von sich geben konnte? Tierische Laute.

»Linda. Meine Linda.« Seine Stimme war heiser. »Ich will dich. Du gehörst mir.«

Seine Hände glitten über meine nackten Schenkel. Ich fühlte mich unendlich verrucht und wahnsinnig erotisch.

War ich das? Seine Linda? Gehörte ich ihm? Warum erregte mich der Gedanke so, ihm ausgeliefert zu sein?

»Warte. Leg dich … So.« Seine Augen wurden schmal.

Bilder von kopulierenden Tieren schossen mir durch den Kopf. Starke Männchen, die sich auf willige Weibchen warfen. Weibchen, die sich bereitwillig hingaben. War das die Natur? Musste das so sein? Warum kam ich dann bei Jochen nicht auf solche Ideen? Eher würde ich den Garten umgraben und das Haus neu anstreichen als bei ihm Strapse anzuziehen, um sie mir anschließend von ihm ausziehen zu lassen!

Warum dann bei Frank?

O Gott. Er würde doch jetzt nicht … Ich hatte es doch noch nie im Auto …

Geschickt bettete er mich auf meinen Sitz, fuhr ihn in die Liegeposition, löste meinen Gurt, zog meine Beine zu sich heran, näherte sich mit seinem Mund …

Ich ahnte, was jetzt kam: Das, was er neulich auch schon gemacht hatte.

O Gott, ich spürte ihn, heiß und fordernd. O Gott, war das schön. Jeden Moment würde ich kommen und davonfliegen, über den ganzen Taunus, völlig losgelöst von der Erde. Ich klammerte mich an ihn und warf den Kopf in den Nacken. Doch er ließ mich noch etwas zappeln, löste seinen Gürtel und versuchte, sich in der Enge des Autos die Hosen herunterzuziehen.

»Hilf mir!«

Das ließ ich mir nicht zweimal sagen. Im Nu hatte ich den Herrn Bankdirektor von seinen maßgeschneiderten Beinkleidern befreit.

Er packte mich erneut, spreizte meine Beine. Ich krallte mich stöhnend in meinen Sitz und suchte Halt an der Kopfstütze.

Das Auto begann rhythmisch zu wackeln.

Aaah!! Jetzt erlebte ich auch mal, was man sonst nur in Filmen sieht, und worüber man meistens lacht. Fehlte nur noch, dass das Auto den Abhang runterrutschte … Doch schon bald waren mir solche Sorgen einerlei, denn seine Stöße wurden fester, und die Fensterscheiben beschlugen.

»Ja, Frank, ja!«

Morgen würde ich wieder heiser sein.

Aber vorher würde ich … Jetzt gleich …

Mein spitzer Absatz knallte irgendwo drauf, ein Klicken ertönte, und in dieser Sekunde plärrte entsetzlicher Lärm aus dem Radio! Mir drohte das Trommelfell zu platzen, und mein erster Reflex war der, das Ding irgendwie wieder unter Kontrolle zu bekommen.

Frank hatte einen anderen Reflex: einen Fluchtreflex! Er hechtete aus dem Auto, und ich sah nur noch einen weißen Männerarsch unelegant im Gebüsch verschwinden. In seiner Not schien Frank vergessen zu haben, dass es an seiner Seite abwärts ging, die Böschung hinunter. Mit zitternden Fingern fummelte ich am Radioknopf herum, bis ich das Ding gebändigt hatte. Plötzlich war es still. Mein Herz raste, doch meine Lust hatte sich verzogen. Wir waren wahnsinnig. Verrückt!

Ich kroch zur Fahrertür, die geöffnet über den Abhang ragte.

Unten sah man, wie sich der Herr Bankdirektor panisch nach allen Seiten umsah. Seine maßgeschneiderte Designerhose war voller Dreck und Schlamm. Seine Haare standen in alle Richtungen, und seine Männlichkeit war bis zur Unkenntlichkeit geschrumpft.

Es war ein so hinreißend komischer Anblick, dass ich in lautes Gelächter ausbrach. Irgendwann schrie ich vor lauter Lachen! Das Lachen war ein herrliches Ventil für meine Achterbahn der Gefühle. Auf Lust folgte schlechtes Gewissen und umgekehrt, und dann noch dieser Schockmoment. Ich lachte wie noch nie in meinem Leben, bis mir alles wehtat.

Frank krabbelte den Abhang wieder rauf und lachte auch. Ein bisschen verlegen, aber er lachte. Gott, war ich verknallt in ihn! Er war verletzlich, empfindsam, schreckhaft. Ich war bis zu seiner Seele vorgedrungen. In diesem Moment verliebte ich mich endgültig in Frank. Diesen Moment würde ich mit keiner anderen Frau teilen müssen. Dieser Moment gehörte nur uns.

Keuchend sah er mich von der Seite an. Bewunderung stand in seinen Augen.

»Du bist ein Wahnsinnsweib, Linda!«

»Warum? Weil ich es geschafft habe, das Radio wieder auszumachen?« Ich kicherte. Da hatte ich schon andere Katastrophen in den Griff bekommen!

»Linda«, sagte Frank, immer noch völlig außer Atem. »Linda, Linda. Weißt du, was du bist?«

»Ähm … Nein?«

»Du bist eine Frau zum Stehlen.«

Er suchte nach seinem Hemd und zog es wieder an.

Tja, für diesmal war es vorbei mit der unkontrollierbaren Lust.

Aber diese seine Aussage wog mindestens genau so schwer.

6

Drei Tage später saß ich wieder bei Michaela auf der Terrasse und starrte wie hypnotisiert auf die Hecke.

Die Kinder waren gleich in den Tischtenniskeller gestürmt, und aus den Augenwinkeln sah ich, dass auch die zwei kleinen Mädchen von nebenan, Franks Töchter, herbeigelaufen kamen. Meine kleine Namensvetterin Linda und ihre Schwester Lena. Ganz süße Gören. Ich schloss sie auf Anhieb ins Herz.

»Rundlauf«, schrien sie, »wir spielen Rundlauf!«

Jochen und Rainer standen am Grill und fachsimpelten.

Michaela sah mich von der Seite an. »Na, alles klar bei dir?«

Mir müssen die Herzchen nur so in den Augen gestanden haben – sosehr ich mich auch um Normalität bemühte. Ich zögerte, wusste nicht, was ich sagen sollte.

Ich fühlte mich wie auf dem berühmten Luftschacht, auf dem Marylin Monroe gestanden hatte, als ihr Kleid nach oben wehte und den Blick auf ihre Beine und einen Teil ihrer Unterwäsche freigab: Aufregend, weiblich, sexy. Und hatte außerdem dieses prickelnde Gefühl, hier auf dem Präsentierteller zu sitzen, in Franks unmittelbarer Nähe!

»Ich bin … Ich habe …« Mein Blick huschte zur Terrassentür nebenan, die halb offen stand. »Ich habe deinen Nachbarn inzwischen kennengelernt. Frank Hellwein.«

»Ach ja?« Michaela hielt mir die Schale mit den Oliven hin. »Hat er dir gezeigt, wie's geht?«

»Was?« Ich zuckte zusammen. In meinem Kopf gingen die Alarmsirenen los. »Wie meinst du das?«

»Na, die Anlageberatung!« Michaela schüttelte nur den Kopf. »Du wolltest doch auf Aktien setzen!«

Ich atmete hörbar aus. »Oh. Ja. Aktien. Genau. Davon hat er ja wirklich Ahnung.«

»Er ist ein sehr tüchtiger Mann«, bestätigte Michaela und spuckte einen Olivenkern in die Hecke. »Er verdient sechzehntausend Euro im Monat.«

Ich bekam Augen so groß wie Untertassen. »Woher weißt du das?«

»Das hat er Rainer erzählt. Heidrun sagt, er hat kaum Zeit für seine Familie. An den letzten drei Abenden ist er gar nicht nach Hause gekommen. Er arbeitet Tag und Nacht, sagt Heidrun. Die leistet mir hier öfter auf der Terrasse Gesellschaft.« Sie verstummte. »Heidrun ist auch eine ganz Liebe.«

Ich griff nach meinen Glas und warf klirrend ein paar Eiswürfel hinein. Meine Haut brannte, als hätte ich in Brennnesseln gefasst.

»Linda?« Michaela sah mich mit zusammengekniffenen Augen an. »Ist wirklich alles in Ordnung?«

Ich räusperte mich und trank hastig einen Schluck Wein. »Natürlich. Was sollte denn nicht in Ordnung sein?«

»Du bist ziemlich rot geworden!«

»Ich sollte aus der Sonne …« Umständlich rückte ich meinen Stuhl in den Schatten.

Ich rieb mir den Oberarm. »Ständig predigt mir Jochen, dass ich mich nicht in die pralle Sonne setzen soll. Er sagt, man darf die Hautkrebsgefahr nicht unterschätzen.«

»Das finde ich sehr vernünftig.« Michaela warf einen Blick auf die Hecke. »In unserem Alter sollte man sich überhaupt keinen überflüssigen Gefahren mehr aussetzen.« Ihre Stimme bekam einen merkwürdigen Unterton. Oder bildete ich mir das alles nur ein?

Ich gab mir Mühe, meine brennenden Wangen zu ignorieren.

»Ganz meine Meinung«, beeilte ich mich zu sagen und stopfte mir eine Olive in den Mund. Den Kern spuckte ich ebenfalls mit Schwung in die Hecke.

Die beiden Männer am Grill lachten über irgendeinen Witz, und Rainer klopfte Jochen jovial auf die Schulter.

»Mädels?«, rief Jochen vom Grill herüber. »Wie siehts mit Hunger aus? Die Würstchen wären jetzt fertig!«

In mir zog sich alles zusammen. Ich würde keinen einzigen Bissen runterkriegen. Erst recht kein fettiges Würstchen.

Überhaupt. Seit ich mit Frank … ähm… zusammen war (war ich mit Frank zusammen?), hatte mich mein ehemals so gesunder Appetit vollständig verlassen. Ich lebte von Luft und Liebe. Ich hatte schon gefühlte drei Kilo abgenommen. Und das fühlte sich fantastisch an.

»Ruft einer die Kinder?«, fragte Jochen.

Rainer trat an den Kellerfensterschacht, auf dem ich mich vor meinem inneren Auge als Marylin Monroe sah, und brüllte: »Kinder! Essen fassen!«

In dem Moment trat eine schmale Gestalt an die Hecke. Ich sah den locker hochgesteckten Haarkranz und das Blümchenkleid einer Waldfee.

»Hallo Nachbarn«, rief Heidrun freundlich. »Ihr müsst unsere Kinder nicht mit durchfüttern!«

»Och, das geht schon in Ordnung«, erwiderte Rainer. »Kommt doch auch rüber, wir haben sowieso Besuch!«

»Aber wir sind Vegetarier.«

Wenn du es wüsstest, Vilja, du Waldmägdelein!, ging es mir

durch den Kopf. Welchen Fleischeslüsten dein Mann sich mit Wonne hingibt. Er will durchaus! Aber du lässt ihn nicht!

»Dann esst eben nur Salat«, mischte sich Michaela ein, die sich nun auch zur Hecke begeben hatte.

»Und Linda hat ihren berühmten Nudelauflauf mitgebracht!«

»Dann bringe ich meinen Caprese mit frischem Basilikum«, bot Heidrun freundlich an.

»Sie baut ihre Biotomaten selber an«, informierte mich Michaela, als ob mich das einen feuchten Kehricht interessierte. »Sie hat einen grünen Daumen.«

Wenn ich dir jetzt sage, was ihr Mann für einen Daumen hat, dachte ich insgeheim.

»Wow!« Ich machte eine anerkennende Verbeugung, die kein bisschen natürlich aussah.

Ich war eine einzige Heuchlerin.

»Mein Mann müsste auch jeden Moment kommen.« Heidrun sah sich suchend um. »Er trainiert noch für den Marathon. Nächsten Sonntag läuft er in Prag.«

Das wusste ich bereits. Wieder tat ich so, als sei ich schwer beeindruckt und trat von einem Fuß auf den anderen. »Wow«, sagte ich erneut, weil mir nichts anderes einfiel. »Wow, Ihr Mann läuft Marathon. Da muss er ja ziemlich Kondition haben.« Mir entrang sich ein hysterisches Kichern, das ich hastig in einen Hustenanfall verwandelte. Waldlauf kann er schon mal, dachte ich gehässig. Bergab und mit nacktem Hintern.

»Trockene Luft hier!« Ich wedelte mir vor dem Gesicht herum. »Das macht der Grill!«

Mein Herz raste. Frank würde doch jetzt nicht … Das würde ich nicht verkraften … Das ging über meine schauspielerischen Leistungen.

Doch. Da stand er. Auf seiner Terrasse.

Er sah umwerfend gut aus. Enge Jeans, weißes Hemd, Turnschuhe. Sein dunkles volles Haar war noch nass vom Duschen. Ich konnte ihn riechen. Im wahrsten Sinne des Wortes, Und schon aus dieser Entfernung. Mich überlief es heiß und kalt. Millionen Härchen stellten sich wohlig auf.

Ohne viel Federlesen schnappte er sich zwei Gartenstühle, balancierte sie über dem Kopf, als wären es Streichhölzer und sprang mit einem eleganten Satz über die Hecke.

»Hi«, sagte er. »Frank Hellwein. Ich bin der Nachbar.«

»Und?«, fragte Jochen fachmännisch. Ich glaubte zu sehen, dass er unwillkürlich den Bauch einzog. Auch wenn er gerade die erste Bratwurst verschlang. »Welche Zeit? Unter vier Stunden?« Er legte die Grillzange weg, um Frank förmlich die Hand zu schütteln. Rainer haute dem Nachbarn freundschaftlich auf die Schulter.

»Na, diesmal waren es vier Stunden und sechs Minuten.« Er betonte das »sechs« und schenkte mir einen zweideutigen Blick. »Aber an dem ›sechs‹ arbeite ich noch. Es kann nur noch besser werden.« Bildete ich mir das ein, oder zwinkerte er mir zu?

Mir zog es schier die Füße weg. Gott, war das aufregend! Rainer stellte die beiden mit dem jovialen Stolz eines männlichen Freundes vor: erfolgreicher Banker, erfolgreicher Dermatologe.

»Falls du mal ne Allergie hast oder Pickel kriegst, ist das der richtige Mann.«

»Wir ernähren uns ja vegetarisch«, sagte Heidrun, die mit einer Salatplatte bewaffnet durchs Gartentor gekommen war. Sie hatte einen Strohhut auf. »Deswegen bekommt mein Mann bestimmt keine Allergie.«

Oder gerade deswegen!, dachte ich. Wenn du wüsstest, du Biomöhre!

Auf der Terrasse begann allgemeine Geschäftigkeit, die Männer schleppten weitere Stühle herbei, die Frauen deckten den Tisch. Meine Hände zitterten, als ich neben Heidrun Gläser hinstellte. Ihre Hände waren schmal und klein und mit feinen Sommersprossen übersät. Ich stellte mir vor, wie diese Hände Franks Traumkörper streichelten, verbot mir aber diesen Gedanken gleich wieder. Frank hatte ja gesagt, da laufe seit Jahren nichts mehr. Sie wehrte seine Selleriestange ab, die roh geschrotete Vollkornbeilage.

Inzwischen kamen die Kinder aus dem Keller gerannt: Patti, Simon, Linda, Lena, Alex und Konstantin. Und der zottelige junge Hund, der einen zerbissenen Tischtennisschläger im Maul hatte und uns treuherzig ansah. Eine hinreißend süße Rasselbande. Und wir sechs Eltern dazu. Heile Welt. Wer wollte die zerstören?

Wer hat Angst vorm schwarzen Mann?, kam es mir in den Sinn. Niemand. Und wenn er aber kommt? Dann komme ich auch. Hahaha.

Michaela zückte ihr Handy und machte ein paar Fotos.

»Und jetzt mal mit allen Eltern!«

Wir stellten uns dazu und legten die Arme umeinander.

Ich spürte Frank, der »zufällig« hinter mir stand und mich wie aus Versehen mit dem Oberschenkel am Po berührte.

Hach, dieses Prickeln …

»Worüber habt ihr eben so gelacht?«, wollte Michaela wissen.

»Rainer hat mir von seiner Jagdprüfung erzählt.« Jochen nagte mit vollen Backen an seinem Grillkotelett. »Wie schwer die war.«

»Ja, das ist fast wie Abitur«, sagte Rainer.

»Allerdings!«, fing Frank elegant den Ball auf. »Ich hab schon vor Jahren den Jagdschein gemacht. Ich weiß noch, wie ich die Scheiße von den Viechern in der Prüfung erkennen musste.«

»Scheiße? In der Prüfung?« Meinen Kindern stand der Mund offen.

»Frank, bitte!«, sagte Heidrun humorlos. Aber er ging gar nicht darauf ein.

»Da reicht dir der Oberförster als Mitglied des Prüfungskomitees ganz förmlich so ein Ding, und du musst sagen, ob das jetzt der Köttel von einem Karnickel oder von einem Fuchs ist.«

Sofort brodelte es wieder in mir. Ich hätte mich totlachen können.

»Frank!«, wiederholte Heidrun und sandte ihm einen strengen Blick. »Wir essen.«

Die Kinder hingen an seinen Lippen. »Echt? Wie kann man denn Hasenscheiße von Fuchsscheiße unterscheiden?«

»Durch Dranriechen zum Beispiel.« Er schnüffelte an seinen Fingern und schenkte mir einen durchdringenden Blick. O Gott, mir wurde ganz anders. Mit zitternden Fingern beschäftigte ich mich mit meiner Serviette.

Die Kinder lachten sich kaputt.

»Es ist wirklich erstaunlich, dass kleine Tiere große Haufen und große Tiere kleinen Schiss machen können«, erzählte Frank unschuldig weiter.

»Aber die Schisser hoppeln am allerweitesten«, hörte ich mich sagen.

Frank grinste mich an, dass ich beinahe aus den Latschen kippte.

»Hier!« Er zauberte eine Dose mit schwarzem Lakritz hervor und hielt sie den Kindern unter die Nase. »Was glaubt ihr, was das ist?«

»Elch?«, mutmaßte Linda.

»Hirsch?«, fragte Lena.

»Reh?«, schlug Patti vor.

»Karnickel!«, schrie Simon begeistert.

»Bärendreck«, erwiderte Frank, steckte sich etwas davon in den Mund und kaute begeistert darauf herum. »Hm, sehr aromatisch!«

Die Kinder schrien vor Lachen, Heidrun schüttelte missbilligend den Kopf, und ich war wie verzaubert. Solche Scherze machte Jochen nie mit den Kindern!

»Papa, zeig den anderen deinen Trick mit dem Pingpongball«, bettelte die kleine Linda.

»Frank, bitte.« Heidrun sagte das in einem Tonfall, der »bitte nicht« beinhaltete.

Aber Frank legte den Kopf in den Nacken und pustete den schnell herbeigeholten Pingpongball so an, dass er auf dem Luftkegel tanzte, bis er schließlich nach ihm schnappte und ihn zähnefletschend präsentierte. Die Kinder hingen an seinen Lippen.

»Er kann es auch mit einer Erbse«, sagte Lena stolz.

Ja, das wusste ich zufällig. Schnell nahm ich einen großen Schluck Wein, an dem ich mich augenblicklich verschluckte.

Die anderen lachten arglos, die Kinder waren aufgedreht und übermütig und schmierten sich mit Ketchup voll, Heidrun ermahnte ihre Mädels, nur Salat zu essen und nahm ihnen freundlich, aber bestimmt die Würstchen weg, die Jochen ihnen auf die Teller gelegt hatte.

Jochen hatte wieder mal nicht zugehört.

»Sie sind Vegetarier, Jochen!«

»Jedenfalls zu Hause«, sagte Frank mit schelmischem Grinsen. Ich verkniff mir ein hysterisches Kichern. Noch immer spürte ich seinen Schenkel an meinem Po.

Jochen stellte höfliche Fragen an den Banker Frank, so als wollte er beweisen, dass er auch was in der Birne hatte, und ich bemerkte zu meinem Erstaunen, wie stolz ich auf Frank war, der

Jochen detailliert Auskunft über Aktien und Wertpapiere geben konnte.

»Eure Mutter versteht aber auch eine Menge davon«, wandte Frank sich wieder höflich an die Kinder. Überhaupt fiel mir auf, dass er die Kinder stets einbezog, während Jochen sie beim Essen oft komplett ignorierte.

»Soweit ich weiß, ist sie eine entfernte Verwandte von Dow Jones.«

»Hä?«, machte Simon. »Haben wir Verwandte in England?«

»Nein«, spielte ich locker den Ball zurück. »Ich stamme vom Haus Dax ab.« Gott, war ich auf einmal schlagfertig!

»Und wie schmeckt dem Dachs seine Scheiße?«, wollte die kleine Lena wissen.

Ich lachte so schrill, dass Michaela mich mehr als erstaunt anschaute.

Jochen und Heidrun schüttelten tadelnd den Kopf.

»Ich glaube, wir sollten das Thema wechseln.«

»Wohin fahrt ihr in den Ferien?«, fragte Heidrun höflich.

Jochen gab brav Auskunft, dass wir dieses Jahr nicht in Urlaub fahren würden, weil er nicht aus seiner Praxis wegkönne. Patti mache ein Berufspraktikum, und Simon sei begeisterter Taunus-Pfadfinder. Außerdem würde seine neunzigjährige Mutter Ernestine in Kürze zu uns ziehen.

Das stimmte. Und ich liebte meine entzückende Schwiegermutter. Sie war immer für mich da. Es gab Tage, da hätte ich ihr am liebsten anvertraut, was mir bei Jochen fehlte. Ihr gegenüber hatte ich fast noch mehr Gewissensbisse als Jochen gegenüber.

Ich senkte den Kopf und stocherte in meinem Salat.

»Und deine Frau?«, fragte Frank Jochen allen Ernstes. »Was hat die so vor?«

»Was soll die schon vorhaben?«, murmelte Jochen über seiner dritten Bratwurst. »Sie kümmert sich um alles. Was sonst.« Fragend hob er den Kopf.

Eine peinliche Pause entstand.

Heidrun beeilte sich zu sagen, dass sie auch viel lieber zu Hause bliebe, schließlich hätten sie es hier im Sommer doch wirklich schön! Der Garten, der Pool, das Trampolin … Allerdings wolle sie mal für eine Ayurveda-Kur nach Indien fahren. Irgendwann einmal. Wenn es sich ergeben würde. Das sei ihr lang gehegter Traum. Sie sah Frank durchdringend an.

»Frank ist ja ständig auf Geschäftsreise«, bemerkte sie tadelnd.

»Und wo zum Beispiel?«, fragte Jochen kauend.

»Auf einem Kreuzfahrtschiff. Er ist eingeladen, an Bord Vorträge zu halten.«

»Nicht schlecht, Herr Specht«, meinte Rainer. »Können die nicht auch einen Tierarzt gebrauchen?«

»Nein. Auf einem Kreuzfahrtschiff gibt es kein einziges Tier«, antwortete Heidrun humorlos.

»Außer Bettwanzen und Sackratten vielleicht.« Frank zwinkerte Simon zu.

»Oder einen Dermatologen?«, versuchte Jochen einen Scherz.

Ich senkte den Blick und wehrte eine Hitzewallung ab.

»Nein, die Klientel ist wohlhabend und verfügt über viel Tagesfreizeit.«

Heidrun verdrehte die Augen. »Ziemlich viele reiche Witwen, wenn ihr mich fragt.« Sie sah sich beifallheischend um. Fand sie sich witzig?

Keiner lachte. Mir wurde immer unbehaglicher zumute.

»Auf Kreuzfahrtschiffen gibt es bestimmt viele reiche alte Säcke, die gar nicht wissen, wohin mit ihrer Kohle.« Jochen schien Franks lockeren Ton imitieren zu wollen. Offensichtlich wollte er cool sein. »Da kann ich mir schon denken, dass Ihr Rat auf fruchtbaren Boden fällt.«

Nicht nur sein Rat, dachte ich insgeheim.

»Sie haben vollkommen recht«, sagte Frank mit seiner sonoren Anlageberaterstimme. »Die Leute schwimmen in Geld.« Er zwinkerte den Kindern zu. »Das sind lauter Dagobert Ducks, die morgens immer in einen Pool voller Euroscheine springen.«

»Echt?«, staunten die kleineren Kinder, und Patti lachte.

Frank zeigte mit der Gabel auf Jochen und erläuterte ihm die eigentlichen Umstände. »An Seetagen halten Lektoren Vorträge über alles Mögliche. Die Leute wollen ja unterhalten werden. Es gibt Diavorträge, Lesungen, Weinverkostungen, Kochkurse, Tanzkurse. Meist sind es die Herren, die in meine Vorträge gehen. Ich referiere über Geldanlagen, Immobilienfonds, Wertpapiere und so weiter. Dann kommen die Herren und protzen voreinander rum, wie viel Geld sie anlegen werden.« Er zwinkerte uns Damen zu. »Und nachher kann ich saftige Provisionen kassieren.«

»Von denen wir unser Haus abbezahlen«, meinte Heidrun sich einmischen zu müssen.

»Voll cool«, sagte Patti, die sichtlich fasziniert war von Frank. Frank wandte sich ihr zu.

»Es ist auch ein berühmter Schönheitschirurg an Bord. Der zeigt den Damen Vorher-nachher-Fotos. Von Nasen und Augen und faltigen Hälsen, die wieder glatt werden. «

Er zog seinen eigenen Hals glatt und machte eine Grimasse. Die Kinder bogen sich vor Lachen.

»Echt?« Patti starrte ihn mit offenem Mund an. »Voll krass!«

»Frank«, sagte Heidrun mit schneidendem Unterton. »Ich denke, das ist nichts für die Kinder.«

»Und ob«, beharrte Frank. In seinen Augen blitzte der Schalk. »Er zeigt auch Fotos von Busenvergrößerungen und so.«

Simon bekam Stielaugen. »Wie ekelhaft ist DAS denn!«

»Frank, bitte.« Heidrun stand auf, als wollte sie zum Lachen in den Keller gehen.

»Nicht, dass hier am Tisch eine Dame wäre, die das nötig hätte …«

Frank warf mir einen Blick zu, der meine Knie Pudding werden ließ.

»Von Schönheitsoperationen wird eine Frau nur hässlicher«, mischte sich Michaela ein. »Die armen Frauen, die sich so was antun.« Sie nannte ein paar Namen von bekannten Schauspielerinnen, die sich eindeutig verschlechtert hatten. Ich tat interessiert und nickte.

»Ja, die wirken so – bedürftig.« Heidrun nickte betroffen. »Wahre Schönheit kommt von innen.«

»Das finde ich auch«, pflichtete ihr Jochen bei und stach auf seine x-te Bratwurst ein.

»Langweilig«, sagte Simon genervt und verdrehte die Augen. Kurz trat Stille ein.

»Wahre Schönheit kommt dann, wenn man sich geliebt fühlt«, hörte ich mich plötzlich sagen. Alle erstarrten. Keiner klapperte mehr mit der Gabel.

Ich starrte auf meinen nach wie vor unangerührten Teller, als ich plötzlich Franks Fuß an meinem Schienbein spürte.

»Das ist sicherlich das beste Schönheitsrezept überhaupt.« Er sah mir direkt ins Gesicht.

Um Franks Mundwinkel zuckte es verräterisch, und ich hustete in meine Serviette.

»Ich glaube, wir müssen jetzt gehen«, meinte Jochen plötzlich und stand auf. »Es war ein sehr schöner Nachmittag, und ich bedanke mich für die Gastfreundschaft.«

O Gott. Er hatte was mitgekriegt. Ich versuchte mein Zittern zu verbergen. Hatte er es gespürt? Wenn, ließ er sich nichts anmerken.

Er gab jedem die Hand und scheuchte die Kinder zum Auto.

»Ihr habt morgen Schule, ihr Racker. Los, Simon, hol deinen zweiten Schuh. Und du, Patti, nimm die leere Form von Mamas Nudelauflauf mit …«

Der junge Hund hatte den Tischtennisschläger zu kleinen Holzspänen zerbissen. Seinen unschuldigen Blick aus großen braunen Hundeaugen werde ich nie vergessen. So als wollte er sagen: »Ich kann nichts dafür, dass ich hier was kaputtgemacht habe, das ist eben meine Natur.«

Genauso fühlte ich mich auch.

»Du hast ja gar nichts gegessen, Linda«, bemerkte Michaela und umarmte mich zum Abschied. »Muss ich mir Sorgen um dich machen?«

»Nein, nein, alles gut.«

Ich wusste gar nicht, wo ich hinschauen sollte.

»Auf Wiedersehen«, krächzte ich verlegen. Ich räusperte mich und rang mir ein natürliches Lächeln ab. »Das nächste Mal grillen wir bei uns. Auf Wiedersehen, Frau Hellwein, war nett, Sie kennenzulernen. Ihre Biotomaten sind köstlich. Tschüs, Linda, meine kleine Namensvetterin, tschüs, Lena, macht's gut, Alex und Konstantin…« Ich ging in die Hocke und umarmte alle einzeln, um den Abschied hinauszuzögern.

Dann stand ich vor Frank. »Auf Wiedersehen, Herr Hellwein.«

»Frank«, sagte Frank und schaute mich vielsagend an. »Und denk an die langfristige Wertanlage, von der wir gesprochen haben. «

O Gott, was meinte er?! Wie konnte er es wagen, hier so zweideutige Andeutungen zu machen?

Ich griff nach meiner Jacke, die über der Stuhllehne hing, und wollte mich darin verkriechen. Frank half mir hinein, nahm meinen blonden Haarschopf aus der Jacke, verteilte die Haare sorgfältig auf meinem Rücken und sagte gedehnt: »Ich laufe am Sonntag in Prag den Marathon. Prag ist eine wunderschöne Stadt.«

7

»Sag mal, seit wann joggst du denn?«

Meine Freundin Barbara stand am Gartenzaun und sah mich fassungslos an.

»Bist du etwa den ganzen Weg zu mir gerannt? Das sind ja fast zehn Kilometer!«

Keuchend, aber glücklich riss ich mir die Kopfhörer von den Ohren. Ich war süchtig nach der Musik, die Frank mir aufgespielt hatte, und jede Faser meines Körpers schrie: Danke, ich lebe wieder!

»Meine Güte, Linda, du hast ja mindestens fünf Kilo abgenommen! Du siehst fantastisch aus!« Barbara lachte anerkennend und klatschte begeistert in die Hände. »Also egal wer es ist, er tut dir gut. Ich gratuliere dir!«

»Ja, ich hab da einen Marathonläufer kennengelernt, und der hat mich dermaßen mit dem Lauffieber angesteckt ...« Schweißgebadet fiel ich meiner Freundin um den Hals.

»Ich glaube, nicht nur damit. Komm rein.« Barbara öffnete mir das Tor. »Die Haushälterin ist gerade da, aber wir können in den Garten gehen.« Sie öffnete einen riesigen gelben Sonnenschirm und klinkte die Hängematte ein.

»Was ist denn los mit dir, du schwebst ja richtig ... Mensch Linda, du siehst aus wie der zweite Frühling persönlich!«

Ja. Das tat ich. Ich fühlte mich so leicht und frei wie noch nie zuvor.

Sie legte den Arm um mich und reichte mir ein großes Glas Wasser.

Zufrieden ließ ich mich in die Hängematte plumpsen und schaukelte hin und her. Schmetterlinge umgaukelten mich, irgendwo knatterte ein Rasenmäher, und es roch nach frisch gemähtem Gras.

»Barbara, ich hab mich verliebt.«

»Das sieht man aus zehn Kilometern Entfernung.«

»Jochen sieht es nicht.«

Barbara rutschte mit ihrem Stuhl noch etwas näher zu mir heran. »Gut so.« Sie zog ein Augenlid nach unten. »Männer!«

Barbara war mit einem Fabrikanten verheiratet, aber diese Ehe war nicht besonders glücklich. Manfred betrog sie, und sie ließ es geschehen. Etwas, das ich nicht verstehen konnte. Aber dafür hatte sie natürlich einen sehr hohen Lebensstandard.

Eine Haushälterin saugte drinnen Staub, und ein Gärtner war unten beim Schwimmteich beschäftigt.

»Erzähl.« Barbara klatschte ganz süß in die Hände, weil sie sich so mitfreute. »Wer ist es denn? Kenne ich ihn?«

»Noch nicht, aber ich werde ihn dir baldmöglichst vorstellen ...«

Hier bei Barbara konnte ich endlich alles loswerden, was ich mir die ganze Zeit verkneifen musste. Auch bei Michaela war ich auf Reserviertheit gestoßen, das spürte ich genau. Heidrun war ihr zu nah.

Über eine Stunde lang schwärmte ich von Frank, erzählte von seinen geistigen und körperlichen Vorzügen und berichtete kichernd von unseren heimlichen Treffen in verschiedenen Hotels und im Wald. Sogar die Nummer mit dem Autoradio schilderte ich ihr genüsslich, wobei wir uns vor Prusten kaum halten konnten.

»Ich sehe immer noch diesen knackigen weißen Männerarsch die Böschung runterverschwinden, das war echt zu köstlich!«

»Ich beneide dich.« Barbara freute sich einfach nur ehrlich mit. »Abenteuer und verbotene Liebe. Ich guck mir so was nur im Fernsehen an.«

»Und er ist kinderlieb, die Kinder vergöttern ihn. Er ist so witzig, wir lachen uns jedes Mal tot, wenn wir zusammen sind.«

Ich hielt mir die Hand vor den Mund, aber dann konnte ich es doch nicht für mich behalten: »Als wir das letzte Mal Sex hatten, hab ich zu ihm gesagt, wie umwerfend gut er ist, und dass ich so was noch nie erlebt habe …«

»Okay«, sagte Barbara gedehnt, als wüsste sie nicht genau, ob sie das alles hören wollte. »Normalerweise sind ja die Männer ›Wie-war-ich‹-Frager.«

»Nee«, unterbrach ich sie. »Er ist irgendwie auch noch so süß bescheiden, ich glaube, er weiß gar nicht, wie gut er ist. Seine Frau ist so ne Naturbelassene, die außer Missionarstellung nix kennt. Da läuft sowieso nichts mehr. Egal, ich hab also gesagt, wie toll er ist, und dass ich so was Irres noch nie erlebt habe, und da nimmt er seinen Schwanz in die Hand, lässt ihn sich verbeugen und sagt wie ein Alleinunterhalter mit verstellter Stimme: ›*Thank you!*‹«

Wir kicherten wie die Teenager.

»Und weißt du, was ich verrücktes Huhn gemacht habe?«

»Du wirst es mir erzählen, hoffe ich.« Barbara steckte sich eine Zigarette an und wedelte den Rauch weg. »Tut mir leid, aber ich hab kein anderes Vergnügen.«

»Ich bin letztes Wochenende …« Ich richtete mich auf, um Barbara in die Augen sehen zu können, denn ich wollte mich an ihrer Überraschung weiden. »Ich bin letztes Wochenende einfach spontan nach Prag gefahren.«

»Das hast du NICHT gemacht.« Barbaras Augen wurden groß wie Untertassen.

»DOCH. Ich hab mich einfach abends ins Auto gesetzt, weil ich mit Jochen Streit hatte und nachdenken wollte. Ehrlich, ich wusste gar nicht recht, was ich tue und wohin ich fahre, aber dann ist mein Auto wie ferngesteuert nach Prag gefahren.«

»Das ist aber auch nicht um die Ecke.«

»Nein, aber auf einmal war klar: Das mache ich. Durch den ganzen langen Böhmerwald bin ich getuckert, die ganze Nacht durch, und am Sonntag hab ich mich durch die Massen gezwängt und zum Ziel vorgekämpft.«

»Wahnsinn!« Barbara biss sich vor Spannung auf die Unterlippe. »Wie hat du ihn gefunden?!«

»Zwischen Tausenden von Leuten bin ich dagestanden und hab mich immer weiter vorgeschoben, damit ich in der ersten Reihe stehe. Denn ich wollte ihn ja nicht verpassen. Dabei habe ich mir die ganze Zeit vorgestellt, was er für Augen macht. Ich hab mich bei den Leuten entschuldigt und gesagt: ›Mein Mann läuft da mit‹, ich war so aufgeregt, dass ich mir fast in die Hose gemacht habe. Aber ich konnte auf keinen Fall riskieren, in ein blaues Häuschen zu rennen …«

»Und?« Barbara sah mich so begeistert an, dass sie ganz vergaß zu rauchen.

»Nach vier Stunden und zehn Minuten ist er ins Ziel gekommen.«

»Ist das gut oder schlecht?«

»Das ist doch völlig egal!« Ich kaute auf dem Daumennagel in Erinnerung an diesen aufregenden Moment. »»Frank!‹, wollte ich ganz laut schreien, aber er hat mich sofort gesehen, fast so, als hätte er schon auf mich gewartet. Er ist durch die Ziellinie getaumelt und mir um den Hals gefallen. Alle Leute haben uns angeguckt, und ich war so stolz, dass ich fast in Ohnmacht gefallen wäre.«

»Oh, Mensch, Linda.« Barbara stand auf und umarmte mich. »Du bist so glücklich und hast es so verdient!«

»Anschließend sind wir zusammen in sein Hotel gefahren – und später hat er mir Prag gezeigt. So süß, er hat gehumpelt vor Muskelkater, aber er hat es sich nicht nehmen lassen, mich herumzuführen!«

»Das hört sich ja nach echter Liebe an«, sagte Barbara völlig ohne Spott.

»Er hat mir die *Moldau* von Smetana aufgespielt.« Ich zeigte auf meinen iPod. »Und jetzt hat es mich so gepackt, dass ich gar nicht weiß, wie es weitergehen soll!« Ich ließ mich zurück in die Hängematte fallen und summte die Melodie, dirigierte in die Luft.

Gott, war das schön, verrückt zu sein! Etwas gewagt zu haben! Mich fallen lassen zu dürfen und aufgefangen zu werden!

Am Sommerhimmel zogen weiße Schäfchenwolken vorüber. Und die Flugzeuge, die am Frankfurter Flughafen gestartet waren, hinterließen lange weiße Kondensstreifen.

Da war es wieder, dieses Kribbeln, diese Sehnsucht nach Freiheit.

»Nächste Woche fliegt er nach Dubai«, seufzte ich überwältigt. »Dann sehe ich ihn für ein paar Wochen nicht.« Ich erzählte meiner Freundin von seinem Engagement auf dem Kreuzfahrtschiff. Sie war schwer beeindruckt. Ich setzte mich wieder auf und strich mir eine verschwitzte Strähne aus dem Gesicht. »Ist vielleicht besser so.«

»Was sagt denn dein Bauch?« Barbara hatte ganz rosige Wangen.

»Mein Bauch schreit nach mehr, aber meine Vernunft und

mein schlechtes Gewissen drücken mich mit dem Gesicht auf den Boden und sagen, ich soll mich was schämen. Und das tu ich auch.«

»Kann ich verstehen.« Barbara stieß Rauch aus und sah mich nachdenklich an. »Du bist jetzt an einem Punkt angelangt, wo du dich entscheiden musst. Ich wünsche dir, dass du das Richtige tust.«

»Ich hab keine Ahnung, was das Richtige ist«, gab ich zu. »Warum muss ich mich jetzt entscheiden? Du weißt doch, wie es mit Jochen ist. So wie bei dir und Manfred. Der Saft ist raus.«

»Willst du dich scheiden lassen?«

Ich schnellte hoch. »Quatsch. So weit denke ich gar nicht. Wer redet denn gleich von Scheidung. Das steht überhaupt nicht zur Debatte!«

»Du willst also nur Spaß haben.« Barbara paffte Rauchringe.

»Ich will … mich noch mal spüren, noch mal leben, lieben, lachen – ja ist das denn zu viel verlangt?«

Barbara nahm mich in den Arm. »Nein, meine Liebe. Du schwebst auf Wolke sieben. Genieße es – ich gönn es dir von Herzen.«

»Und was ist mit den Konsequenzen?«, fragte ich kläglich. »Hilfst du mir bitte, an sie zu denken? Ich bin so durcheinander!«

»Verschieben wir es doch auf morgen«, sagte Barbara.

Ich ließ mich in die Hängematte zurücksinken. Wie wunderbar! Barbaras Segen hatte ich.

8

Es war schon wieder unbeschreiblich wunderbar.«
»Thaaaank youuuuuu.«

Wir lagen nebeneinander in Zimmer 221 des Frankfurter Sheraton-Hotels am Flughafen. Die letzten Flieger waren gestartet, die Vorhänge geschlossen, und wir genossen die letzten Stunden vor Franks Abreise nach Dubai. Der strich mir mit einer Feder über die Stirn, die im Eifer des Gefechts aus dem Kopfkissen geflogen war.

»Ich werde dich vermissen«, murmelte er zärtlich.

»Und ich dich erst! Vier endlos lange Wochen!« Ich küsste seinen Handrücken. »Außerdem gibt es auf dem Kreuzfahrtschiff reiche Witwen, sagt deine Frau!«

»Komm doch mit!« Frank stützte sich auf.

»Du hast noch fünf Stunden, um zu packen.«

Ich starrte ihn wortlos an. Meinte er das ernst? Ja, Frank war jemand, der solche Sachen ernst meinte. Das war ja das Berauschende an ihm!

Jochen hätte einen solchen Plan frühestens nach drei Jahren in die Tat umgesetzt! Erst musste abgewogen, überlegt und darüber nachgedacht werden. Alle negativen Eventualitäten berücksichtigte er so lange, bis sich der Plan von selbst erledigt hatte. Frank hingegen sagte: »Komm doch mit!«

Doch wie sollte das gehen?

»Aber Frank, ich habe eine Familie, und Jochens Mutter braucht mich auch! Die liebe Ernestine würde tot umfallen, wenn sie von meinen Schandtaten wüsste!«

Er nickte nachsichtig. »Das kann ich doch verstehen, Linda! Aber ich möchte meine Traumfrau an meiner Seite haben. He, du könntest mir sogar bei meinen Vorträgen helfen und Kunden akquirieren! Du bist doch quasi auch vom Fach!«

»Aber was soll ich denn da anziehen?« Typisch Frau. Erster Gedanke.

»Wir kaufen dir was. Lass mich dich einkleiden, Linda!«, rief Frank begeistert. »Ich würde dir zu gern Klamotten schenken, in Dubais Einkaufsmeile!«

»Bist du verrückt?« Ich kicherte schrill. »Damit dürfte Heidrun alles andere als einverstanden sein!«

»Heidrun hat es schon gemerkt.« Frank stand auf, ging zur Minibar und nahm ein eiskaltes Tonic Water heraus. Er öffnete die Flasche und reichte sie mir, damit als Erste daraus trinken konnte. Auch so eine Geste, die ich von Jochen nicht kannte.

Stotternd setzte ich mich auf. »Sie – weiß von uns?«

»Ja, und zwar seit unserem Grillnachmittag bei Michaela. Sie hat mir auf den Kopf zugesagt, dass da doch was läuft mit dir, und ich konnte das nur bestätigen. Es ist mir ernst mit dir. Wie könnte ich meine Gefühle für dich verleugnen?«

Fassungslos saß ich auf den kühlen weißen Laken und starrte ihn an.

»Und wie hat sie reagiert?«

»Sie hat gesagt, dass sie meine Möbel abholen lässt, während ich auf Kreuzfahrt bin. Ich habe mir bereits eine Dreizimmerwohnung in der Nähe der Bank gemietet. Ich bin frei, Linda.«

Er breitete die Arme aus. »Komm mit aufs Schiff! Ich liebe dich!«

Frank stand nackt vor der beleuchteten Startbahn des Flughafens, und ich kam nicht umhin, seine wie gemeißelten Konturen zu bestaunen. Wie symbolisch! Er stand vor der Startbahn – und ich musste nur noch mitfliegen! Ich kniff mir in den Arm. Das war doch nur ein schöner Traum?

Aber ich träumte nicht. Vor meinen Augen tanzten Sternchen. Das ging ja auf einmal rasend schnell! Ich fühlte mich wie damals mit Erwin auf der Kirmes, wenn das Verdeck der Raupe zuging. Leise schrillten die Alarmglocken.

»Ich habe doch nicht etwa eure Ehe zerstört?« Panik stieg in mir auf.

»Wir werden uns scheiden lassen«, sagte Frank sachlich. »Aber du bist nicht der Grund dafür. Höchstens der Auslöser.«

Mein Herz hämmerte. »Frank, das geht mir alles ein bisschen zu plötzlich …«

»Du musst dich zu nichts verpflichtet fühlen. Aber nach Dubai möchte ich dich wirklich gern mitnehmen. Wir sollten uns näher kennenlernen, findest du nicht?«

Mein Herz machte einen Purzelbaum. Das klang wirklich traumhaft, ja, wie ein Märchen aus *Tausendundeine Nacht*. Ich sah mich in einem langen, wallenden Gewand durch die Straßen wandeln, Hand in Hand mit Frank. Ich sah mich mit ihm in diesem Wahnsinnshotel, neben milliardenschweren Scheichs und verschleierten Prinzessinnen. Eine unglaubliche Sehnsucht nach all dem Fremden, Geheimnisvollen erfasste mich. Ich, Linda Albrecht aus dem Taunus, konnte das alles haben. Es war zum Greifen nah. Ich musste nur morgen früh mit ihm das Flugzeug nach Dubai besteigen.

Ich riss mich zusammen. Patti und Simon brauchten mich, meine Schwiegermutter hatte Arzttermine, zu denen ich sie fahren musste, und von Jochen gar nicht zu reden. Hallo? Ich war eine verheiratete Frau. Nein. Ausgeschlossen. Angenommen, Ernestine würde tot umfallen – und ich wäre schuld daran! Ich presste das Kopfkissen an meine Brust und verbarg das Gesicht darin.

»Und dann erst der Oman!«, brachte mich Frank wieder zum Träumen. »Wir könnten über den Gewürzmarkt schlendern, die prächtige Moschee besichtigen, uns ein Boot mieten und in versteckte Buchten segeln …« Er machte eine dramatische Pause. »Und was ich dort mit dir vorhabe, kannst du dir ja denken.«

Ja. Aber das durfte ich nicht. Ich durfte nicht mal daran denken! Frau Vernunft ohrfeigte mich rechts und links, dass mir der Kopf schier explodierte.

»Frank, ich kann unmöglich morgen früh …«

»Man kann alles. Man muss sich nur trauen.«

Ja, das Glück war zum Greifen nahe. *Einmal verrückt sein und aus allen Zwängen flieh'n …,* sang Udo Jürgens in meinem Kopf, und am liebsten wäre ich aufgesprungen und hätte meinen Koffer geholt. War mein Pass überhaupt noch gültig? Meine Gedanken überschlugen sich. Gleichzeitig hörte ich einen laut summenden Misston, den ich nicht ignorieren konnte. Ich hatte Verantwortung. Ich merkte, wie meine Begeisterung erlosch. Nein. Einmal Mutter, immer Mutter. Einmal Schwiegertochter, immer Schwiegertochter. Einmal Ehefrau, immer Ehefrau. In guten und in schlechten Zeiten. Ich hatte es versprochen.

Aus der Traum. Dass ich überhaupt hier lag, in diesen damastenen Betttüchern, in einem Luxushotel am Flughafen wie eine Escort-Dame gegen gute Bezahlung, war schlimm genug!

»Frank, es wäre einfach zu schön. Aber es geht nicht.«

»Dann kommst du eben nach.« Frank gab sich keinesfalls

geschlagen. Denn für Frank war nichts unmöglich. »Ich verstehe ja, dass du erst einiges regeln musst. Ich bin kein Traumtänzer, Linda. Es ist mir ernst mit dir. Gut Ding will Weile haben.«

Er sah mich so entwaffnend an, dass mein Herz einen Rückwärtssalto machte.

»Dann kommst du eben zur zweiten Etappe.«

»Wie – zweite Etappe?«

»Die nächste Ein- und Ausschiffung beginnt in vierzehn Tagen. Bis dahin kannst du alles organisieren. Na? Kompromiss? Ich hol dich in Bangkok ab.«

Mein Herz machte zur Abwechslung einen Luftsprung. Er meinte es ernst! Er wollte mich!

Bangkok. Ich war wie verzaubert. Das wäre … rein theoretisch … machbar. In zwei Wochen ließ sich eine Menge regeln. Wenn hier jemand ein Organisationstalent war, dann ich. Aber war ich auch eine gute Lügnerin?

»Und was soll ich meiner Familie sagen?«

»Sie muss es ja nicht wissen.« Frank streichelte sanft mein Bein, das unter der Bettdecke hervorschaute. Wieder erfasste mich dieses Kribbeln, das immer weiter nach oben wanderte.

Ja, im Lügen hatte Frank mir einiges voraus. Und ich war lernbegierig.

Ich konnte ja behaupten, ich führe zur Kur. Eine Fastenkur im Allgäu. So was wird immer gern genommen. Wo ich doch gerade am Abnehmen war. Ein Ernährungsseminar an der Nordsee. Das würde man mir sofort zugestehen.

Ich hatte mir noch nie eine Auszeit genommen. Seit zwanzig Jahren nicht.

Die Kinder waren alt genug, die Schwiegermutter noch nicht zu alt. Sie alle würden es akzeptieren, ja mir sogar zuraten. Und Jochen vermisste mich sowieso nicht.

Wandern in der Eifel. Klang das plausibel? Müttergenesungswerk im Sauerland.

Frank erzählte inzwischen von Bangkok, Hongkong, Mumbai und Singapur.

Diese Weltstädte wollte er mir zu Füßen legen. In meinem Kopf ratterte es wie im U-Bahn-Schacht einer Millionenmetropole. Ich war doch noch nicht scheintot! Jetzt oder nie!

»Linda, warum springst du nicht auf diesen fahrenden Zug auf und genießt endlich mal das Leben?«

Moment mal! Hatte Frank das gerade gesagt? Oder doch eher Herr Spaß?

»Und das geht so einfach?« Ich presste die Finger an meine Schläfen. »Ich meine, ich kann es mir finanziell gar nicht leisten …«

»Du bist natürlich eingeladen.« Frank setzte sich zu mir aufs Bett und stopfte mir fürsorglich ein Kissen in den Rücken. »Ich darf eine Begleitperson mitbringen. Und die Reisekosten übernimmt meine Bank.«

Frank fuhr fort, mir diese exotische Fernreise in den schönsten Farben auszumalen. Er nahm meine Hände, drückte sie und sah mir in die Augen.

»Ich möchte so gern mit dir den Bootsführerschein machen. Und ich möchte dir Bridge beibringen. Heidrun hat das nie kapiert. Du bist eine Frau, mit der man alles machen kann. Die Frau, die ich mir immer gewünscht habe. Du zierst dich nicht, du packst an. Du bist die wundervollste Geliebte und gleichzeitig der beste Kumpel. Du bist einfach perfekt für mich.«

Er strahlte eine solche Zuversicht aus, dass sie automatisch auf mich abfärbte. Ich schmiegte mich in Franks Arme und hörte ihm zu. Er hatte schon so viel von der Welt gesehen und ich so gut wie nichts. Er brauchte mich und wollte mir alles zeigen.

Mein Prinz, der mich an der Dornenhecke wachgeküsst hatte. Ich musste nur noch auf sein Pferd steigen und mit ihm in den Sonnenuntergang reiten.

Ja, es passte. Es passte nicht nur, es musste so sein. Wir waren füreinander gemacht.

Und je länger ich ihm zuhörte, umso richtiger fühlte sich das an.

9

Wie alle, die einen Abschied vorbereiten, brach ich einfach einen Streit vom Zaun.

Mit künstlicher Empörung eröffnete ich Jochen, dass ich jetzt auch mal dran sei und wegfahren wolle, ganz allein.

»Und wohin, wenn ich fragen darf?« Jochen war sichtlich erstaunt, konnte sich aber trotzdem nicht von seinem Bildschirm losreißen. Er tippte gerade ein Gutachten oder eine Rechnung.

»Vielleicht den Jakobsweg gehen und nachdenken«, leierte ich meinen gut vorbereitetes Sprüchlein herunter. »Über mich und das Leben. Oder mal in einem Kloster fasten. Die Nachbarin von Rainer und Michaela fährt nach Indien und macht Ayurveda.«

Fast hätte ich mit dem Fuß aufgestampft, konnte mich aber gerade noch bremsen.

Jochen zog nur die Brauen hoch, sah mich aber immer noch nicht an.

»Jeder soll tun, was ihn glücklich macht.«

Das klang so desinteressiert! So verallgemeinernd! So gönnerhaft! Das war so demütigend, dass ich meine Wut gar nicht mehr künstlich hochschrauben musste.

Ich warf ihm mit schriller Stimme vor, dass er seine Elektronik viel wichtiger finde als mich. Und dass er genauso ferngesteuert sei wie unsere gottverdammten Rollläden. Dass er gern weiterhin die Welt aussperren könne, aber ich mache da nicht mehr mit. Mein Leben sei noch lange nicht vorbei.

Es tat mir so leid, dass seine liebe Mutter Ernestine das alles mitanhören musste. Sie saß bei offener Tür im Sessel, starrte auf den Fernseher und stellte sich noch schwerhöriger, als sie ohnehin schon war. Sie besaß eben außerordentlich viel Taktgefühl.

Jochen schwieg und sah mich endlich mal an. Betroffenheit stand in seinem Blick. Seine Schultern hingen kraftlos herunter, und mir fiel auf, wie alt und abgetragen seine Hausjoppe schon war. Fast bekam ich Mitleid mit ihm. Doch dann sagte er:

»Hast du deine Tage? Oder sind das schon die Wechseljahre?« Er biss in sein belegtes Brötchen, als ob nichts wäre. Da riss ich ihm den Teller aus der Hand und knallte ihn an die Wand.

»Siehst du?!«, blaffte ich ihn an. »Du verstehst NICHTS! GAR NICHTS!« Ich hatte mich eigentlich beherrschen wollen, aber das waren nun mal die Fakten.

»Nein«, sagte Jochen betroffen. »Hab ich wieder mal nicht bemerkt, dass du beim Friseur warst? Oder hast du ein neues Kleid?«

»Ich könnte nackt vor dir tanzen«, giftete ich ihn an. »Und du würdest es nicht merken.«

Jochen sah aus, als hätte ich ihm das Knie in den Bauch gerammt.

»Linda, ich bin müde.« Er rieb sich die Augen. »Ich hatte heute über siebzig Patienten.«

Die Resignation in seiner Stimme war nicht zu überhören.

»Geh den Jakobsweg, mach Exerzitien oder was immer du dir vorgenommen hast. Nimm dir deine Auszeit. Aber bitte hör auf zu streiten.«

Fast wäre ich vor ihm auf die Knie gefallen und hätte ihn

umarmt, weil ich mir so schäbig vorkam. Zitternd starrte ich ihn an. Aber da musste ich jetzt durch. Die Fernreise war zum Greifen nah.

Jochen kratzte sich am Hals.

»Du brauchst Abstand, Linda. Vielleicht brauche ich auch welchen.«

»Ja. Da hast du recht.« Wütend stapfte ich die Treppe hinauf.

Und als wir dann ins Bett gingen, jeder in seiner Hälfte lag und in die Dunkelheit starrte, waren alle Worte gesagt. Unsere Liebe hatte sich tatsächlich durch die Hintertür davongestohlen, und wir hatten es lange nicht gemerkt. Aber jetzt wusste ich Bescheid.

Ich sehnte mich so sehr nach Frank, dass jede Faser meines Körpers wehtat.

Der war inzwischen an Bord der *MS Europa*. Bestimmt lehnte er in diesem Moment mit einem Glas Champagner in der Hand an der Reling und sah zu, wie das glitzernde Band schwarzen Wassers zwischen sich und dem Hafen immer breiter wurde. Ich versuchte, mir den Duft des Meerwassers vorzustellen, die warme, samtene Luft. Ich spürte körperlich, dass auch er gerade ganz intensiv an mich dachte.

Jochen fing an, leise zu schnarchen.

Aha. Es war ihm also völlig egal, was ich machte. Er hatte es doch gar nicht anders verdient! Wütend stand ich auf, ließ die Rollläden hochfahren und riss die Fenster auf. Kühle Nachtluft aus dem feuchten Taunus zog herein.

Wie unsere Ehe, dachte ich. Abgekühlt. Und dann Frank: Heiß und sinnlich.

Fröstelnd strich ich mir über die Arme und knallte das Fenster zu.

Da draußen war die große weite Welt. Und wartete auf mich.

Wieso sollte ich hier neben einem desinteressierten Klotz meine kostbare Zeit verplempern, während im Orient ein Traumprinz meiner harrte?

Ich wurde schließlich nicht jünger! Wenn ich Frank und damit diese einmalige Chance auf ein aufregendes Leben ziehen ließ, würde ich mir das nie verzeihen.

Wie hieß es so schön? »Am Ende deines Lebens ärgerst du dich nicht über die Fehler, die du gemacht hast, sondern über die, die du NICHT gemacht hast!« Worauf wartete ich dann noch?

Frank hatte Heidrun für mich verlassen! Er ließ sich scheiden! Und ich? War ich zu feige für einen Neuanfang? Genau den wollte ich doch, oder etwa nicht? Ich lehnte meine Stirn an die kühle Scheibe.

Es war kein Fehler, diese Ehe zu beenden. Es war ein Fehler, sie NICHT zu beenden.

Zwei Wochen später war es dann so weit, und ich hatte alles parat: Meine Lügen. Und meine Klamotten.

Jochen brachte mich sogar zum Flughafen. Er machte einen etwas leidenden Eindruck, vermutlich gefiel er sich in der Rolle des Duldenden, der die Launen seiner Frau tapfer erträgt. Vielleicht wollte er mich auch ein bisschen demütigen durch so viel Großherzigkeit. Oder aber er war tatsächlich einfach nur hilfsbereit und einsichtig – ich konnte es nicht mehr einordnen. Viel zu sehr war ich in meiner eigenen Lügenwelt gefangen. Schlussendlich hatte ich behauptet, dass ich nach Teneriffa fliegen würde, zu einem Wander- und Fastenurlaub mit Gleichgesinnten. In eine karge Bergwelt, in der man nur isotonische Getränke zu sich nahm und gründlich entschlackte. Wie ein echter Wandervogel hatte ich beige Dreiviertelhosen, Trekkingschuhe und eine rot-weiß karierte Bluse an, dazu Halstuch und Allwetterjacke. Den großen roten Rollkoffer im Kofferraum erklärte das nicht.

Jochen stellte keine Fragen. War das taktvoll oder desinteressiert? Keine Ahnung. Zur Not hätte ich einfach behauptet, noch ein paar Tage Strandurlaub anhängen zu wollen.

»Wenn du es dir anders überlegst, kannst du jederzeit zurückkommen«, meinte Jochen vielsagend, als er mich vor Terminal 1 absetzte.

»Klar, mach ich.« Ich hob den Kopf und sah meinen großen grauen Wollpullovermann an.

»Danke fürs Bringen. Und danke, dass du die Kinder hütest. Liebe Grüße an Ernestine.«

»Keine Ursache.« Sein Blick huschte zwischen meinem Wanderoutfit und dem Koffer hin und her. »Und fall in keine Schlucht. Wenn man nichts im Magen hat, neigt man zu Halluzinationen und unkontrollierbarer Euphorie. Pass auf dich auf, hörst du!«

Sein Blick sprach Bände, und mir wurde ganz anders. Täuschte ich mich, oder blitzte eine Träne in seinem rechten Auge? Hinter ihm hupte jemand, und da fuhr er davon. Ich winkte. Wie ein begossener Pudel schlich ich als Erstes auf die Damentoilette, entledigte mich meiner spießigen Wanderklamotten und stopfte sie in einem Mülleimer. Dann zog ich ein hellgrünes Seidenkleid von Versace, meine weiße Lederjacke und passende Riemchensandalen an und stöckelte zum Abflugterminal nach Bangkok. Mein Herz raste, als ich mein Ticket am Schalter vorzeigte.

»Frau Albrecht?«

»Ja?« Bestimmt würde mich der junge Mann asiatischer Abstammung gleich zur Seite nehmen und diskret sagen: »Ihr Mann Jochen Albrecht wartet da hinten, man hat Ihre Wanderausrüstung im Mülleimer gefunden, Sie sind überführt. Bitte folgen Sie mir unauffällig.«

Er zerriss meine Bordkarte, was meine Befürchtungen nur bestätigte. Nervös umklammerte ich meine Handtasche. »Was … Ich verstehe nicht …«

»Wir haben hier ein Upgrade für Sie.«

»Ein was?« Ich zitterte so sehr, dass ich kaum sprechen konnte. Er sah auf und lächelte mich an. Er hatte auffallend weiße Zähne und mandelförmige Augen. »Ein Herr Hellwein hat ein Upgrade für Sie veranlasst. Privatbank Frankfurt, das hat doch seine Richtigkeit?«

»Ähm … Ich weiß nicht …« Meine Knie gaben nach vor lauter Panik und Erleichterung.

»Bitte schön, wenn Sie mir folgen wollen.«

Noch immer wusste ich nicht, wie mir geschah. Doch ich wurde in die erste Klasse der *Thai Airways*-Maschine geführt, wo man mir eine eigene Schlafkabine zuwies, die aussah wie ein kleines, luxuriöses Hotelzimmer. Es duftete nach exotischen Blüten und Früchten. Mir schwindelte.

Eine Stewardess in einer prächtigen Seidenuniform mit goldener Schärpe reichte mir ein Glas Champagner. »Ich bin Ihre Flugbegleiterin auf Ihrer Reise nach Bangkok, und es ist mir eine Freude, für Sie da sein zu dürfen.«

»Ja, mir auch.« Hatte sie gesagt, sie wolle FÜR MICH da sein? Wo ich doch sonst immer nur für andere da war?

Während die Normalos hinten einstiegen, trank ich den Champagner aus, woraufhin die Stewardess sofort herbeiflatterte und mir neu einschenkte. »Auf Ihr Wohl, Frau Albrecht. Einen angenehmen Flug.« Woher kannte die meinen Namen? Ach so, ich war ja ein VIP. Frank war wirklich unglaublich.

Trotz der bequemen Schlafkoje konnte ich keine Sekunde

schlafen und leider auch nichts von den orientalischen Köstlichkeiten essen, die man mir durch den seidenen Vorhang reichte. Und als ich in die dunkelrote Sonne starrte, die beim Anflug über Bangkok hing wie ein riesiger Ball, konnte ich keinen klaren Gedanken mehr fassen.

Da unten stand jetzt irgendwo Frank. Und wartete auf mich. Mein Frank. Meine große Liebe. Vor lauter Sehnsucht und Lampenfieber zog sich mein Magen schmerzhaft zusammen, und mein Zwerchfell flatterte. Wir gingen aufs Ganze! Jetzt gab es kein Zurück mehr! Gleich würde ich asiatischen Boden betreten, zum ersten Mal im Leben!

Ich lehnte mich zurück und versuchte mich zu entspannen. Aber meine Hände umklammerten die seidenen Kissen, die mir die Stewardess hingelegt hatte. Was sollte nur aus meinem Leben werden? Was tat ich? Und auf wessen Kosten? Was würde aus den Kindern werden? Ich drehte an meinem Ehering.

Wenn du jetzt mit Frank auf das Schiff gehst, dachte ich, kommst du als andere Frau wieder. Du wirst nie wieder die Linda Albrecht sein, die du mal warst. Und das wird Konsequenzen haben. Das war die Stimme von Frau Vernunft, die plötzlich neben mir saß und mich streng musterte.

Du weißt, was du da tust, ja?

Nein. Kein bisschen. Aber ich tue es einfach. Okay?

Nein!, sagte Frau Vernunft streng. Gar nicht okay!

Mann, Frau Vernunft, du gehst mir auf den Geist. Chill mal!

Energisch zog ich meinen Ehering ab und ließ ihn in meine Handtasche gleiten wie ein benutztes Taschentuch. Frank! Ich presste mein Gesicht ans Bullauge. Da unten wartete Bangkok, das Schiff, die große weite Welt, mein neues Leben, das Gegenteil von Spießigkeit. Und natürlich Frank. Der weltgewandte, wunderbar aussehende, lässige, coole …

Doch dann fiel mir ein, was meine Freundin Barbara vor meiner Abreise gesagt hatte: »Und wenn er dich nicht abholt? Was machst du dann?«

»Wieso sollte er mich nicht abholen?«

»Ich meine ja nur. Falls ihm was Unvorhergesehenes dazwischenkommt.«

»Keine Ahnung.«

»Dann rufst du mich an. Ich lass das Handy eingeschaltet auf dem Nachttisch liegen.«

Mir wurde mulmig. Andererseits: Barbara war schwer beeindruckt von meinem Mut. Sie hätte sich das nie getraut. Aber ich traute mich. Ich, Linda Albrecht. Ich packte mein Leben an und änderte es. Jawohl. Was sagte Frank immer, wenn er von seinen Manager-Seminaren erzählte? *Love it, change it or leave it.* Was man nicht liebt, muss man ändern oder bleiben lassen.

Und auch ich wollte nicht hassen, sondern lieben und geliebt werden. Nur eine glückliche Mutter ist eine gute Mutter!

Ich schloss die Augen und wartete darauf, unsanft in der Wirklichkeit zu landen. Aber die Landung war weich. Ein gutes Omen.

10

Als First-Class-Passagier durfte ich als Erste aussteigen. Die Stewardess zauberte sogar meinen roten Rollkoffer hervor, sodass ich nicht mit den anderen Reisenden am Kofferband warten musste. Mit einer höflichen Verbeugung und vor dem Gesicht gefalteten Händen öffnete sie mir die Tür und schickte mich hinaus in eine unbekannte Welt.

Na los, Linda. Das ist dein großer Moment. Der erste Schritt in ein neues Leben.

Tapfer schritt ich vorwärts. Frank!, dachte ich. Nur noch wenige Meter. Dann seh ich dich. Dann fängst du mich auf.

Es roch so fremd. So süßlich, schwülwarm, irgendwie auch schmutzig und verboten.

Ich fühlte mich wieder wie dieses Kind, das das sichere Geländer der Rutsche losgelassen hat und nun im freien Fall abwärtssaust. Einfach weitergehen, einen Fuß vor den anderen setzen, Linda. Du bist eine souveräne Frau, ein Erster-Klasse-Passagier. Zeig dich deines Upgrades würdig. Du bist keine Landpomeranze wie Heidrun und hast auch nicht bei der Landung geklatscht.

Doch leider konnte ich die thailändischen Schriftzeichen über den Ausgängen nicht lesen, und selbst die englischen Worte versetzten mich in Panik. »Exit« oder »Transit«? Wie ferngesteuert lief ich auf die nächste Drehtür zu.

Ohrenbetäubender Lärm schlug mir entgegen. Menschen

aller Herren Länder drängten sich hier. Einige asiatische Männer schien mein Anblick besonders in Verzückung zu versetzen, sie stürmten begeistert auf mich zu und überbrüllten sich gegenseitig. »*Please*«, stotterte ich verunsichert und versuchte, aus ihren Rufen schlau zu werden.

»Taxi, Taxi!«

»Nein, nein«, wehrte ich nervös lachend ab. »Ich werde abgeholt.« Irgendwo hier musste Frank stehen. Mein Blick huschte über die Menschenleiber, die infolge meiner Unsicherheit erst recht alles daransetzten, mich groß gewachsenen blonden Fang in die Finger zu kriegen.

»*Misses!*«

»*Welcome!*«

Sie kamen immer näher. Gleichzeitig quollen hinter mir weitere Reisende in die Ankunftshalle. Waren die aus meinem Flieger oder schon wieder aus anderen? Ich hatte keine Ahnung und eine Riesenpanik, von allen Seiten überrannt zu werden. Mein Gesicht brannte.

Frank war mindestens zwei Köpfe größer als diese Thailänder, er musste also leicht zu finden sein! Vielleicht stand er hinter einer Säule und amüsierte sich prächtig über mich, die ich noch nie allein im Ausland gewesen war. Zuzutrauen war es ihm. Vielleicht filmte er mich heimlich mit seinem Handy, um sich nachher gemeinsam mit mir darüber kaputtzulachen. In Erwartung seiner Hände, die mich plötzlich packen und im Kreis schwenken würden, seines warmen Lachens an meinem Ohr drehte ich mich selbst suchend im Kreis. Bestimmt würde er mich gleich von hinten umarmen und zu einer Limousine tragen.

Ich spürte eine Hand auf der Schulter und wirbelte herum. Einer der Männer hatte sich an mir vorbeigeschoben und wollte mir den Koffer entreißen.

»Taxi!«

Ich bekam überall rote Flecken, und ein Schweißausbruch löste den anderen ab. »Frank«, murmelte ich wie unter Drogen. »Frank Hellwein. Ich werde abgeholt.«

Die Stimmen aus Lautsprechern und Menschenkehlen vermischten sich zu einem einzigen Klangbrei. Ich fühlte mich wie in einem Albtraum, aus dem ich einfach nicht erwachen konnte. In diesem Moment wünschte ich mir nichts sehnlicher, als in meinem Schlafzimmer im Taunus zu stehen und die Rollläden hochgehen zu sehen. Das schlechte Gewissen hämmerte mit stählernen Fäusten auf mich ein. Jochen!, dachte ich. Jochen, hol mich hier raus! Ich habe mich zu weit vorgewagt. Ich komme zurück. Lass mich nur kurz zu Kräften kommen.

Verzweifelt umklammerte ich meinen Koffer und lief wie ein Panther im Käfig hin und her. Hier gehöre ich nicht hin, dachte ich. Das ist meine gerechte Strafe. Von wegen »Böse Frauen kommen überall hin«! Ich will wieder eine brave Hausfrau sein! Nach einer gefühlten Ewigkeit sank ich völlig verängstigt auf meinen Rollkoffer. Tränen und Schweißtropfen rannen mir über die Wangen. Wütend wischte ich sie mit dem Handrücken weg.

Versetzt. Er hatte mich versetzt. Er meinte es doch nicht ernst. Er wollte nur mal schauen, wie weit ich gehen würde.

Barbara hatte schon so was geahnt, aber mir nicht wehtun wollen. Leider hatte sie recht behalten. Bestimmt spielte er längst mit einem anderen Vollweib Golf oder Bridge, erklärte ihr die Aktien oder segelte mit ihr in den Sonnenuntergang hinein.

Ich vergrub mein Gesicht in den Händen, weil kleine Sterne vor meinen Augen tanzten. Dann zog ich mit zitternden Fingern mein Handy aus der Tasche.

»Barbara, er ist nicht gekommen.« Ihre Stimme war ganz weit weg.

»Okay«, sagte Barbara. »Besser, du machst diese Erfahrung jetzt. Und nicht später.«

»Barbara, was soll ich denn jetzt machen?« Meine Stimme war nur noch ein Wimmern. Allein nach Bangkok hinaus traute ich mich nicht. Ich war auch nicht in Stimmung, mir die Stadt anzusehen.

»Hast du eine Kreditkarte dabei?«, hörte ich Barbara aus weiter Ferne fragen.

»Natürlich.«

»Okay. Du gehst jetzt zum nächsten *Lufthansa*-Schalter und buchst einen Rückflug nach Frankfurt. Ich komme zum Flughafen und hol dich ab. Anschließend sehen wir weiter.«

»Oh, Barbara, ich fühle mich so gedemütigt und beschissen ...«

»Das kann ich dir nachfühlen.«

»Barbara, ich hab gedacht, er liebt mich«, heulte ich in den Hörer.

»Das hätte ich dir auch von Herzen gewünscht, Liebes. Aber besser ein Ende mit Schrecken als ein Schrecken ohne ...«

Das Wort »Ende« konnte ich nicht mehr hören, denn in diesem Moment packten mich zwei starke Hände und drehten mich um. Ich spürte einen brennenden Kuss auf den Lippen, der ganz salzig schmeckte.

»Liebling«, keuchte Frank, und auch er hörte sich völlig verzweifelt an. »Wo hast du nur gesteckt? Ich suche dich schon seit Stunden ...« Er hatte Schweiß auf der Oberlippe.

»Aber ich war doch die ganze Zeit ...«

»Linda!« Er schüttelte den Kopf. Er war rot im Gesicht, und dicke Schweißtropfen liefen ihm über die Stirn. »Das hier ist die Transithalle. Für Weiterflüge. Du hättest in Halle A rauskommen müssen! Da stehe ich seit einer Ewigkeit und warte schon die dritte Maschine aus Frankfurt ab! Seit Stunden lasse ich dich ausrufen!«

Ich lauschte. Tatsächlich. Das penetrante »Misslindaablech« hatte ich in meiner Verzweiflung ausgeblendet.

Frank packte mich an den Schultern. »Ja, hörst du das denn nicht? Fast hätte ich die Flieger gestürmt, um zu gucken, ob du die Landung verschlafen hast oder die Toilette von innen nicht mehr aufkriegst!«

Ich heulte und lachte gleichzeitig. Die Tränen liefen mir nur so über das Gesicht. »Und ich habe schon gedacht, du hast mich vergessen …«

»Wie könnte ich dich eine Sekunde vergessen? Du bist meine Traumfrau!«

Mein Handy klingelte und klingelte. Ich wischte mir hastig über die Augen. »Barbara«, schrie ich glückselig hinein. »Er ist gekommen! Er ist hier! Er hat mich abgeholt!«

»Ich bin's, Jochen«, kam es etwas verdattert zurück. »Ich wollte nur wissen, ob du gut in Teneriffa angekommen bist. Du hast dich bis jetzt nicht gemeldet.«

»Ja!«, brüllte ich hyperventilierend hinein. »Gerade werde ich abgeholt! Der – Wanderführer hat mich endlich gefunden, ich war am falschen Ausgang, ähm, am falschen Flughafen, hier auf Teneriffa gibt es nämlich zwei …«

»Das hätte ich dir gleich sagen können«, sagte Jochen. »Norte ist in den Bergen, und die Pauschaltouristen landen in Sur.«

Währenddessen versuchte Frank mich weiter zu küssen, und ich wehrte ihn kichernd ab.

»Es ist furchtbar heiß hier, und die Gruppe wartet schon …«

»Das Wetter ist ja leider nicht gut«, wusste Internetsurfer Jochen wie immer alles besser. »Es regnet auf Teneriffa. Aber zum Wandern und Nachdenken ist es bestimmt genau richtig.«

»Die Verbindung ist auch nicht so gut. Ich melde mich!«, würgte ich Jochen hastig ab. Um dann Arm in Arm mit Frank davonzuziehen. Nicht ohne das unbehagliche Gefühl, Jochen würde uns aus der Menge heraus beobachten. Lügen haben kurze Beine.

Doch wenn ich eines nicht tat, dann nachdenken. Ich war im Paradies! Frank riss mich in einen Strudel aus Übermut und Lebenslust, sodass ich schon am nächsten Tag keine Sekunde mehr an zu Hause dachte. Ich erlebte die ganze Reise wie einen einzigen wunderschönen Traum, aus dem ich überhaupt nicht mehr aufwachen wollte!

Abgesehen von unserer ungestörten Zweisamkeit in der prächtigen Balkonkabine, in der Frank mich verwöhnte und in immer neue Wonnesphären katapultierte, erlebte ich uns auch in der Öffentlichkeit erstmals als Paar. Kein Versteckspiel, keine Lügen, kein heimlicher Sex im Auto, keine verschlüsselten Wortspiele. Frank stellte mich ganz offiziell als Partnerin vor, und ich schwebte jeden Tag zwei Zentimeter mehr über dem Boden. Ich fühlte mich schön, sexy und in voller Blüte. Ich sonnte mich in den anerkennenden Blicken der Herren und den neidischen Blicken der Damen an Bord, die sich offensichtlich selbst schon Hoffnungen auf meinen gut aussehenden Frank gemacht hatten. Aber ich hatte ihn, ich! Den Hauptgewinn! Ich lernte Dutzende von Passagieren kennen, die er bereits finanziell beraten und als neue Klienten gewonnen hatte. Sofort flogen uns viele Herzen zu.

»Ach, Sie sind die viel gepriesene Traumfrau, von der uns Herr Hellwein die ganze Zeit vorgeschwärmt hat!«

Ich konnte es nicht fassen! Er meinte es wirklich ernst mit mir?! Er hatte in der Zwischenzeit mit keiner anderen auch nur geflirtet? Es war, als würde sich ein schwerer verstaubter

Vorhang heben, der mich bisher vom wahren Leben getrennt hatte. Endlich war ich nicht mehr nur Zuschauerin, sondern Hauptdarstellerin auf einer prächtig ausgeleuchteten Bühne!

War ich wirklich so schön, so begehrenswert, so witzig und einmalig, wie Frank behauptete?

»Ja, er hat von nichts anderem gesprochen als von Ihnen, Linda, das müssen Sie uns glauben!«

»Sie sind aber auch ein wunderschönes Paar ... Haben Sie Kinder?«

»Vier«, sagte Frank stolz und zog mit mir ab.

»Vier Kinder! Und dann so eine Figur!«, rief eine Dame hinter uns her.

Kichernd knuffte ich Frank in die Seite: »Also, mit fremden Federn wollte ich mich eigentlich nicht schmücken ...«

Ich fühlte mich wie die First Lady, als unser Steward uns quer durch den Saal zu unserem Zweiertisch führte und alle Blicke uns folgten. Wieder übte ich mich in dem Hüftschwung, den ich zum ersten Mal in Franks Bank an den Tag gelegt hatte.

Umso glücklicher war ich, dass ich perfekt gekleidet war. Barbara und ich hatten noch die edelste Einkaufsmeile Frankfurts leer gekauft und ich war mit Hut, Bikini, Abendkleid und Sportdress für alles gerüstet. Mit meiner neuen Figur konnte ich mich sehen lassen. Ich fühlte mich wie im Himmel. Wie dumm von mir, dass ich ernsthaft geglaubt hatte, Frank hätte mich vergessen! Ich schämte mich für meine dumme Angst am Flughafen. Aber so war ich durch meine Kindheit geprägt: Du bist es nicht wert, dass sich einer deinetwegen bemüht. Du bist nur ein lästiges Anhängsel, das durchgefüttert werden muss.

Und jetzt das unfassbare Gegenteil: Ich war kostbar und wurde auf Händen getragen.

Stolz saß ich im Publikum, wenn Frank seine Vorträge hielt,

und lernte dabei selbst noch eine Menge über Aktien und Wertanlagen. Anlageberatung wäre genau mein Ding gewesen, das bestätigte mir auch Frank immer wieder. Oder konnte es vielleicht sogar noch werden an seiner Seite? Die Leute nahmen uns als privates und berufliches Traumpaar wahr.

»Sie sollten sich selbstständig machen und gemeinsam eine Consulting-Firma gründen«, meinten gleich mehrere Herren, mit denen wir Fachgespräche geführt hatten. »Bei Ihnen stimmt die Mischung. Ausstrahlung, Fachwissen, Charisma. Sie sind ein grandioses Team!«

An Bord hatte sich eine Bridgerunde zusammengetan, und Frank war in diesen erlauchten Kreisen unentbehrlich. Ich saß still und ehrfürchtig dabei, wenn sie zu viert spielten, und versuchte aus alldem schlau zu werden. Doch es schien mir völlig unmöglich, das Spiel zu durchdringen.

»Ihr Mann spielt uns alle an die Wand«, sagte eine ältere Dame lachend, und in ihren Augen standen Bewunderung und herzliche Zuneigung.

»Sie sollten mal sehen, wie er strahlt, wenn Sie den Saal betreten«, sagte sie zu mir. Und zu Frank: »Erstens: Wo haben Sie diese Frau kennengelernt, und zweitens, woher können Sie so sensationell gut Bridge?«

Den ersten Teil der Frage beantworteten wir händchenhaltend und kamen uns dabei vor wie das Siegerpaar aus der Sendung »Herzblatt«. Die Wahrheit verrieten wir natürlich nicht. Für die Leute waren wir schon seit vielen Jahren zusammen und hatten gemeinsam vier Kinder.

Die zweite Frage war leichter zu beantworten.

»Ich habe mir Bridge selbst beigebracht«, sagte Frank, »damals, als ich so viel allein war.«

Er erzählte seine Geschichte. Alle lauschten hingerissen. Seine

Mutter war weg, der Bruder auch, und da hatte sich der wissbegierige Junge monatelang in diese Materie reingekniet, haufenweise Bücher über Bridge gewälzt, sich sämtliche Spielzüge eingeprägt und es schließlich bis in die Bridge-Bundesliga gebracht.

»Ehrgeiz und Disziplin. Das sind Tugenden, mit denen man es weit bringen kann«, brummte der ältere Herr, der uns den Floh mit der gemeinsamen Firma ins Ohr gesetzt hatte. »Wieso spielen Sie nicht zusammen Bridge?«

»Ja, das ist unser nächstes gemeinsames Ziel. Wir haben uns bis jetzt um die Kinder gekümmert, wissen Sie, aber jetzt haben wir mehr Zeit füreinander …« Inzwischen glaubte ich fast selbst, was ich da sagte.

»Linda, halten Sie ihn fest, und lassen Sie ihn nie mehr los«, meinte die nette ältere Dame, die spürte, wie frisch verliebt wir waren.

Mein Busen schwoll auf die nächste Körbchengröße. Ich stellte mir vor, wie ich eines Tages Bridge beherrschen würde, wie Frank und ich dann als Paar gegen andere Paare antreten würden. Wir waren ein Bollwerk, eine Festung, gemeinsam unschlagbar! Ich würde es Frank beweisen! Ich würde es lernen! So wie ich Golf spielen lernen wollte und Ski fahren und segeln – einfach alles, was mir das Tor zum prallen Leben an seiner Seite weiter öffnete.

Ja, ehrgeizig war er, mein Frank. Er strebte stets nach Höherem. Und es machte mich stolz, dass er auch nach mir strebte.

Wenn wir abends zu einem Wiener Walzer durch den Saal schwebten, musste ich ein Jauchzen unterdrücken. Denn zu allem Überfluss war er auch noch ein hervorragender Tänzer. Wenn ich da an das unrhythmische Herumgestampfe mit Jochen dachte! Das erinnerte eher an einen plumpen Nahkampf als an ein harmonisches Miteinander zu Musik. Wie so vieles hatten Jochen und ich auch das Tanzen irgendwann aufgegeben.

Frank dagegen: Was konnte der eigentlich nicht?

Mit Frank war jeder Augenblick kostbar und aufregend.

Im flirrend bunten Mumbai klammerte ich mich an seine Hand und bestaunte das unbeschreibliche Verkehrsgewimmel einschließlich der ausgemergelten Kühe, die ehrfürchtig umfahren wurden. Die Bettler, viele davon verstümmelt, zerrissen mir das Herz. Diese Leute lebten an zehnspurigen Straßen auf Pappkartons!

Frank ließ sich nie aus der Ruhe bringen, verhandelte freundlich, aber bestimmt mit Händlern, Kellnern oder Taxifahrern, und ich konnte mich wie immer einfach nur fallen lassen und genießen. Frank hatte alles im Griff. Er führte mich zu einer riesigen Wäscherei, die in der Nähe des Bahnhofs unter freiem Himmel zu besichtigen war: Tausende von fleißigen Indern wuschen alles von Hand. Überall flatterten Laken und Tücher im Wind. Kleine Kinder umringten uns staunend.

»Die haben noch nie eine so schöne, große, blonde Frau gesehen«, sagte Frank, und in seinen Augen stand Besitzerstolz. »Überall, wo du auftauchst, geht die Sonne auf.«

Ich ging in die Hocke und gab jedem Kind einen Dollar, was sie nur noch mehr staunen ließ. Und in diesem Moment wusste ich: Ich will mit Frank leben.

11

Du warst nicht wandern in Teneriffa.«

Jochen stand im Hausflur, kratzte sich am Ellbogen, auf dem sich ein großes Ekzem ausgebreitet hatte, und sah mich tieftraurig an.

»Nein. War ich nicht.«

Nach all den miteinander verbrachten Jahren hatte er Ehrlichkeit verdient. Warum sollte ich ihm etwas vorspielen? Die Würfel waren gefallen.

»Ich habe mich verliebt, Jochen. In Frank Hellwein. Ich war mit ihm auf dem Schiff.«

Jochen ließ die Schultern hängen und wandte sich fassungslos ab.

»Ich habe so gehofft, dass ich mich täusche!«

»Nein, Jochen. Es tut mir leid.«

Auf mein schockierendes Geständnis folgten schlimme Tage.

Jochen verfiel in Schweigen, was ich viel schlimmer fand als lautstarke Vorwürfe.

Fast sehnte ich mich nach einem handfesten Streit, nach Beschimpfungen, knallenden Türen und zerschlagenem Porzellan. Aber Jochen war einfach nicht der Typ dafür. Er litt still vor sich hin und zog sich nur noch mehr in sein Schneckenhaus zurück.

Aus Rücksicht auf seine Mutter Ernestine und die Kinder taten wir so, als wäre alles beim Alten.

War es ja fast auch: Wir redeten nur das Nötigste miteinander, sprich die alte Leier: Wer holt die Kinder, wer fährt noch beim Supermarkt vorbei, wer bringt die Oma zum Arzt?

Aber natürlich merkten sie es.

Ich war völlig verändert, ging nur noch glasigen Blickes durch mein Leben und starrte ununterbrochen auf mein Handy. Inzwischen hatte ich zehn Kilo abgenommen, war noch mehr erblondet und trug völlig neue Klamotten. Aus mir war eine elegante und sexy Erscheinung geworden, und die Kinder starrten mich an, als käme ich von einem anderen Stern. Ich war tatsächlich eine andere geworden. Aber auch überdreht, fahrig, hin- und hergerissen zwischen Euphorie und größter Verzweiflung. Durfte ich meine Familie zerstören? War das nicht extrem egoistisch?

Barbara wollte wissen, ob sich das wirklich richtig anfühle. Ich mache nicht den Eindruck auf sie, als habe ich meine Mitte gefunden. Ich verteidigte mich, indem ich auf Jochen schimpfte. Wie langweilig, fantasielos und humorlos er doch sei.

Barbara fragte, ob ich mir über die Konsequenzen im Klaren sei. Weil ich nicht mehr schlafen konnte, ging ich täglich frühmorgens laufen, es wurde zu einer Art Sucht. Immer wieder lief ich vor einer endgültigen Entscheidung davon und lauschte dabei über Kopfhörer der Musik, die Frank mir aufgespielt hatte. *»I feel wonderful, because I see the love light in your eyes«*, hörte ich Eric Clapton schmusesingen. *»My darling, you are wonderful tonight. Oh, my darling, you are wonderful tonight.«*

Jochen zog aus dem gemeinsamen Schlafzimmer aus und schlief im Arbeitszimmer auf der Couch. Er kämpfte nicht um mich, sprach nicht mit mir, sondern schaute mich nur leidend an. Ernestine, die so etwas wie meine Ersatzmutter war, schien genauso tief getroffen zu sein wie Jochen. Ich hätte ihr so gern alles erklärt, aber ich wollte mich bei ihr nicht über Jochen beschweren. Sie entzog mir ihre Liebe. Klar. Welche Mutter würde nicht zu ihrem Sohn stehen? Und dennoch: Das tat bitterlich weh.

Du bist schuld, Jochen!, dachte ich wütend. Daran, dass alles so gekommen ist. Bei intakten Ehen passieren solche Sachen nicht. Eine glückliche Frau ist nicht anfällig für Anfechtungen von außen. Ich habe dir jetzt ein großes rotes Warnschild unter die Nase gehalten, auf dem in dicken fetten Buchstaben steht: STOPP! So geht das nicht weiter! Du bist in einer Sackgasse gelandet, Jochen Albrecht, und deine Frau ist drauf und dran, für immer abzuhauen! Und wenn du nicht kämpfst, wird sie das auch tun! Spätestens dann IST es deine Schuld!

Manchmal malte ich mir aus, wie Jochen sich Frank vorknöpfte und ihn zur Rede stellte. Wie sich die beiden zum Duell im Wald verabredeten wie in *Cavalleria Rusticana* oder *Carmen*, und wie einer von ihnen mit dem Kopf des anderen unterm Arm zurückkommen würde. Fast wünschte ich es mir. Dass sie um mich kämpfen würden.

Die Neandertaler hätten das so gemacht. Der Stärkere gewinnt.

Dann müsste ich keine Entscheidung treffen.

Aber den Gefallen tat mir Jochen nicht.

Und auch Frank überließ es mir, einen Entschluss zu fassen.

Was sollte ich tun? Zwei Familien zerstören? Aber waren sie nicht längst zerstört? Was gab es da noch zu zerstören?

Frau Vernunft zeterte, noch könne ich das Ruder herumreißen. Und sei es nur wegen der lieben Ernestine. Die werde eine Scheidung mit Sicherheit nicht überleben. Die hing doch so an mir. Und ich an ihr!

Was soll ich tun, Frau Vernunft? Ich horchte in mich hinein.

Frau Vernunft gab eine ganz klare Antwort: Den Kontakt zu Frank abbrechen. Zu Jochen zurückkehren. Reumütig natürlich.

Das schlechte Gewissen sprang ihr zur Seite: Was tust du nur den Kindern an? Vier arme unschuldige Kinder!

Aber sie lieben Frank! Sie vergöttern ihn! Er hört ihnen zu. Er ist spontan und witzig. Er eröffnet ihnen Welten. Wir können eine moderne Patchworkfamilie sein. Was ist daran eigentlich so schlimm? Das ist doch heute alles völlig normal!, schrie Herr Spaß und haute sich vor die Stirn.

Währenddessen schwärmte mir Frank von unserem neuen gemeinsamen Leben vor. Er ging fest davon aus, dass wir mit allen vier Kindern in einem großen Haus wohnen würden, in dem der graue Alltag keinen Zutritt hatte. Wir würden so viel unternehmen! Wandern im Frühling, Zelten im Sommer, Segeln im Herbst und Skifahren im Winter.

Bei Jochen hingen die Kinder nur vor ihren Computern herum! Wäre Frank ein geeigneter Vater?, fragte Frau Vernunft.

Er wäre ein wunderbarer Vater!, schrie Herr Spaß.

Immer wenn es in unserem Haus im Taunus unerträglich wurde, flüchtete ich zu Frank in seine Dreizimmerwohnung in der Innenstadt, für die ich einen Schlüssel hatte. Dann liebten wir uns, lachten, erzählten, kochten und schmiedeten Pläne. Abends bummelten wir durch die Altstadt, gingen ins Theater, ins Kino, ins Konzert, in die Kneipen. Und auch erste Wochenenden mit den Kindern waren ein voller Erfolg.

Es war, als sähen die beiden Männer die Welt durch komplett verschiedene Brillen. Jochen sagte missmutig: »Es regnet. Wir können nichts unternehmen.«

Frank sagte begeistert: »Es regnet! Lasst uns in Gummistiefeln durch den Park rennen, danach geht's ins Kino und anschließend Pizza essen!«

Jochen fand Ski fahren gefährlich. Sofort zählte er sämtliche Arten von Verletzungen auf, die dabei passieren können.

Frank stürzte sich verwegen schwarze Pisten hinunter, wenn er nicht gleich im Tiefschnee fuhr.

Jochen mochte nicht schwimmen gehen. Zu viele Krankheitserreger im Wasser.

Frank wollte gleich im Charterboot um die Welt segeln!

Jochen wollte nicht verreisen. Nicht tanzen. Nicht – leben!

Frank wollte das alles.

Und noch viel mehr.

In den Sommerferien wagten wir einen ersten gemeinsamen Urlaub mit allen vier Kindern. Er wurde wunderschön. Frank spendierte einen Flug nach Ägypten, und wir erfüllten uns den Traum vom eigenen Familienboot. Wir wollten sehen, ob es funktionierte. Die Kinder verstanden sich wunderbar, sprangen ins Wasser, spritzten und lachten, entdeckten bunte Fische. Ich kannte meine beiden Faulpelze Patti und Simon kaum noch wieder. Bei Jochen hätten sie zwei Wochen unter Deck gesessen und auf ihre iPads gestarrt. Und abends weinerlich gefragt, was es zu essen gibt, um sich dann einen Film runterzuladen.

Jetzt aber tauchten sie ein in die reale Welt! In türkisfarbenes, klares warmes Wasser! Auch sie fingen wieder an, richtig zu leben! Und das war ich den Kindern doch schuldig, oder etwa nicht? Meine Entscheidung war doch nicht GEGEN die Kinder, sondern FÜR sie! Es war doch völlig egal, ob Frank ihr leiblicher Vater war oder nicht. Was nützt einem der leibliche Vater, wenn er sich nicht um die Kinder kümmert! Frank hingegen kümmerte sich ununterbrochen! Er zeigte ihnen die bunte Unterwasserwelt. Geduldig erklärte er ihnen Schnorchel, Taucherbrille und Flossen. Hingerissen sah ich ihnen dabei zu. Die

Kinder fingen Fische. Abends kochte ich mit ihnen in der kleinen Schiffskombüse den Fang und kam mir vor wie eine Piratenbraut. Alles war neu, spannend und auf jeden Fall pädagogisch wertvoll. An unsere zurückgebliebenen Expartner dachten wir keine Sekunde. Die Kinder fragten auch nicht nach ihnen. Wir waren die perfekten Entertainer. Vor dem Einschlafen erzählte ich Geschichten. Die Mädchen hingen an meinen Lippen.

Franks Mädels waren bezaubernd zu mir. Im Gegensatz zu ihrer zurückhaltenden, strengen Mutter war ich natürlich zu allen Schandtaten bereit. Ich spielte mein ganzes Repertoire an Mütterlichkeit, Großzügigkeit, Herzlichkeit und Humor aus, um bei ihnen gute Karten zu haben. Und Frank punktete im Gegenzug bei meinen Kindern.

Unser Nachwuchs war so begeistert, dass wir ihm eine Fortsetzung dieses Urlaubs in den Herbstferien versprachen.

Denn Frank und ich betrachteten diesen Urlaub hier nur als Generalprobe.

Als Generalprobe für das ganz große, neue Familienstück.

12

Schade um das schöne große Haus. Du hast doch so gern darin gewohnt!«

Die zwei Männer, die im Supermarkt hinter mir an der Kasse standen und ihre Waren auf das Band legten, unterhielten sich ziemlich laut, sodass ich alles mitbekam.

»Wie viele Zimmer hat das Ding?«

»Ding ist gut! Das ist eine alte Villa. Neun Zimmer, drei Bäder, drei Terrassen. Man müsste renovieren. Da muss jemand rein, der ein Händchen für so was hat.«

Ich erstarrte. Meine Ohren wurden lang und länger.

Die Kassiererin sah mich fragend an. »Gehört die Milch noch zu Ihnen?«

»Ähm … Ja. Alles bis zu den Joghurts hier.« Ich stellte das Trennschild hinter meine Einkäufe und sah mich unauffällig zu den beiden Männern um, die sich weiter über diese ominöse Villa unterhielten, als wären sie ganz allein auf der Welt.

»Euer Garten hat mir immer ganz besonders gefallen. Das reinste Kinderparadies.«

»Ja. Aber auch dafür braucht es jemanden mit grünem Daumen.«

»Wie viel willst du denn für den Kasten?«

»Kommt drauf an, wie flexibel der Nachmieter ist. Zum ersten Oktober möchte ich die Bude los sein. Meine Mutter besteht darauf.«

»Na, das ist ja wohl kaum zu machen!« Der andere lachte. »So'n großes Ding wirst du so schnell nicht los.«

»Ich setze es jedenfalls ins Internet«, erwiderte der Erste. »Und am Wochenende in die Zeitung. Irgendeiner wird sich doch wohl finden, der unsere alte Märchenvilla übernimmt. Mit viel Patina, aber eben auch mit viel Charme.«

Rasch packte ich meine Lebensmittel ein. Süße Glöckchen klingelten in meinem Kopf. Sollte mir alles Glück dieser Welt einfach so zufliegen? Seit Frank in meinem Leben war, lief alles glatt, und ich wurde von bunten Überraschungen regelrecht überschüttet.

»Einhundertsechsundzwanzig Euro und achtunddreißig Cent«, sagte die Kassiererin.

»Ähm. Moment. Also, natürlich.« So schnell ich konnte, zahlte ich meinen Wocheneinkauf, schnappte meinen Einkaufswagen und trabte den Männern zum Parkplatz hinterher. Die wollten gerade wegfahren, doch ich hämmerte aufgeregt an die Fensterscheibe.

»Darf ich fragen, wo diese alte Villa ist, die Sie vermieten wollen?«

»Eschersheim. Beste Lage.«

Das war ja der Hammer! Mein Herz polterte, und ich biss mir auf die Faust, um nicht allzu begeistert zu wirken. Das war quasi mitten in der Stadt und doch ruhig gelegen.

»Und die Miete wäre wie hoch?« Ich musste mich beherrschen, nicht auf der Stelle auf und ab zu hüpfen vor Freude.

»Schauen Sie es sich erst mal an, gute Frau.«

Das tat ich. Ich fuhr sofort hinter den beiden her, und sie führten mich durch einen riesigen verwunschenen Garten über eine steinerne Terrasse in eine wunderschöne alte Märchenvilla, die genau dem entsprach, was ich mir immer erträumt hatte.

Dasselbe Prickeln befiel mich, das ich damals an der Hecke gespürt hatte, als ich Frank zum ersten Mal gegenüberstand. Es war Liebe auf den ersten Blick.

Sie war perfekt! Vier wunderschöne helle große Kinderzimmer mit hohen, stuckverzierten Decken, davon zwei mit eigener Terrasse. Drei entzückende alte Bäder mit Fliesen, die nicht mehr ganz dem heutigen Geschmack entsprachen, aber die man ja ohne Weiteres austauschen konnte. Ein Wohnzimmer mit Kamin, auch mit Terrasse. Ein geräumiges Esszimmer mit Blick auf den verwunschenen Garten, eine gemütliche, große Wohnküche, schwarz-weiß gefliest. Mein Blick fiel auf einen alten Nussbaum, der im Sommer Schatten spenden und im Herbst in leuchtenden Farben erstrahlen und mich verzaubern würde. Ein Eichhörnchen turnte darin herum und sah mich mit braunen Knopfaugen zutraulich an.

Ich war hingerissen! Je mehr ich von diesem Traumhaus sah, umso mehr wuchs meine Überzeugung, dass wir genau hier unsere gemeinsame Zukunft aufbauen mussten.

»Und, was kostet die Miete?«

»Dreitausendfünfhundert. Kalt.«

Ich schluckte. Das war ein stolzer Preis. Aber Frank verdiente sechzehntausend! Selbst wenn er Heidrun Unterhalt zahlte, würde er das stemmen können. Das würde ihm unser Familienglück Wert sein. Nägel mit Köpfen!, dachte ich. Genau so war ich gestrickt: zupacken, anpacken, was draus machen.

Na gut – die gute alte Villa war etwas baufällig, aber wie viele Häuser hatte ich schon renoviert! Das hier würde mein Glanzstück werden! Für meinen geliebten Frank und unsere gemeinsamen vier Kinder. Es juckte mich jetzt schon in den Fingern!

Ich beschwor den Mann, die Villa nicht ins Internet und nicht in die Zeitung zu setzen.

»Ja, könnten Sie denn schon am ersten Oktober mieten?«, fragte er mit hochgezogenen Brauen.

Ich biss mir auf die Unterlippe. Jetzt oder nie. Zuschlagen oder mein Glück ziehen lassen.

Eigentlich hatten wir den Kindern eine Fortsetzung unseres Bootsurlaubs versprochen. Die Flüge waren schon gebucht. Sie freuten sich alle wie verrückt darauf.

Aber die Alternative, ach was, die Krönung überhaupt wäre natürlich – dieses Traumhaus. Wir könnten es gemeinsam in den Ferien renovieren. Das würde uns noch viel mehr zusammenschweißen als ein weiterer Bootsurlaub. Ich sah Frank schon begeistert nicken. Ich kannte ihn doch! Für ihn war nichts unmöglich. Er wollte es genauso sehr wie ich. Je schneller, desto besser!

»Geben Sie mir zwei Stunden«, presste ich hervor.

Der Mann versprach, genau so lange zu warten. Allerdings wollte er die Kaution und die ersten drei Monatsmieten dann gleich in bar.

Aufgeregt fuhr ich zu Franks Bank und trippelte sogleich in die Chefetage.

Seine blasse Sekretärin, Silke Fuchs, versuchte noch, mich aufzuhalten, aber ich ignorierte sie einfach. Es war schlichtweg Eile geboten. Ungestüm riss ich nach kurzem Klopfen die Tür zu seinem gläsernen Büro auf.

»Frank, ich habe …« Oh. Mist. Ich blinzelte erstaunt. Er war gerade in einer Besprechung. So als hätte ich in ein Wespennest gestochen, fuhren die Köpfe auseinander.

Eine rötlich blonde Frau in einem beigefarbenen Kostüm saß bei ihm, auf dem Schoß eine schwarze Prada-Handtasche, die jedoch im Gegensatz zu meiner leider echt war. Und auf dem Schreibtisch waren massenweise Unterlagen ausgebreitet.

»Entschuldigung«, stammelte ich. »Tut mir leid, wenn ich störe.« Eine unzweckmäßige Röte schoss mir ins Gesicht.

Die Rötlichblonde musterte mich prüfend. Sie sah so elegant aus, dazu gleichzeitig fragil und zart. Gegen sie fühlte ich mich wie das reinste Trampeltier.

Diesmal hatte ich praktische Jeans und Turnschuhe an, dazu ein Kapuzensweatshirt. Wie man halt so in den Supermarkt geht, wenn man einen Großeinkauf macht. Und wie man halt aussieht, wenn man eine baufällige Villa inspiziert hat und durch einen verwilderten Garten gestiefelt ist. Ich klopfte mir altes Laub von den Hosenbeinen.

»Du kannst doch hier nicht einfach so reinplatzen ...« Frank stand auf und drängte mich hinaus. »Wir sind hier mitten in einer Geschäftsbesprechung.«

Er wirkte irritiert, wenn nicht sogar verärgert. Diesen Ausdruck hatte ich noch nie in seinen Augen gesehen. Doch. Einmal. Als er Heidrun angesehen hatte. Ich fröstelte.

»Es tut mir wahnsinnig leid, Frank. Aber ich glaube, ich habe unser Traumhaus gefunden«, sagte ich so fest ich konnte. »Und du musst es dir sofort mit mir ansehen. Eschersheim, neun Zimmer, drei Terrassen, ein verwunschener Garten: jede Menge Platz für uns alle. Du musst es dir einfach angucken und die Kaution gleich mitbringen. Sonst ist es weg. Du willst es doch, Frank, ja? Du willst es doch genauso sehr wie ich?!«

Auf Franks eben noch angespanntes Gesicht schlich sich ein Lächeln, und sofort wurde mir wieder innerlich ganz warm. Er legte mir zwei Finger auf den Mund und machte beruhigend »Pssst!«

»Das ist natürlich etwas anderes. Tüchtige Linda!« Er schüttelte ungläubig und gleichzeitig anerkennend den Kopf. »Du bist wirklich eine Frau der Tat.« Hastig sah er sich zu seiner Bürotür um.

»Pass auf, ich fertige nur noch schnell die Kundin ab … Insolvenz!«, flüsterte er verschwörerisch. »Ihr Alter hat sie mit Millionenschulden sitzen lassen, und sie hat keinen Schimmer von der Materie! Die hat in ihrem ganzen Leben noch nie einen Kontoauszug geöffnet!«

»Ah«, machte ich verständnisvoll. Dass es solche Frauen heutzutage immer noch gab! Dann war sie ja auf meinen Frank angewiesen.

Er schob mich zum Aufzug: »Warte im Wagen auf mich, ich bin in einer halben Stunde da!«

Das tat ich. Ich fuhr aus der Tiefgarage und stellte mich direkt vor den Eingang der Privatbank ins Halteverbot. Gleich darauf gab ich die Adresse der Traumvilla ins Navi ein. Nervös trommelte ich mit den Fingern aufs Lenkrad.

Frank brauchte dringend ein neues Zuhause. Die Dreizimmerwohnung war okay, für uns beide natürlich ein herrliches Liebesnest, aber seine Töchter konnte er dort nicht bei sich haben. Dabei hing er so an ihnen! Und sie an ihm. Es machte ihn ganz krank, dass Heidrun ihm eine so hässliche Scheidung aufzwang. Je länger die Mädels bei Heidrun waren, desto mehr brachte sie die gemeinsamen Töchter gegen ihn auf. Seit Heidrun »Eat, Pray, Love« gelesen hatte, wollte sie reisen und sich eine Auszeit nehmen. Sollte sie doch! Hauptsache sie ließ Frank und die Kinder in Ruhe!

Frank war ein Familienmensch. Genau wie ich. Er sehnte sich nach Geborgenheit, Wärme, einem Zuhause.

Und dieses Haus war genau das. Wir würden ein buntes Nest daraus machen. Es schrie förmlich »Nehmt mich, nehmt mich, und scheißt auf euren Urlaub! Hier geht es ums große Ganze!«

Wie hieß der Spruch noch gleich? »Man kann dem Leben

nicht mehr Tage geben, aber dem Tag mehr Leben!« Also! Und genau damit wollte ich jetzt anfangen. Ich war so weit!

Frank kam nach zwanzig Minuten. Er verabschiedete die gebeutelte Kundin mit der echten Prada-Tasche an der Drehtür, indem er ihr die Hand drückte. Im Pelz rauschte sie davon.

»So furchtbar bedürftig sieht die aber gar nicht aus«, sagte ich, nachdem Frank eingestiegen war, wendete und gab Gas.

Der drehte sich noch mal um und schaute der Rötlichblonden nach. »Jede Menge Immobiliendeals, die den Bach runtergegangen sind. Siebenstellige Schulden. Die steht vor dem Nichts. Ihr Alter hat das einzig Richtige getan: Er hat sich letzte Woche aufgehängt.« Frank lachte hämisch.

Mein Herz setzte einen Schlag aus. So gefühllos redete mein sonst so einfühlsamer Frank über diese arme Klientin? Ich schluckte. So unsensibel hatte ich ihn noch nie erlebt, noch nicht mal Heidrun gegenüber. Ich biss mir auf die Unterlippe. Bestimmt sagte er das nur, um mir zu signalisieren, dass sie ihm nichts weiter bedeutete. Genau, das musste es sein! Ein ungeschickter Versuch, jegliche Eifersucht von meiner Seite schon im Keim zu ersticken. Fast musste ich lächeln, so rührend fand ich das.

»Ach du liebe Zeit! Das tut mir schrecklich leid für sie. «

»Ist ne Künstlerin. Malt oder so was. Ist völlig verzweifelt.«

Ach, mein liebster Frank! Du willst mir nur zeigen, dass ich die Einzige in deinem Leben bin.

»Und? Kannst du ihr helfen? Gibt es einen Sanierungsplan?«

»Schau'n wir mal. Gut Ding will Weile haben. So was dauert mitunter Jahre. Wir wollen ja auch was davon haben.« Frank kniff mich ungerührt in die Wange. »Jetzt fahren wir erst mal zu unserem Traumhaus.«

Spätestens als wir davor hielten, war meine kurze Irritation wegen des salopppen Tons, in dem Frank über die arme Frau gesprochen hatte, verflogen. Frank fand die Villa auch toll. Etwas alt und marode, aber grundsätzlich super. Er war auch bereit, die Miete zu zahlen. Immer spontan, immer unkompliziert, immer großzügig – typisch mein Frank! Nur zu einem war er zu meiner großen Überraschung nicht bereit: auf seinen Herbsturlaub zu verzichten.

»Du musst das verstehen, Linda. Die Kinder und ich haben eine echt schwere Zeit hinter uns. Der Urlaub ist unser Strohhalm, an den wir uns klammern.«

»Natürlich, Frank. Das kann ich verstehen.« Tapfer atmete ich meine Enttäuschung weg. Er war wirklich urlaubsreif. »Wenn es dir wirklich so eine Herzensangelegenheit ist …«

Trotzdem wartete ich insgeheim darauf, dass er doch noch zur Besinnung kam, dass er …

Er strahlte mich mit fast zu weißen Zähnen an: »Mach ein schnuckeliges Nest draus, und ich komme direkt aus dem Urlaub ins neue Heim. Meine Sachen kannst du aus der Wohnung holen, die Schlüssel hast du ja.«

Ach so? Er wollte sich nicht an der Renovierung beteiligen? Noch nicht mal am Umzug? Ich schluckte trocken. Das verschlug mir erst mal die Sprache.

Er sah mich fast ein bisschen vorwurfsvoll an: »Du lebst nach wie vor mit deinen Kindern unter einem Dach. Aber für mich ist dieser Urlaub überlebenswichtig!«

»Aber wir könnten das Haus doch gemeinsam renovieren«, stammelte ich. Noch gab ich nicht auf. »Das ist auch ein Gemeinschaftserlebnis, das zusammenschweißt – mehr als ein Abenteuerurlaub!«

»Liebes.« Frank legte mir die Hände auf die Schultern. »Für dich mag so eine Renovierung ein tolles Hobby sein, ich weiß, du hast ein Händchen dafür und tausend Ideen in deinem wunderschönen Kopf. Aber ich will keine alten Tapeten abkratzen, spachteln und streichen. Ich arbeite auch so schon hart genug.«

Seine Stimme geriet kurz aus dem sonoren Gleichgewicht. »Ich brauche den Urlaub mit meinen Mädels, sonst bin ich irgendwann komplett ausgebrannt.«

»Verstehe.« Da stand ich in meiner Traumvilla und kämpfte mit den Tränen. »Du würdest das Haus also nehmen, wenn meine Kinder und ich es allein renovieren?«

Er zuckte mit den Schultern. »Du musst selbst wissen, ob es dir das wert ist.«

»Und den Umzug sollen wir auch allein machen?« Ich fragte sicherheitshalber noch mal nach. Vielleicht wollte er mich nur wieder auf den Arm nehmen. Oder testen oder so.

»Wie gesagt: ganz wie du willst.« Frank wandte sich zum Gehen. »Von mir aus können wir aber auch noch den Winter abwarten.«

Er wollte bis zum Frühling warten? Frank? Der seit einem halben Jahr darauf drängte, zusammenzuziehen? Mir schossen die Tränen in die Augen. Schnell trat ich ans Fenster und schaute ins dichte Laub, das in allen erdenklichen Herbstfarben leuchtete. Doch an einigen Stellen war es bereits ausgedünnt, ich erkannte kahle Äste und Zweige, die sich wie tote Arme nach mir ausstreckten. Ich bekam Gänsehaut. Eine leise Stimme des Zweifels machte sich bemerkbar.

Frau Vernunft, inzwischen altersschwach und auf Krücken, kroch noch ein letztes Mal aus ihrer Ecke und ächzte fast unhörbar wie der Wind in den Zweigen: Willst du dein bisheriges Leben wirklich einfach so wegwerfen? Für diesen Mann? Ist er es tatsächlich wert?

Ich starrte weiterhin aus dem Fenster.

Ja, natürlich!, schrie Herr Spaß. Wer denn sonst! Frank und ich, wir sind füreinander bestimmt! Ich lebe wieder und schwebe seit einem halben Jahr auf Wolke sieben! Und die Kinder lieben ihn auch. Wir können es uns hier wunderschön machen.

Aber wenn er dich jetzt mit all der Arbeit allein lässt – ist das nicht ein deutlicher Warnschuss?, stichelte Frau Vernunft. Zeigt das nicht auch die Schattenseiten seines Charakters?

Noch konnte ich zurück. Das war vielleicht der allerletzte Moment, in dem ich noch zurückkonnte.

Ein Eichhörnchen saß auf der Fensterbank und kaute auf einer Nuss. Es schaute mich mit seinen schwarzen Knopfaugen zutraulich an. Es fühlte sich hier sichtlich zu Hause. Und hatte ich nicht immer von so einer Villa geträumt? Wollte ich allen Ernstes zurück in mein Spießeridyll mit automatisch herunterfahrenden Rollläden?

Energisch massierte ich den aufsteigenden Kopfschmerz weg. Alles, was ich brauchte, war ein kleiner Schubs, und der näherte sich in Gestalt der Vermieterin. Dabei handelte es sich um die Mutter des Mannes aus dem Supermarkt, eine rüstige alte Dame, die vom Nachbargrundstück herübereilte und mit dem Telefon winkte.

»Ich will mich wirklich nicht einmischen, aber es gibt noch andere Interessenten. Und die würden den ersten Zehnten als Einzugstermin samt Mietpreis akzeptieren. Was soll ich ihnen sagen?«

Ich wirbelte herum. »Aber Ihr Sohn hat mir doch versprochen …«

»Sie sind mir am sympathischsten«, sagte die alte Dame lächelnd. Sie hieß Frau Landwehr. »Wissen Sie, die Begeisterung in Ihren Augen ist ansteckend.« Sie wandte sich an Frank. »Sie haben wirklich großes Glück mit Ihrer Frau.«

Frank legte stolz den Arm um mich. »Ich weiß. Sie kriegt immer, was sie will. Nicht wahr, Liebling?«

»Hm.« Ich rieb mir die Nase. Ihn hatte ich ja auch gekriegt. Das war mein Glücksjahr.

»Also, nehmen wir die Villa?« Mein Blick huschte zwischen Frau Landwehr und Frank hin und her.

»Wenn es dein innigster Wunsch ist, Liebling.« Frank zog einen Umschlag mit Anzahlung und Kaution aus der Jackentasche und überreichte ihn Frau Landwehr, die daraufhin sofort den Hörer auflegte.

Wow. Das hatte was! Die rüstige Witwe war hingerissen von Frank und von den vielen nagelneuen Scheinen von der Bank, ja, sie flirtete auf ihre alten Tage sogar noch mit ihm. Von mir aus. Von wegen andere Mieter! Wir und sonst niemand!

»Sie sind ein entzückendes Paar!«, freute sich Frau Landwehr und erinnerte mich an die Passagiere auf dem Schiff, die das genauso gesehen hatten.

»Sie sollten erst mal unsere entzückenden Kinder sehen.« Frank strahlte.

»Oh, wie ich mich freue, dass endlich wieder junges Leben in das alte Haus kommt!«

Wir unterschrieben den Mietvertrag, tranken mit der reizenden Frau Landwehr ein Schlückchen Sekt auf gute Nachbarschaft und fielen uns um den Hals.

Aus dem Augenwinkel sah ich eine alte, gebrechliche Gestalt, die weinend im Garten zu stehen schien. Frau Vernunft, oder bildete ich mir das nur ein? Sie schien jeden Moment zusammenbrechen zu wollen. Doch mit jedem Schluck Sekt verblasste sie immer mehr und löste sich schließlich in Luft auf. Ich beachtete sie nicht weiter.

Diese Relikte aus meiner Vergangenheit würde ich als Erstes

mit dem großen Besen hinauskehren. Vernunft war etwas, das zu Jochen gehörte. Und es wurde höchste Zeit, einen großen endgültigen Strich darunter zu ziehen. Wir wollten leben, lachen, Spaß haben, verrückt und spontan sein. Und jetzt war es so weit.

Mein großer Traum wurde wahr.

13

Ihr Lieben: eine gute und eine schlechte Nachricht.«

»Zuerst die schlechte«, sagte Patti misstrauisch. Kein Wunder, sie war eindeutig Jochens Tochter.

»Urlaub ist nicht.«

»Nein? Warum denn nicht?« Lange Gesichter. Enttäuschung. »Bist du nicht mehr mit Frank zusammen?«

»Wäre das schlimm für euch?«

»Ja! Wir mögen ihn! Der ist voll cool!«

Ich grinste breit. Ging doch! »Natürlich bin ich noch mit Frank zusammen. Mehr denn je! Ich würde sogar sagen, jetzt für immer!«

Sie sahen mich abwartend an. »Und die gute Nachricht?«

»Wir ziehen in den Herbstferien um.«

Patti und Simon starrten mich mit großen Augen an. »Und wohin?«

»In eine riesige Villa Kunterbunt. Fast mitten in die Stadt.«

»Mit Frank?!«

»Mit Frank, Linda und Lena!«

Patti und Simon waren sofort Feuer und Flamme. Sie litten dermaßen unter der gedrückten Stimmung zu Hause, dass sie alles tun würden, um ihr ein Ende zu setzen.

»Voll geil, eh! Mitten in die Stadt?!« Das war für Patti natürlich ein wichtiger Punkt. Sie war jetzt in dem Alter, in dem sie tagsüber shoppen und abends ausgehen wollte.

»Darf ich mir ein Zimmer aussuchen?«

Aber natürlich. Begeistert schilderte ich ihnen die Villa in allen Regenbogenfarben.

»Ich will das mit der Terrasse!«

»Wow, mit Schwimmteich! Darf ich meine Klasse zur Einweihungsparty einladen?«

»Vor das Vergnügen hat der liebe Gott die Arbeit gesetzt«, sagte ich mit freundlicher Bestimmtheit. »Statt Ferien in Ägypten ist Renovieren und Umziehen angesagt.«

»Wie, und die anderen helfen nicht mit?« Patti hatte schon seit eh und je einen ausgeprägten Gerechtigkeitssinn. »Die fahren ohne uns in Urlaub?« Ihre Augen füllten sich mit Tränen. »Das ist voll unfair!«

»Lass die Mädels ruhig mit Frank nach Spanien fahren«, sagte Simon tapfer. »Du brauchst einen Mann, der dir beim Renovieren hilft, und den hast du auch.« Tatkräftig krempelte er die Ärmel hoch.

Ich liebte meinen Sohn mit heißem Stolz. Ja, selbst wenn alle Stricke reißen würden, war da immer noch ein Mann, der mich nie enttäuschen würde: Simon, mein Jüngster. Der konnte genauso anpacken wie ich.

Jochen und die arme alte Ernestine waren natürlich tief enttäuscht. Wie konnte ich nur so grausam sein?

Dabei hatte ich mich bemüht, Jochen möglichst sachlich vor vollendete Tatsachen zu stellen: »Wir ziehen aus, die Kinder und ich. Tut mir leid, aber die jetzige Situation ist einfach unhaltbar.«

Jochen hatte kein Wort gesagt, sondern mich nur wie Jesus am Kreuz angesehen. So nach dem Motto: Herr, vergib ihnen, denn sie wissen nicht, was sie tun. Dann war er mit Ernestine am Arm zum Auto gegangen und weggefahren.

Meine Schuldgefühle machten mir zu schaffen wie eine

schwärende Wunde, die hoffentlich schnell heilen würde. Ich hasste ihn dafür. Warum redete Jochen nicht mit mir? Er hätte doch um mich kämpfen können! Ich wollte als Frau respektiert und geliebt werden, nicht nur ein Rädchen in seinem Alltagsgetriebe sein! Frank tat das, Jochen nicht. Also verbot ich mir jedes weitere Mitleid. Das führte zu nichts! Ich hatte mich entschieden und musste jetzt nach vorn blicken.

Leicht fiel es mir nicht. Immer wieder drohte mich mein schlechtes Gewissen schier zu ersticken. Nicht zuletzt, weil Frank nun zwei Wochen lang nicht an meiner Seite war. Er war in Urlaub, in Ägypten! Sonnte sich, schlief aus, ging lecker essen, las Zeitung, paddelte mit seinen Mädels im türkisblauen Wasser herum.

Und ich? Schuftete! Und zog die Kinder mit rein.

Die waren allerdings hingerissen, als sie die alte Villa sahen. Und die freundliche Frau Landwehr schlossen sie auch sofort ins Herz. »Drüben wohnen sehr nette Jungs in deinem Alter«, sagte sie zu Simon, »und der Fußballplatz ist gleich um die Ecke. Und dort …«, sie zwinkerte Patti zu, »… ist schon die nächste U-Bahn- Station! In wenigen Minuten bist du in der Innenstadt!«

»Geil!« Leuchtende Augen bei meiner Siebzehnjährigen, verhaltene, aber sichtbare Freude bei meinem Dreizehnjährigen.

»Hauptsache, wir bleiben mit Mama zusammen.«

»Und du hast wieder Zeit für uns.«

Vorher musste das gemütlichste Nest aller Zeiten allerdings erst mal renoviert werden. Doch die körperliche Arbeit war die beste Medizin gegen meine Selbstzweifel.

Fortan standen wir jeden Tag im Baumarkt, kauften Bretter, Schrauben, Dübel, Kleister und Tapeten. Wir wuchteten riesige Farbeimer in unser Auto und standen jeden Tag zehn Stunden zwischen Abdeckplanen auf der Leiter.

Jedes Kind durfte sich sein Zimmer nach eigenem Geschmack gestalten, und die beiden Zimmer für Linda und Lena überließ ich ebenfalls ihrem Gutdünken. Es war wirklich rührend, wie Simon und Patti mit heiligem Eifer und ihren Zeitungsmützen auf dem Kopf ihr neues Leben und das ihrer Stiefgeschwister in Angriff nahmen. Doch es war richtig, diesen Schritt zu wagen. So etwas kostet Mut, redete ich mir gebetsmühlenartig ein, aber wer nicht wagt, der nicht gewinnt!

Auch meine Freundin Barbara war hingerissen von der Villa und stand mir mit Rat und Tat zur Seite.

»Aber dass sich dein Frank einfach so verdrückt …«

Sie kniete auf dem Boden und räumte stapelweise Bücher in das Regal, das wir soeben angedübelt hatten. »Hier: *Beim nächsten Mann wird alles anders*«, las sie laut vor. »Aber heißt ›anders‹ auch ›besser‹? Nicht, dass du vom Regen in die Traufe …«

»Barbara«, seufzte ich. »Für Außenstehende klingt das möglicherweise befremdlich, aber er braucht wirklich eine Auszeit. Er hat so hart gearbeitet! Und außerdem hat er anstandslos die Miete und die Kaution übernommen.« Ich wischte mir mit dem Handrücken einen Farbklecks von der Stirn, und als ich ihren zweifelnden Blick sah, versuchte ich es mit einem anderen Argument. »Ich glaube, er bearbeitet im Urlaub seine Töchter noch ein bisschen. Du weißt schon.« Mit schmerzendem Rückgrat richtete ich mich auf. »Heidrun hat sie so gegen ihn aufgehetzt, dass er ihr Vertrauen zurückgewinnen muss. Nicht, dass sie bei ihrer Mutter bleiben wollen!«

Mit besagtem Buch in der Hand drehte sich Barbara zu mir um. »Schon. Aber wie fändest du es, wenn Jochen jetzt mit deinen Kindern in Urlaub fahren würde, um sie für das Zusammenleben mit einer anderen Frau zu gewinnen?«

Diese Vorstellung brachte mich schier um den Verstand.

»Ich würde ihn umbringen.«

»Nichts anderes hätte ich von dir erwartet.«

Schwungvoll stellte sie das Buch ganz unten ins Regal.

Aber weil Barbara eine echte Freundin war, respektierte sie meine Entscheidung nicht nur, sondern spendierte mir sogar für zwei Tage die Arbeitskraft des polnischen Ehepaars, das bei ihr wohnte und arbeitete. Mit der Hilfe von Dorota und Piotr kamen wir zügig voran.

Vor allem das Schlafzimmer gestaltete ich mit viel Liebe und Sorgfalt. Ich schliff die Parkettdielen ab, wischte Böden, putzte Fenster und bestellte die Möbelpacker für unseren großen Umzug.

Wer nicht half, war Michaela, sie hatte ich als Freundin leider verloren. Weil sie zu Heidrun hielt.

Unser letztes Treffen war alles andere als erfreulich verlaufen. Michaela ließ mich noch nicht mal mehr in ihr Haus. Notgedrungen stand ich bei ihr auf der Schwelle und kam mir vor wie ein unwillkommener Zeuge Jehovas.

»Michaela, versteh doch bitte …«, versuchte ich um ihr Verständnis zu buhlen. »Es hat uns einfach erwischt, wir sind wie füreinander gemacht, wir können nicht anders …«

»Du wirst es noch schrecklich bereuen«, unterbrach sie mich. »Du bist geblendet von diesem Selbstdarsteller. Aber nachdem du alles an die Wand gefahren hast, brauchst du dich bei mir nicht mehr zu melden.«

Das traf mich wie ein Keulenschlag. Ich mochte Michaela sehr, wir waren seit Jahren befreundet und mehrmals zusammen in Urlaub gewesen. Wie gern hätte ich ihr alles erklärt! »Bitte, Michaela, hör mir doch zu!« Am liebsten hätte ich einen Fuß in die Tür gestellt.

»Er war mit Heidrun nicht mehr glücklich«, verteidigte ich

mich. »Du musst doch zugeben, dass die beiden überhaupt nicht zusammenpassen!«

Michaela schüttelte den Kopf. »Heidrun ist in dieser Ehe vor die Hunde gegangen. Also gut, wenn du's unbedingt hören willst: Weißt du, was sie gesagt hat?«

»Was?!« Ich verdrehte die Augen und versuchte gleichzeitig, mein Herzrasen unter Kontrolle zu kriegen. Zitternd hob ich die Hände und tat so, als wäre mir das völlig gleichgültig.

»Es gibt in Franks Leben nur einen Menschen, der ihn interessiert. Und der heißt Frank.«

»Ja, ja«, sagte ich. »Er ist nun mal ein Alphatier. Soll ich dir mal was sagen? Er ist einfach eine Nummer zu groß für Heidrun!«

Das hatte ich eigentlich gar nicht sagen wollen! Es war mir nur so rausgerutscht. Wie heißt es so schön? Angriff ist die beste Verteidigung.

»Aber du bist seiner würdig, ja?« Michaelas Stimme wurde schärfer. »Heidrun war auch mal von dem tollen Frank geblendet. Genau wie du.« Verächtlich spuckte sie diese Worte aus. »Sie hat große Hoffnungen in ihn gesetzt und alle seine Versprechungen geglaubt.«

»Was denn für Versprechungen!«, schnaubte ich und wandte mich zum Gehen.

Heidrun ist ein unselbstständiges Dummchen, dachte ich. Was Frank mir alles über sie erzählt hat! Die kann ja noch nicht mal eine Bohrmaschine halten. Und frigide ist sie auch noch. Nach einem derben Witz hat sie sich tagelang beleidigt in ihrem Zimmer eingeschlossen. Zu einer unglücklichen Beziehung gehören immer zwei.

»Heidrun hat sich erst in dieser Ehe zu ihrem Nachteil verändert. Früher war sie ein fröhlicher Mensch, und jetzt ist sie depressiv.«

Ach, so erklärte sie also ihr Bedürfnis, in Indien Ayurveda zu machen!

»Und all das ist natürlich Franks Schuld«, spottete ich. »Jede ist ihres Glückes Schmiedin!« Ich warf einen Blick auf Heidruns Küchenfenster. »Hast du dir mal überlegt, dass vielleicht nicht jeder Mann Müsli essen und Teebeutel auswringen will?«

»Schrei doch nicht so!«, zischte Michaela genervt.

Ich senkte die Stimme. »Heidrun kommt seinen Bedürfnissen überhaupt nicht entgegen! Frank braucht jeden Tag ein anständiges Stück Fleisch!«

Michaela stieß ein abfälliges Lachen aus und musterte mich vielsagend. »Und das kriegt er bei dir!«

Angesichts ihres gehässigen Gesichtsausdrucks drehte sich mir der Magen um.

»Auch wenn das Fleisch immer schlaffer wird.«

»Vielen Dank für das Kompliment.« Ich schnaufte. »Und dass sie seit Jahren nicht mehr mit ihm geschlafen hat, hat sie dir das auch erzählt?«

Ich wusste, dass dieser Dialog hässliche Ausmaße angenommen hatte, was nicht meine Absicht gewesen war. Plötzlich fühlte ich mich wirklich schlaff und ausgelaugt. Gar nicht mehr hübsch, begehrenswert und elegant.

Michaela schäumte regelrecht. »Bilde dir bloß nichts darauf ein, dass er dich fickt! Heidrun sagt, Frank vögelt alles, was nicht bei drei auf den Bäumen ist.«

O Gott, so ein Vokabular war noch nie aus ihrem Mund gekommen! Sie war völlig außer sich.

»Natürlich sagt Heidrun das«, wehrte ich ab. »Sie ist eben eine schlechte Verliererin!«

»Die meine Freundin ist! Du zerstörst zwei Ehen«, schrie Michaela. »Du bist eine egoistische Schlampe und die größte

Rabenmutter der Welt! Ich will nichts mehr mit dir zu tun haben!«

»Und du bist eine verlogene Spießerin!«

Daraufhin hatte sie mir die Haustür vor der Nase zugeknallt.

Ich musste mir Tage später noch die Ohren zuhalten, als ich an diesen schäbigen Moment dachte.

Und dann kam der Abschied von der anderen Front. Von meinem früheren Zuhause, in dem ich jahrelang mit Jochen gelebt hatte.

Wie bereits erwähnt, war Jochen niemand, der Türen knallte. Stumm leidend stand er im Flur, die Hände in den Hosentaschen vergraben. Ich hoffte schon, diesen Abschied glimpflich hinter mich bringen zu können.

Aber Susi, meine älteste Tochter, die längst ausgezogen war und schon selbst eine Tochter hatte, war vorgefahren, um mir eine hässliche Abschiedsszene zu machen. Meine kleine Enkelin Pauline saß im Autositz und bekam alles mit.

»Hallo, meine Süße!«

Die Kleine lächelte nicht, denn sie spürte genau, dass die Luft zum Schneiden war. Susi war wütend und wich meiner Umarmung aus. Dabei liebte ich die beiden so sehr und wollte sie nicht verlieren. Susi wusste doch auch, wie es um meine Ehe stand! Klar, Jochen hatte sie damals angenommen wie eine eigene Tochter, und die beiden verstanden sich blind. Aber sie war MEIN Fleisch und Blut! Konnte ich jetzt nicht erwarten, dass sie zu mir hielt? Fast glaubte ich, Anspruch auf ihre Loyalität zu haben.

Doch ich hoffte vergeblich.

»Wenn du jetzt gehst, Mama, dann siehst du mich und Pauline nie wieder«, rief Susi verächtlich.

»Bitte, mein Kind, lass uns irgendwann in Ruhe reden …« Ich

zwang mich, meine Hand nicht wieder auf ihren Arm zu legen. Sie hatte ihn mir einfach entrissen.

»Nein, Mama. Du musst wissen, was du tust. Aber ich halte zu Jochen. Wie kannst du Papa nur mit Oma allein lassen! Nach allem, was Papa für uns getan hat!«

Das traf mich wie eine Keule und tat viel mehr weh als Michaelas vulgäre Beschimpfungen. Nicht einmal meine eigene Tochter wollte noch etwas mit mir zu tun haben! Sie umarmte Jochen, stürmte ins Haus, um die Oma zu umarmen, stieg in ihren Kleinwagen und brauste davon, ohne mich noch eines Blickes zu würdigen.

Es brach mir das Herz. Aber warum wurde ich so hart bestraft, nur weil ich mich verliebt hatte? Wer mich liebt, der gönnt mir mein Glück und freut sich mit mir!, dachte ich. Ich wollte doch mit Jochen befreundet bleiben! Zwischen uns würde sich doch überhaupt nichts ändern – nur dass wir nicht mehr zusammenwohnten! Selbst um Ernestine würde ich mich gern weiter kümmern!

Jochen stand traurig vor der Haustür.

»Willst du wirklich alles zerstören, was wir uns in achtzehn Jahren aufgebaut haben?«, brachte er schließlich doch noch hervor.

Er hatte wieder diese ausgebeulte, alte graue Strickjacke an.

»Jochen, hör auf damit!« Ich konnte diese weinerliche Arie nicht mehr hören!

»Ich weiß nicht, was ich falsch gemacht habe.« Er kratzte sich am Ellbogen und blinzelte die Tränen weg. »War ich wirklich so ein schlechter Ehemann?«

Plötzlich war ich ganz ruhig.

»Nein, Jochen, das warst du nicht! Du hast immer gut für mich und die Kinder gesorgt. Aber es ist auch keine richtige Liebe mehr, so ganz ohne Leidenschaft, und das weißt du auch!«

»Und mit deinem Frank, da ist es – Liebe?«

Jochen sah mich durchdringend an.

Ich stand kurz davor, zu explodieren.

»Ja, verdammt! Jochen, ich will dir wirklich nicht wehtun, aber mit Frank habe ich das Gefühl, noch richtig zu leben!« Ich wollte nicht schreien, aber ich tat es doch.

Zwischen den letzten Kartons, die schon auf der Straße standen, raufte ich mir die Haare.

»Lass es gut sein, Jochen! Ich verlange weder Unterhalt, noch möchte ich, dass du mir meinen Teil dieses Hauses auszahlst. Lass uns einfach Freunde bleiben.«

»Das kann ich nicht.« Er spreizte die Hände, als würde er sich vor dem Wort »Freunde« ekeln. »Komm bloß nicht wieder an, wenn es schiefgeht. Wenn du jetzt gehst, dann gehst du für immer.«

»Ganz wie du willst.« Ich atmete hörbar aus. »Ich mach das hier auch nicht zum Spaß, Jochen!«

In diesem Moment kamen auch mir die Tränen. Verdammt, warum hatte ich denn in jeder Hinsicht den Schwarzen Peter? Es war doch MEIN Leben! Zwanzig Jahre lang war ich immer nur für andere da gewesen, hatte geschuftet und funktioniert. Aber ich war doch ein Mensch und keine Maschine! Ich hatte doch auch ein Recht auf Selbstbestimmung, auf Gefühle!

Natürlich tat mir Jochen leid. Aber dass mir Freundinnen, ja sogar meine eigene Tochter in den Rücken fielen? Männer, ja, die dürfen gehen!, dachte ich verbittert. Denen wird dieses Recht auf Freiheit zugestanden. Ich könnte auf Anhieb zwei Dutzend prominente Männer nennen, die Frau und Kind verlassen haben, ohne dass das ihrer Karriere auch nur im Geringsten geschadet hätte. Doch Frauen, die sich das trauen, sind praktisch zur öffentlichen Steinigung freigegeben. Jeder darf sie verurteilen.

Das war nicht fair! Ich hatte mich doch nicht in die Niederungen notgeilen Verhaltens verirrt! Es war eine wohlüberlegte, in monatelangen Kämpfen gereifte Entscheidung. Auch und besonders zum Wohle der Kinder. Ich war keine Rabenmutter! Ich straffte die Schultern. Eine von uns muss den Anfang machen, dachte ich entschlossen. Wir Frauen haben auch ein Recht auf ein selbstbestimmtes Leben.

»Ich liebe Frank, und er ist mein großes Glück«, sagte ich leise zu Jochen. Mit einem Blick auf die Möbelpacker verzichtete ich auf jede weitere Diskussion.

»Bitte versprich mir nur eins.« Jochen vermied es, mich anzusehen.

»Was denn?« Ich trat zur Seite, weil die Möbelpacker gerade Simons Bett an mir vorbeischleppten.

»Schul die Kinder nicht um.«

»Nein. Mach ich nicht.« In Wahrheit hatte ich genau damit geliebäugelt. Es gab so tolle Schulen mitten in Frankfurt. Eine war direkt bei uns um die Ecke. Ich wollte neuen Schwung in unser Leben bringen, aber er …? Wie immer. Typisch Bremsklotz. Bloß kein Risiko, bloß nichts Neues wagen.

»Du hast es versprochen.«

»Ja. Ich fahre sie jeden Morgen zwanzig Kilometer in den Taunus. Zu ihrer alten Schule.« Trotzdem konnte ich mir eines nicht verbeißen: »Aber was interessiert dich das eigentlich? Du hast dich um solche Sachen doch sowieso nie gekümmert.«

Ein bisschen ärgerte es mich schon, dass er jetzt zum Schluss noch den besorgten Vater rauskehrte. Fast hatte ich das Gefühl, er wollte mir noch eine kleine Strafarbeit mit auf den Weg geben: jeden Morgen vierzig Kilometer fahren. Das bedeutete, eine Stunde früher aufstehen. Und immer wieder in diese Gegend kommen.

Doch jetzt wollte ich nur noch hier weg.

»Wir sind so weit!« Die Möbelpacker sprangen in den Wagen. »Fahren Sie voraus, junge Frau?«

Junge Frau. Ja, das hörte sich gut an. Da hast du es, Jochen. Ich lebe wieder!

»Tschüs, Jochen. Lass uns irgendwann mal in Ruhe reden.«

»Wenn du jetzt gehst, dann gibt es nichts mehr zu reden.« Er blieb so ruhig, wie nur Jochen das konnte. Er erhob seine Stimme kein bisschen.

»Wie du willst.« Meine Stimme zitterte, weil ich kurz davorstand, ihm entweder weinend um den Hals zu fallen oder ihm den Schädel einzuschlagen.

Ich rannte noch einmal ins Haus, um mich von Ernestine zu verabschieden. Aber die saß reglos in ihrem Sessel und sah einfach durch mich hindurch. Genau wie Paulinchen! Alle ließen mich spüren, dass ich für sie gestorben war. Aber ich war doch nicht gestorben! Im Gegenteil, ich lebte wieder!

Ernestine hatte doch so oft mitbekommen, dass Jochen mich wie ein Möbelstück behandelte! Wie oft hatte sie ihn ermahnt, mir gegenüber mal etwas aufmerksamer zu sein. Und jetzt? Wollte ich ihren Segen. Genau wie den von Susi, Paulinchen, Michaela und – der ganzen Welt! Alle sollten mich in meinem Entschluss bestärken: Endlich mal eine, die sich traut, ihrem tristen Ehealltag ein Ende zu setzen! Ein Vorbild für alle frustrierten Ehefrauen! Ich schwankte zwischen Trotz und Schuldbewusstsein, zwischen Mut und Wahnsinn, zwischen Angst und Tollkühnheit.

Okay, dann eben nicht. Wie ferngesteuert lief ich zum Auto. Die Tränen liefen mir so übers Gesicht. Ich wollte euch doch nicht wehtun! Ich will nur nicht mehr mit Jochen leben, ist das denn so schwer zu akzeptieren?

Das schlechte Gewissen rannte mir auf kleinen, dicken Beinen hinterher und trommelte mit seinen Fäusten auf mich ein: Das kannst du doch nicht machen, Linda! Du kannst Jochen und seine neunzigjährige Mutter nicht einfach ihrem Schicksal überlassen! Und Susi mit ihrem kleinen Kind!

Ich riss mich los, warf mich in mein Auto und raste wie von der Tarantel gestochen davon.

14

Achtung, sie kommen!« Patti stand mit glänzenden Augen hinter der Gardine und hüpfte vor Aufregung auf und ab. »Sind die Kerzen an?«

Simon erledigte das mit vor Aufregung zitternden Fingern.

Ich warf einen Blick auf den Küchentisch. Er war liebevoll gedeckt, rote Rosen standen in einer Glasvase, im Ofen schmorte ein knuspriger Braten, und der Rotwein stand im bauchigen Schwenker bereit.

»Los, das Feuerzeug für die Wunderkerzen!«

»Moment, er zahlt das Taxi noch!«

»Simon, hast du das Herzlich-willkommen-Schild aufgehängt?«

»Patti hat sogar noch rote Luftballons drangemacht!«

»Jetzt! Achtung …« Unsere Herzen klopften im Gleichtakt. »Die werden Augen machen!«

Frank, Linda und Lena polterten mit ihren Koffern die Einfahrt hoch.

Mir kamen beinahe die Tränen, und ich drückte Patti und Simon an mich. »Macht die Augen zu und sagt: Jetzt!«

»JETZT!«

»Das ist unser neues Leben! Danke, dass ihr so super mit angepackt habt!« Wir fielen einander in die Arme. »Wir sind ein tolles Team!«

Frank sah fantastisch aus. Braun gebrannt, gut erholt. Mein Traummann. Mein liebster Schatz hatte es wirklich nötig gehabt.

Es war richtig, dass er sich diese Auszeit genommen hatte. Und die Mädels! Wie bezaubernd ihre Augen im Schein der Wunderkerzen leuchteten!

»Sie sind schon ganz heiß auf die Villa Kunterbunt!« Mit einem Blick auf Linda und Lena küsste mich Frank zärtlich und ausgiebig.

»He, sucht euch 'n Zimmer!«, krähte Simon mit rotem Kopf. Er kam gerade in den Stimmbruch und fand jede Art von Knutscherei megapeinlich.

Franks Töchter stürmten herein, und Patti zeigte ihnen stolz ihre Zimmer.

»He, Moment! Das Hochbett ist für dich. Vorsichtig, der Teppich ist neu. Und hier kannst du deine Schulsachen reintun. Diesen Wandschrank hab ich für dich ausgesucht. Guck mal die Gardinen, genau wie du sie wolltest …«

Frank und ich waren allein. Wir sahen uns tief in die Augen. In diesem Moment hätte ich alles dafür gegeben, seine Gedanken lesen zu können.

»Willkommen«, sagte ich feierlich. Ich musste schlucken, so stolz war ich auf meine Kinder und mich, dass wir die Bude hier in nur zwei Wochen auf Vordermann gebracht hatten. Im Kamin knisterten die Flammen, aus der Stereoanlage kam leise *Die Moldau* von Smetana, es war warm und gemütlich. In diesem Moment fühlte ich mich wie die beste Frau der Welt. Feuerprobe bestanden. Man hätte einen Werbespot von uns drehen können. Familie Mustermann.

Aufgekratzt nahm ich Frank bei der Hand und zog ihn die Treppe hoch.

»Okay. Wir fangen oben an. Hier wäre also dein Arbeitszimmer … Tadaaaa!« Ich stieß die Tür auf und weidete mich an seinem überraschten Blick.

»Wieso steht der Schreibtisch unterm Fenster?« Franks Kiefermuskeln mahlten. Die erwartete Begeisterung blieb aus.

»Erstens weil du da den Mega-Ausblick in den Garten hast, und zweitens weil das Licht hier am besten ist.« Ich schob die Gardine zur Seite und rief entzückt: »Schau! Das Eichhörnchen!«

Doch Frank war nicht in Stimmung für so was.

»Das ist Blödsinn, denn das Licht blendet bei der Bildschirmarbeit.« Er kratzte sich an seinem Dreitagebart. »Der Schreibtisch muss an die Wand.«

Ich schluckte. Okay. Diese Hausaufgabe hatte ich also nicht gut gemacht.

Beifall heischend öffnete ich seinen Aktenschrank. »Und hier – alles alphabetisch geordnet.«

»Die Akten brauche ich hier überhaupt nicht.« Verärgert schüttelte Frank den Kopf. »Das alte Zeug gehört in den Keller.« Er zerknüllte ein Blatt Papier und warf es zu Boden. Wie selbstverständlich hob ich es auf.

»Okay«, sagte ich, meine Enttäuschung überspielend. »Weißt du, das ist ja auch letztlich deine Sache. Dein Arbeitszimmer einzuräumen. Es war ja nur so ein – Vorschlag.«

»Der nicht besonders klug durchdacht ist.«

Ich ließ kurz Dampf ab, indem ich das zusammengeknüllte Papier in seinen Papierkorb donnerte. Volltreffer.

»Komm ins Schlafzimmer, Liebster …« Ich zog ihn weiter. Der Wermutstropfen meiner Enttäuschung drohte sich immer mehr auszubreiten, doch das ließ ich nicht zu: Hatte ich nicht alle negativen Gefühle bei Jochen gelassen, dem Säulenheiligen, der sich nie aus der Reserve locken ließ? Da waren mir spontane Gefühlsäußerungen doch deutlich lieber, und zwar in jeglicher Hinsicht!

»Ich dachte, du schläfst auf der Fensterseite.« Schwungvoll öffnete ich die Tür. »Du kannst aber auch in der Nähe des Badezimmers …« Meine Stimme wurde wackeliger. Franks Blick verhieß nichts Gutes. Dabei hatte ich gehofft, er würde mich in den Arm nehmen, zum Bett tragen und … Ja, was hatte ich da eigentlich gehofft? Die Kinder wohnten schließlich auch hier.

Laut polternd rannten sie gerade die Treppe unserer Villa Kunterbunt hinunter und verschwanden türenknallend im Keller. »Wir kriegen auch eine Tischtennisplatte, hat Mama gesagt, und einen Hund …«

»Muss das sein!«, brüllte Frank genervt. »Ich habe eine lange Reise hinter mir!«

»Aber Liebster! Es sind doch noch Kinder!« Ich küsste ihn auf die Wange. »Schau, und hier hängen alle deine Hemden. Nach Farben geordnet.«

Wieder öffnete ich eine Tür – wie ein Zauberer, der gerade eine Jungfrau verschwinden lässt.

»Na ja. Das ist zwar nett gemeint, aber der Schrank steht auch an der falschen Stelle.«

Er rüttelte daran. »Hier müsste das Bett stehen und da der Schrank. Der verdeckt ja die Steckdosen!« Seinem Blick entnahm ich, dass ihm meine Begeisterung auf die Nerven ging.

»Oh«, sagte ich und kratzte mich am Kopf. »Daran habe ich gar nicht gedacht.«

»Ja, das Denken überlässt du wohl lieber mir.« Frank tippte sich an die Stirn. »Da war wohl jemand ein bisschen übereifrig.«

Mit jedem Zimmer, das wir besichtigten, schmolz meine Euphorie ein Stück mehr dahin. Überall hatte er etwas auszusetzen. »Was soll denn diese bescheuerte Zimmerpflanze hier! Die nimmt ja das ganze Licht weg!«

So kannte ich meinen Frank ja gar nicht! Übellaunig warf er

seinen Koffer aufs Bett und begann fluchend auszupacken. »Nichts steht an seinem Platz, nichts findet man wieder …«

Meine Aktion mit den Wunderkerzen und Willkommens-luftschlangen hatte gerade mal für ein paar Minuten Freude ge-sorgt. Die inzwischen längst wieder verpufft war. Zurück blie-ben nur Leere und Enttäuschung.

Okay, Frank Hellwein. Dann eben nicht. Ich schluckte. Wie gesagt, war ja auch nur so ein Versuch!

Irgendetwas stimmte nicht, aber ich zwang mich, es zu über-sehen, gute Miene zum bösen Spiel zu machen. Was blieb mir auch anderes übrig? Dabei hatte ich mir unseren ersten Abend in der Villa Kunterbunt ganz anders vorgestellt! Beim Essen würgte ich an Enttäuschungstränen.

Frank bemerkte es. Er räusperte sich, hob sein Glas und sagte feierlich: »Kinder, ihr habt eine ganz wundervolle Mutter. Linda, ich möchte mich in aller Form bei dir bedanken, dass du uns ein so behagliches, gemütliches und originelles …« – er zwinkerte den Kindern zu – »… Heim bereitet hast. Wir lieben dich und freuen uns auf ein Leben mit dir!«

Ich lachte und weinte gleichzeitig.

»Los, Kinder!«, sagte er verschwörerisch. »Auf drei! Eins, zwei, drei: WIR LIE-BEN DICH UND FREU-EN UNS AUF EIN LE-BEN MIT DIR!«

Da prosteten wir uns alle zu, lachten und redeten wild durch-einander.

»Entschuldige, Liebste.« Frank drückte mir einen Kuss auf die Lippen. »Es ist auch für mich eine große Umstellung. Verzeih. Wir kriegen das alles hin. Mach dir keine Sorgen. Du bist die beste Frau der Welt, und ich danke Gott, dass ich dich getroffen habe.«

Bald war Weihnachten, und wir feierten es genau so, wie ich es mir immer gewünscht hatte. Frank und Simon schleppten einen riesigen Baum herein, den sie selbst im Wald geschlagen hatten. Die Mädchen und ich schmückten ihn, und am Heiligen Abend bogen sich die Tische unter großzügigen Geschenken.

Gleich darauf fuhren wir gemeinsam in den Skiurlaub nach Kitzbühel. Frank hatte eine Ferienwohnung für uns gemietet, die er günstig von einem Kollegen haben konnte. Mit unserem großen VW-Bus, den wir extra für unsere frischgebackene Großfamilie gekauft hatten und der bis unters Dach vollgeladen war, tuckerten wir fröhlich durch die verschneite Landschaft. Aus dem Autoradio kamen unsere Lieblingslieder, und wir sangen aus voller Kehle mit. Da sollte noch einer sagen, eine Großfamilie sei anstrengend! Mit dem richtigen Mann ging alles.

Ich hatte Bärenkräfte, denn ich wurde geliebt und geschätzt. Frank war unkompliziert und kooperativ.

Die kleine Lena hatte ihre Handschuhe in den Tiefen ihres Koffers vergraben? Kein Problem. Pfeifend fuhr Frank auf den Parkplatz, wuchtete sämtliches Gepäck heraus, und wir machten uns auf allen Vieren auf Handschuhsuche. Im Nu hatten wir das kleine Problem gemeinsam gelöst, nicht ohne dass Franks und meine Hände sich zärtlich neckten und berührten.

In Kitzbühel angekommen, stiefelten wir unternehmungslustig auf die Piste. Linda und Lena waren schon in der Skischule gewesen, Patti, Simon und ich waren blutige Anfänger. Frank kniete vor uns im Schnee und half uns erst mal in die Skischuhe. Bis wir alle in unserer Montur steckten, musste die Erste schon wieder Pipi. Wir fanden alles lustig, und Frank bewies eine unglaubliche Geduld. Ich wusste, wie sehr es ihn in den Beinen juckte, sich endlich die schwarze Piste runterzustürzen. Aber er blieb tagelang an unserer Seite, hielt mich, stützte mich, legte fürsorglich den Arm um mich, wenn ich im Schlepplift Todesängste ausstand und krampfhaft versuchte, die Spur zu halten.

»Ooooh«, machte Frank und wedelte theatralisch mit seinem Skistock. Linda und Lena lachten sich hinter uns kaputt. »Wir fallen, ooohh …« Mit diesen Worten schubste er mich absichtlich in den weichen Pulverschnee.

»Mistkerl«, fauchte ich lachend, spürte aber, dass ich mich bei ihm anlehnen konnte. Nie würde er mich wirklich zu Fall bringen.

Nach ein paar Tagen pflügte ich mit den Kindern jauchzend ins Tal, und Frank filmte uns mit dem Handy.

Das Wetter war herrlich: strahlend blauer Himmel, Sonnenschein pur, glitzernde Berge. Ich hatte so etwas Schönes noch nie gesehen. Was für eine Lebensqualität hatte Frank mir und den Kindern eröffnet! Früher hatten wir im Winter nur zu Hause im hessischen Nebel herumgesessen.

»Die Mama kann wedeln!«, brüllte Frank begeistert. »Schaut nur, was für ein elegantes Skihaserl eure Mama ist!« Dann jodelte er wie ein echter Tiroler und bremste vor mir, dass der Schnee stob, um mich aufzufangen.

Halb fühlte ich mich verulkt, halb glühte ich vor Stolz, wenn ich auf wackeligen Beinen den Hang runterrutschte. Meine Angst wich der großen Freude, endlich Ski fahren zu können! Na gut, ein bisschen.

Simon und Patti preschten schon bald an mir vorbei, gemeinsam mit Linda und Lena veranstalteten sie Pistenwettrennen. Da konnte ich nicht mithalten.

Frank setzte ihnen Stöcke, sodass sie Slalom fahren üben konnten. Wie bei unserem Bootsurlaub strahlte ich vor Glück, wenn ich sah, wie er sich den Kindern widmete. Er war so eine Bereicherung für uns! Jochen hätte alles Mögliche bemängelt, überall Gefahren gesehen und sich keinen Zentimeter aus seiner Komfortzone herausbewegt!

Doch ich war hier mit Frank. Arm in Arm saßen wir vor der Skihütte in der Sonne, vor uns einen Glühwein, während die Kinder begeistert Kaiserschmarrn und Speckknödel in sich hineinspachtelten. Ach, tat das gut, diesen Traummann samt Bergkulisse auf mich wirken zu lassen! Immer wieder spürte ich die anerkennenden, freundlichen Blicke der anderen.

»Was für eine nette Familie! Wie liebevoll und fröhlich Sie alle miteinander umgehen!«

Frank sorgte stets für gute Laune und spendierte den Nachbartischen eine Runde Schnaps.

»Leg dich in die Sonne, Liebling, für heute hast du genug geleistet!«

Frank schob mir einen Liegestuhl auf die Sonnenterrasse, wickelte mich fürsorglich in eine Wolldecke, versorgte mich mit einem köstlichen Milchkaffee und stob noch einmal mit den Kindern davon, die gar nicht genug kriegen konnten.

»So einen Mann wünsche ich mir auch«, seufzte eine Dame im rosa Skianzug neben mir. »Wo haben Sie den bloß aufgegabelt? Und dann noch vier Kinder!«

»Tja«, sagte ich und musste mir in die Skihandschuhe beißen, um nicht zu weinen vor Glück. »Aber glauben Sie, es war auch ein riesiges Stück Arbeit, bis wir so weit waren.«

Meine grenzenlose Trauer über die Weigerung von Jochen, Ernestine, Susi und Pauline, noch etwas mit mir zu tun haben zu wollen, behielt ich für mich. Auch von meiner verlorenen Freundin sagte ich nichts. Alles hat seinen Preis, dachte ich. Und ich war bereit, ihn zu zahlen.

15

Das Neue Jahr verlangte mir einiges ab. Die Kinder wurden morgens von mir in vier verschiedene Schulen gebracht, was ein echter Kraftakt war und äußerste Disziplin voraussetzte. Lena ging noch zur Grundschule, Linda in die Realschule, Simon besuchte die Waldorfschule und Patti das Gymnasium. Die Kinder – das hatten Frank und ich uns in die Hand versprochen – sollten durch die veränderten Umstände keine Nachteile haben. Frank und ich waren zum Glück einer Meinung: Erst kamen die Kinder, dann wir. Frank übernahm die finanzielle Verantwortung für die Familie, und ich managte unseren Alltag.

Nachdem Linda und Lena sich für uns entschieden hatten, war Heidrun tatsächlich für ein Jahr nach Indien verschwunden, was uns half, die Mädchenherzen ganz für uns zu gewinnen. Hinzu kam, dass meine inzwischen erwachsene Patti eine wunderbar fürsorgliche große Schwester war. Und Simon mit seinen nun vierzehn Jahren der zweite Mann im Haus.

Frank verließ frühmorgens mit uns das Haus und arbeitete bis zu vierzehn Stunden in der Bank. Oft hatte er danach noch Kundenbesuche zu machen, denn er hatte sich zu Zeiten der Wirtschaftskrise auf die Sanierung von maroden Firmen spezialisiert. Mir war bewusst, dass er für unseren Lebensstil aufkam, und dass ich ihm entsprechend den Rücken freihalten musste. Aber das tat ich gern. Meine neue Aufgabe füllte mich aus. Das große Haus, der Garten, der Haushalt mit vier Kindern – all das war mein Revier. Ich war die berühmte Frau aus der Fernsehwerbung mit dem eigenen kleinen Familienbetrieb, und mein Selbstbewusstsein wuchs mit jedem Tag.

Wenn Frank spätabends nach Hause kam, zogen wir uns kuschelige Sachen an, dicke Socken und weich gespülte Pullover. Und wie in der Fernsehwerbung beendeten wir den Tag bei romantischem Kerzenlicht und mit klassischer Musik. Alles war perfekt. In dieser Zeit griff ich fast täglich zur Videokamera, um unser Glück festzuhalten. Es war, als wollten wir der ganzen Welt beweisen, wie sehr wir uns in jeder Hinsicht verbessert hatten. An den Wochenenden spielten wir Brettspiele oder Ratespiele. Am lustigsten waren die Pantomime-Vorstellungen, bei denen wir oft Tränen lachten. Frank war so geistreich und trotz einer anstrengenden Arbeitswoche stets zu Späßen aufgelegt. Wie hatte seine Heidrun da nicht vor Glück schreien können? Nein, inzwischen war ich mir sicher, dass sie einfach die Falsche gewesen war. In frivolen Stunden unkten wir, dass sie eigentlich viel besser zu Jochen gepasst hätte.

Frank und ich hatten uns geschworen, niemals stumpfsinnig vor der Glotze zu sitzen, und auch der Laptop hatte in unserem Wohnzimmer nichts verloren. Stattdessen lasen wir uns gegenseitig aus unseren Lieblingsbüchern vor. Frank war wissbegierig und an allem interessiert. Als er eingezogen war, hatte er nichts außer Fachliteratur besessen. Ich dagegen hatte Hunderte von Romanen, die ich teilweise mehrmals gelesen hatte. Wir wurden nicht müde, uns gegenseitig mit unserem Wissen zu füttern: Er erklärte mir viel über Wirtschaft und Politik, während ich ihm meine Lieblingserzählungen von den großen Meistern des zwanzigsten Jahrhunderts vorlas. Jeden Abend legte er den Kopf in meinen Schoß, und ich eröffnete ihm die Welt von Gerhart Hauptmann, Arthur Schnitzler, Stefan Zweig, Heinrich und Thomas Mann. Er hörte aufmerksam zu, und anschließend sprachen wir lange darüber.

Nein, diese Beziehung würde niemals schal werden, über dieses Glück würde sich niemals der staubige Vorhang der Langeweile senken. Wir setzten alles daran, dieses zweite Leben zu etwas ganz Kostbarem, Einzigartigem zu machen. Es war, als würden wir in warmem, weichem Wasser schwimmen, auf das verheißungsvolle Land der Zukunft zuhalten. Zurückschauen war verboten. Denn die Vergangenheit war schon viel zu weit weg.

Nach einem Jahr ungetrübten Glücks meldete sich zu meinem Erstaunen Jochen telefonisch bei mir, obwohl sich der jeden Kontakt verbeten hatte. Die Kinder schauten zwar ab und zu bei ihm vorbei, doch ihre Besuche wurden immer seltener.

»Hallo Jochen! Was für eine Überraschung! Wie – geht es dir?«

»Ich brauche deine Hilfe, Linda!«

»Jochen? Weinst du etwa?« Mein Herz fing an zu rasen. Er wollte mich doch nicht etwa überreden, zu ihm zurückzukehren?

»Was ist passiert, Jochen?«

Er hatte einen Motorradunfall gehabt. Dabei war ihm das Motorrad aufs rechte Bein gefallen, das mehrfach gebrochen war.

Jochen fuhr Motorrad? Der ängstliche Stubenhocker Jochen? Der sich zu nichts aufraffen konnte?

Sofort ließ ich alles stehen und liegen und fuhr zu ihm ins Krankenhaus. Fast war ich erleichtert, dass er endlich Kontakt suchte und sein beleidigtes Schweigen brach. Vielleicht konnten wir doch noch Freunde sein?

Er sah elend aus, und er tat mir schrecklich leid. Er hatte stark abgenommen, seine Haare waren fast weiß, und sein Bart war ab. Sein Bein steckte in einem Gips, und er hielt sich an einer Schlaufe über seinem Bett fest.

»He, du! Was machst du denn für Sachen!« Etwas verlegen umarmte ich ihn, und sein vertrauter Duft schlug über mir zusammen wie der einer früheren Lieblingswolldecke.

»Tut mir leid, dass ich dir zur Last falle, Linda, aber ich weiß nicht, wen ich sonst um Hilfe bitten soll …«

»Jochen! Das ist doch überhaupt keine Frage!« Ich schüttelte ihm das Kopfkissen auf und versprach, frische Klamotten zu bringen. »Wie ist denn das passiert?«

Jochen erzählte, dass er – um die neue Leere in seinem Leben zu füllen und auch, weil er sich meine Vorwürfe zu Herzen genommen hatte – den Motorradführerschein gemacht hatte. Und bei einer seiner ersten Ausfahrten in den Taunus hatte er das schwere Ding nicht mehr halten können, woraufhin es ihm auf das Bein gefallen war.

Er weinte. »Seit du nicht mehr da bist, geht alles schief … Die Kinder melden sich kaum noch, ich habe alles verloren!«

Ich streichelte ihm hilflos die Hand. »Wie geht es deiner Mutter?«, beeilte ich mich, das Thema zu wechseln.

»Sie ist im Juli gestorben.«

»WAS?« Wehmut erfasste mich. »Ernestine ist – tot?«

»Ja. Sie wurde immer weniger und hat auch geistig stark abgebaut.«

Tränen liefen über meine Wangen. »Dabei hätte ich mich gern weiter um sie gekümmert. Auch auf ihre Beerdigung wäre ich natürlich gekommen«, schluchzte ich. Die Vorstellung, dass Jochen ganz allein hinter dem Sarg seiner Mutter hergegangen war, konnte ich kaum ertragen. Während wir so viel Spaß und Freude hatten! An dem Tag, an dem Ernestine gestorben war, hatten wir eine Reise nach Hamburg, Franks Heimatstadt, gemacht. Sorglos und ahnungslos waren wir auf der Außenalster herumgeschippert, mit dieser neuen Leichtigkeit des Seins. Unfassbar, dass Ernestine in einem dunklen, muffigen Zimmer gestorben war, während wir bei blauem Himmel das Leben genossen hatten. Kam ich wegen so was in die Hölle? Meine Oma hätte mir das eingeredet.

»Warum hast du mich nicht informiert? Ich wäre sofort gekommen!«

»Du warst ausdrücklich nicht eingeladen«, schniefte Jochen. »Mutter hat es in ihrem letzten Willen verfügt. Sie hat noch gesagt, dass du die Enttäuschung ihres Lebens bist.«

O Gott. Das saß. Welch herber Schlag! Ich starrte an die Wand und konnte lange nichts sagen.

»Jochen, wie kann ich dir nur begreiflich machen, dass ich euch nie wehtun wollte. Aber ich musste einfach gehen!«

Jochen schüttelte nur stumm den Kopf. »Du hast auch mein Leben zerstört, Linda.«

Ich richtete mich auf und holte tief Luft.

»Nein, Jochen. Du bist erwachsen. Du bist selbst für dein Leben verantwortlich.«

Schweigen. Gekränktes, verletztes Schweigen.

»Weißt du noch, wie wir schon einmal befürchtet haben, dass Ernestine stirbt?« Erinnerungen kamen hoch, die ich lange verdrängt hatte. Damals waren wir auch in diesem Krankenhaus gewesen. Ernestine hatte auf der Intensivstation gelegen, und wir mussten uns in diese grünen Schutzanzüge hüllen, Mundschutz und Käppi aufsetzen.

Mit dünnem Stimmchen hatte Ernestine gesagt, sie wolle die Kinder noch mal sehen.

»Weißt du noch, wie wir sie für deine Mutter hinter der Glaswand hochgehalten haben, und wie sie mit ihrer mageren Hand, an der die Schläuche und Kabel hingen, gewinkt hat?«

»Und wie die Kinder zurückgewinkt und Kusshände geworfen haben?«

Jetzt weinten wir beide.

»Aber Mutter ging es danach wieder besser, und sie hat sich wieder erholt.«

Jochen seufzte. »Diesmal hat sie sich nicht wieder erholt. Es hat ihr das Herz gebrochen.«

Wieder wurde ich von Panik überschwemmt. Ich schüttelte mich resolut.

»Nein, Jochen, das zieh ich mir nicht an! Unsere Ehe ist gescheitert, die Gründe dafür müssen wir uns nicht immer wieder gegenseitig aufs Brot schmieren. Aber am Tod deiner Mutter bin ich nicht schuld! Sie war neunzig. Sie wäre sowieso irgendwann gestorben. Also – morgen bringe ich dir wie versprochen frische Wäsche. Bis dann.« Ich umarmte Jochen, doch er drehte das Gesicht zur Wand.

16

Frank hatte große Freude daran, mir originelle Geschenke zu machen, bei denen ich immer etwas lernte. Zu meinem siebenundvierzigsten Geburtstag bekam ich ein dreitägiges Skipper-Sicherheitstraining: Bekämpfung von Wasser und Feuer an Bord, Handhabung von Seenotsignalmitteln, Einstieg in die Rettungsinsel – das volle Programm.

Frank hatte mich längst mit seiner hanseatischen Bootsleidenschaft angesteckt. Er wollte unbedingt, dass wir gemeinsam den Bootsführerschein machten. Unsere Urlaube auf türkisblauem Meer waren das Schönste gewesen, das wir je erlebt hatten.

Simon war schwer beeindruckt, und Patti versprach, während des Trainings auf die Mädels aufzupassen.

»Viel Spaß, macht euch keine Sorgen, wir sind schon groß!« Die nette Frau Landwehr, unsere Vermieterin, war auch noch nebenan, sodass ich mich entspannt mit meinem Helden ins Abenteuer stürzen konnte.

Ein bisschen mulmig war mir schon, als wir zu unserem Kurs aufbrachen, aber ich wollte es Frank beweisen, dass ich nicht aus Zucker war. So fuhren wir wieder mal in Franks geliebtes Hamburg, aber diesmal stiegen wir nicht in unserem Lieblingshotel an der Alster ab, um kuschelige Stunden zu erleben. Wir wohnten in einer Art Seemannsheim, und Frank lobte mich mehrfach für meine Tatkräftigkeit und Tapferkeit. Mit Heidrun hätte er so etwas nie machen können, die wäre viel zu zimperlich gewesen. Die fror, sobald es regnete, und verkroch sich dann mit einem Buch im Bett. Ich hingegen wollte ihm beweisen, dass ich eine Frau war, mit der man Pferde stehlen konnte. Die seiner wert war.

Ich biss die Zähne zusammen und ließ mich von dem Ausbilder, einem ehemaligen Marineoffizier, in die Mangel nehmen, bis ich das Training als einzige Frau unter elf Männern bestanden hatte. Ein unbeschreibliches Glücksgefühl durchströmte mich, als man mir die Urkunde überreichte.

Keine Frage, dass Frank vor Stolz und Liebe glühte.

»Du bist ein Wahnsinnsweib, Linda«, flüsterte er mir ins Ohr. »Die anderen beneiden mich um dich! Ich wusste es vom ersten Moment an – gleich als ich dich an der Hecke gesehen habe: Die und keine andere, schoss es mir damals durch den Kopf.«

Ich sah mich wieder als Sechzehnjährige auf der Kirmes stehen, voller Sehnsucht nach Aufmerksamkeit und Liebe. Ein überflüssiges kleines Mädchen, das nichts konnte, nichts hatte und nichts war. Und jetzt, dreißig Jahre später, genoss ich die Anerkennung und Wertschätzung, die ich mir immer gewünscht hatte. Von diesem fantastischen Mann, der mir völlig neue Welten erschloss.

Am Abschlussabend saßen wir mit dem Ausbilder und anderen Teilnehmern am Lagerfeuer und sangen Seemannslieder zur Gitarre. Wir tranken Bier aus der Flasche und schmiegten uns glückselig aneinander. Ich genoss die bewundernden Blicke der anderen Männer, aber ich liebte nur Frank.

Kurz dachte ich wieder schuldbewusst an Jochen. Aber ich war schließlich kein Kamel, um das man feilschte. Und kein Heideröslein, das man pflückte. Ich selbst hatte diese Entscheidung getroffen, und alles war gut: Endlich war ich angekommen.

Zu Hause wurden wir jubelnd begrüßt: »Wow, Mama, dass du das geschafft hast!«, rief Simon.

»Allerdings, ich bin auch ganz stolz auf sie. Zur Feier des Tages lade ich euch alle zum Essen ein!«, rief Frank.

Als wir im Restaurant saßen, fiel mir wieder auf, wie geschickt Linda und Lena Frank um den Finger wickeln konnten. Die jungen Damen schauten nicht auf die Preise. Während meine zwei bescheiden ein Mineralwasser bestellten, wollten Linda und Lena frisch gepressten Orangensaft. Und bekamen ihn auch: ein Glas, dann noch eines und schließlich ein drittes. Beim Essen war es dasselbe. Wir, die Albrechts, achteten darauf, dass ein Hauptgericht unter zehn Euro kostete. Bei den Hellwein-Prinzessinnen durfte es nur das Allerfeinste sein: Spargel zum Beispiel oder das allerteuerste Steak auf der Karte.

Ich wollte auf keinen Fall diese Heidrun-Nummer abziehen und eine Spaßbremse sein. Die Kinder sollten essen, worauf sie Lust hatten. Solange Frank zahlte, hatte ich mich da nicht einzumischen. Aber so richtig gerecht fand ich das nicht: Seine Prinzessinnen wurden in letzter Zeit eindeutig bevorzugt. Einen dicken Eisbecher zum Nachtisch gab es nur für sie. Patti und Simon mussten sich dagegen anhören, sie sollten sich doch mal ein bisschen beherrschen und mitrechnen. Nur weil sie älter waren? Zweifel beschlichen mich. Ich hatte kein eigenes Geld für meine Kinder, schließlich stemmte ich die gesamte Hausarbeit. Das war so vereinbart, ich hatte es nicht anderes gewollt. Aber Frank hatte die Kreditkarten. Egal. Das waren alles nur Kleinigkeiten – war ich nicht gerade reich beschenkt worden? Es fehlte uns doch wirklich an nichts!

Begeistert filmte ich unsere Patchworkfamilie samt neu angeschaffter Haustiere. Mit dem Hund ging ich jeden Morgen joggen, während Kater und Katze maunzend um die Ecken strichen und mir ab und zu eine Maus auf den Küchenboden legten. Die Kinder hatten sie unbedingt haben wollen!

Natürlich blieb die Arbeit an mir hängen, aber das war ja unser Deal gewesen. Meinen Teil der Verabredung hielt ich auf jeden Fall unbedingt ein: aufräumen, einkaufen, putzen, waschen, kochen, Kinder bringen, Kinder holen. Hausaufgaben betreuen, spielen. Und dabei immer gute Laune haben.

Dass Frank keinen Handgriff im Haushalt tat, störte mich manchmal ein bisschen. Wenigstens den Müll hätte er rausbringen können. Oder den Bierkasten aus dem Auto heben. Jochen hatte so etwas selbstverständlich getan. Schluss mit den Vergleichen, das führt zu nichts!, dachte ich und rief mich wieder zur Ordnung: Frank arbeitet in der Bank, verdient spitzenmäßig, ermöglicht uns dieses Traumleben samt Reisen, während ich für Heim und Hof zuständig bin.

Und für die Kindererziehung. Auch für seine Mädels. Das war vielleicht das Schwierigste: Einerseits wollte ich die allerliebste Mama sein, andererseits musste ich auch dann und wann Grenzen setzen.

»Ich will Hasen«, jammerte Linda eines Morgens beim Frühstück. »Die sind so süüüß!«

»Ich will auch Hasen«, fiel Lena sofort mit ein. »Zum Kuscheln!«

Ich warf Frank einen fragenden Blick zu. Eigentlich hatten wir schon genügend Tiere. Von den Fischen in unserem Biotop und den beiden Schildkröten Amanda und Amalie ganz zu schweigen. Natürlich hatte jedes Kind seine Aufgaben. Aber wenn Linda und Lena die ihren schleifen ließen, konnte ich es Patti und Simon schlecht verdenken, wenn sie sich ähnlich verhielten.

Mit diesem »dein Kind« und »mein Kind« wollte ich erst gar nicht anfangen. Denn das wäre der Anfang vom Ende.

Und wenn ich mich vor etwas fürchtete, dann davor, dass auch mein neues Leben in sich zusammenfiel wie ein Kartenhaus. Diesen Triumph würde ich meinen Feinden niemals gönnen! Wir bekamen das schon hin, wir waren unbesiegbar.

»Ich will bitte-bitte-bitte einen Haaaasen«, quengelte Linda erneut und ließ ihr Frühstücksei stehen, weil es nicht so perfekt gelungen war, wie sie das gewöhnt war.

»Natürlich kriegst du einen Hasen«, hörte ich mich sagen. »Und Lena auch.«

Patti legte Kleinkindergehabe an den Tag und wollte auch einen. Na schön.

Frank, mein spontaner großzügiger Mann, kaufte noch am selben Tag drei süße kleine Nager, und so kam es, dass Pommes, Flöckchen und Knuffel auch noch bei uns einzogen. Simon und Frank bauten einen Verschlag für sie im Garten. Männerarbeit. Währenddessen hatten sie die Stereolange aufgedreht und hörten »abgefahrene Mucke«. Die Mädchen streichelten die Häschen, der Hund wälzte sich im Gras, und die Schildkröten knusperten an meinen Salatköpfen herum. Frau Landwehr winkte.

Ach, wie ich sie alle liebte! Sofort löste sich alles in Wohlgefallen auf, und ich sah nichts als Schönwetterwölkchen am Horizont. Kinder, Pubertät, Launen. Ich wollte unseren Kindern nicht alles verbieten. Denn ich hatte früher nie etwas gedurft außer existieren.

Ich schaute aus dem Küchenfenster und wärmte mich an diesem Anblick von Harmonie. Ich wollte, dass alle glücklich waren. An diesem Traumziel, das wir nun erreicht hatten, wollte ich um jeden Preis festhalten. Immer mehr verblasste das Bild vom weinenden Jochen, seiner toten Mutter, einer hasserfüllten Susi, einer Gift sprühenden Michaela, einer frustrierten Heidrun und ehemaligen Nachbarn, die mich nicht mehr grüßten: Das war nicht mehr meine Welt.

Ich wollte leben und leben lassen: Patti, Simon, Lena und Linda durften Freunde einladen, wann immer sie wollten. Im Schwimmteich war stets eine Horde Jugendlicher, auf dem riesigen Trampolin sprang ein Haufen Kinder herum, die Schaukeln flogen hoch und höher, und selbst als Patti mal mit Freundinnen an der Hecke eine rauchte, ließen wir das durchgehen. Frank und ich waren coole, aufgeschlossene Eltern. Es war, als wollten wir der ganzen Welt beweisen, dass unser Entschluss, zwei Familien auseinanderzureißen und eine neue daraus zu machen, richtig gewesen war.

Eines Abends meldete auch Patti einen ausgefallenen Wunsch an:

»Ich möchte einmal mit dem Heißluftballon fliegen!«

»Das heißt Ballon fahren«, erklärte Frank. »Aber warum nicht! Am Wochenende? Und die anderen Kinder kommen auch mit.«

Und während ich den Rasen mähte und mich Franks Hemden widmete, flog er mit meinen Kindern über die Wolkenkratzer dieser Stadt.

17

Was für ein Krach! Simon, mach den Scheiß leiser!«
Frank stürmte in die Küche. »Was soll denn das, Mensch!
Ich hab den ganzen Tag gearbeitet, und jetzt komme ich in so
eine Räuberhöhle! In der Einfahrt lag ein Fahrrad. Und wieso
steht das Gartentor offen? Die Hunde können einfach so abhauen«, tobte er, riss sich die Krawatte vom Hals und pfefferte
sie auf den Küchentisch.

Mein Liebster hatte schlechte Laune. Das konnte vorkommen
bei all dem Stress. Ich beeilte mich, ihm ein kühles Bier hinzu-
stellen und ihm die Pantoffeln zu bringen.

Was tue ich hier eigentlich?, schlug der Blitz der Erkenntnis
ein. Dieses Leben wollte ich doch eigentlich nicht führen. Gleich
darauf wies ich mich in die Schranken:

Du bist die Familienmanagerin, also Ruhe bewahren. Die
Wogen glätten. Tief ein- und ausatmen.

Frank kickte die Pantoffeln beiseite. »Willst du mich beleidi-
gen? Ich geh erst mal ne Runde laufen! Stress abbauen.« Er
stampfte nach oben, um kurz darauf in Joggingklamotten wieder
runterzupoltern. »Und wenn ich wiederkomme, ist hier aufgeräumt! Klar?!«

Wütend stopfte er sich die Kopfhörer in die Ohren und stob
davon.

Puh. Das musste ja mal kommen. Auch in Traumfamilien knallt
es mal. Simon war jetzt mit fünfzehn voll in der Pubertät, und es

regierte das Chaos. Natürlich durfte sein teures Mountainbike nicht einfach so in der Einfahrt herumliegen.

Ich straffte die Schultern, klopfte an der Tür zu Simons Räuberhöhle, aus der mir ohrenbetäubender Krach und ein Gestank nach krankem Panther entgegenschlug, und nahm mir mein Kind zur Brust. »Simon. Mach Frank nicht wütend. Er hat so viel für uns getan, okay? Räum dein Zeug weg.«

»Frank ist in letzter Zeit voll scheiße drauf«, maulte mein Sohn. »Immer hat er schlechte Laune und ist voll ungerecht!«

»Ach, komm!« Ich klopfte Simon beschwichtigend auf den Arm. »Alle haben mal Stress. Was meinst du, wie die Wirtschaftskrise ihm zusetzt! In der Bank kriselt es mächtig, und Frank hat Angst, dass man ihm kündigt. Stell dir vor, du hättest einen blauen Brief bekommen und müsstest um deine Versetzung fürchten.«

»Echt? Ist es so schlimm?«

»Wir wollen den Teufel nicht an die Wand malen. Ich will ja nur, dass du dich in Franks Lage versetzt. Er ist so ein feiner Kerl, und das weißt du auch.«

»Der ist voll in der Midlife-Crisis«, setzte mein Sohn nach.

Ich schüttelte ihn leicht und lächelte ihn aufmunternd an: »Lass uns zusammenhalten, ja? Du warst mir so eine Hilfe beim Umzug! Ich vertraue dir voll.«

Simon erhob sich zu seiner vollen Länge, umarmte mich und trabte dann willig in den Garten, um aufzuräumen.

Währenddessen beeilte ich mich, das Abendessen für Frank fertig zu bekommen. Als er verschwitzt und ausgepowert wiederkam, war er schon besser drauf.

»Tut mir leid wegen vorhin, Süße. Ich hatte Probleme in der Bank.«

»Schon gut«. Er umarmte mich, und auch wenn er schweiß-verklebt war: Ich liebte ihn.

»Möchtest du jetzt ein Bier?«

»Nee, erst mal Mineralwasser. Gegen den Durst.«

Ich suchte hektisch in der Vorratskammer nach einer vollen Flasche, aber die Kästen enthielten nur Leergut. Verdammt! Hatten die Kinder alles ausgetrunken.

»Tut mir leid, Liebster, ich fürchte ich kann dir nur noch Leitungswasser …«

»Das ist doch wohl nicht zu FASSEN!«

Jetzt drehte Frank erst richtig auf. »Wer BIN ich denn!? Die Kinder trinken das Mineralwasser, und ich darf aus der Leitung saufen wie ein alter Esel? Kannst du denn nicht einmal für ein bisschen Respekt sorgen?«

Ich wollte ihm gerade erklären, wie sehr wir ihn alle schätzten und respektierten, als er mich zur Seite stieß und die Treppe hochdonnerte, um zu duschen.

So kannte ich ihn gar nicht! Plötzlich konnte ich mich in Heidrun hineinversetzen. War es so gewesen? War es das, was Michaela gemeint hatte? Dass es immer nur um ihn ging? War er ein Blender, der ganz andere Saiten aufzog, wenn sein Charme erst mal erschöpft war?

Quatsch. Blödsinn. So war Frank nicht. Er war auch nur ein Mensch, der harte Zeiten hatte.

Ich hörte ihn im Badezimmer weiterschreien.

»Was soll denn DER Scheiß wieder? Kann Patti ihr Schminkzeug nicht woanders hinstellen?«

Mich beschlich so eine Ahnung, und ich rannte hinauf. Mit einer einzigen Handbewegung fegte er gerade die Ansammlung von Pinseln, Quasten, Puder, Lippenstift und Mascara zu Boden. Der kleine goldene Schminkspiegel, den ich Patti zum neunzehnten Geburtstag geschenkt hatte, zerbrach. »Hat die gnädige Frau kein eigenes Badezimmer?«

»Halt, Frank, mach mal halblang!« Ich ging in die Hocke und sammelte das Zeug wieder auf. »Sie hat sich heute vor unserem großen Spiegel geschminkt, weil das Licht hier besser ist und weil sie zu einer Party wollte …«

»Ach! Immer nur Ansprüche stellen, und was ist mit mir?« Wütend knallte Frank die Tür der Duschkabine hinter sich zu. Fassungslos sah ich zu, wie er sich tobend einseifte. Das war ein ganz anderer Frank als der, der mich noch gestern zärtlich in diese Dusche gelockt und nach allen Regeln der Kunst verführt hatte.

Was hatte ich ihm nur getan? Bei einer so großen Familie konnte nicht jedes Ding wie angeschraubt auf seinem Platz stehen!

Es musste in der Bank wirklich etwas Schlimmes vorgefallen sein, dass er so ausrastete.

Angelockt von dem Lärm standen plötzlich auch Linda und Lena in der Badezimmertür.

»Wieso ist Papa so sauer?«

»Ach, es ist nichts, ihr Süßen. Lasst uns nach unten gehen und ein Spiel spielen.«

Ich schob die Mädels aus der Tür.

Wir hatten gerade die Halmafiguren aufgestellt, als Frank aus dem Schlafzimmer brüllte: »Wo ist mein rosa Hemd?«

»Es hängt im Schrank«, rief ich, nun schon nicht mehr ganz so zuckersüß. Pascha! Ich verdrehte die Augen.

Das hätte sich Jochen mal erlauben sollen! Jochen bügelte seine Hemden schön selber.

»So.« Ich wandte mich an Lena. »Bin ich schon dran?« Mit zitternden Fingern hüpfte ich über die Spielfiguren. »Ha, diagonal geht auch.«

»Mein rosa Hemd! Ich finde es nicht!«

»Lena, mach weiter. Aber nicht mogeln.« Ich sprang auf und rannte wieder nach oben.

Frank stand wutschnaubend vor dem Schrank. »Was ist denn das für ein Chaos!«

»Hier ist doch dein rosa Hemd.« Ich hielt es ihm hin.

»Das meine ich nicht!« Gereizt warf er es zu Boden. »Ich meine das andere rosa Hemd!«

»Okay, Frank Hellwein«. Ich stemmte die Hände in die Hüften. »Für heute reicht es mit deinem Geschrei. Ich gehe jetzt runter und spiele Halma. Und wenn du dich endlich beruhigt hast, gibt es Essen.«

Jetzt hatte er mich aber echt angesteckt mit seiner schlechten Laune! Diesmal zitterten meine Hände vor Wut, als ich meine Spielfiguren über das Brett hüpfen ließ.

Nach zehn Minuten kam Frank in einem neuen rosa Hemd die Treppe herunter. Er hatte seine Aktentasche dabei und war frisch rasiert.

»Ich muss noch mal weg!«

»Ja, und das Essen …?«

»Wartet nicht auf mich, es kann später werden!«

Peng!, fiel die Tür hinter ihm zu.

»Ach, Linda, das ist ja ein ganz neues Gesicht, das dein Frank da zeigt.«

Ich saß bei Barbara und rührte verdrossen in meinem Tee. Natürlich hatte ich ihr brühwarm mein Herz ausgeschüttet. Sie hatte mit ihrem Manfred auch gerade Ärger, und so blieben wir gleich beim Thema.

»Unsere Alphamännchen leiden eindeutig unter der Wirtschaftskrise und lassen ihren Frust zu Hause aus.«

»Deiner geht wenigstens nicht fremd«, sagte Barbara. »Oder etwa doch?«

»Nein!«, empörte ich mich. »Das würde Frank niemals tun. Dafür lege ich meine Hand ins Feuer.«

»Und? Ist er denn wiedergekommen an diesem Abend?«

»Natürlich.« Ich musste lächeln. »Er war total bezaubernd und hat sich tausendmal entschuldigt. Da wäre noch ein ungelöster Fall in seinem Büro gewesen, den hätte er noch abgearbeitet. Und danach war alles wieder gut.«

»In seinem neuen rosa Hemd.«

»Ja. Mein Gott, was weiß denn ich! Er meinte, es wäre noch eine späte Vorstandssitzung einberufen worden, und er sei megamäßig unter Stress gestanden.«

»Und?«, fragte Barbara. »Glaubst du ihm?«

Ihr Blick bohrte sich so forschend in meine wunden Eingeweide, dass ich den Kopf in den Nacken warf und ein schnaubendes Lachen ausstieß.

»Ja, natürlich!« Dass sie so etwas überhaupt fragen konnte! »Weißt du, was da gerade los ist in der Privatbank? Die fusionieren mit anderen Geldinstituten, und in der Führungsetage rollen die Köpfe. Frank sagt, da wurden Leute entlassen, die schon länger dort arbeiten als er!«

Barbara lehnte sich zurück und drehte ihre Tasse in den Händen. »Ich wünsche es dir so!«, sagte sie warmherzig. »Dass er deiner wert ist.«

»Klar ist er das!«, brauste ich auf. »Ich frage mich vielmehr, ob ich ihm überhaupt genüge!«

»Ist er eigentlich inzwischen geschieden? Was tut sich an der Heidrun-Front?«

»Das kommt ja auch noch dazu.« Ich zog eine Grimasse. »Seine Heidrun ist aus Indien zurück und macht ihm Stress wegen der Mädchen. Sie will auf einmal das Sorgerecht zurück.« Ich erzählte ihr von dem üblichen Scheidungsschmutz, dem mein Frank nun doch ausgesetzt war. Kein Wunder, dass der Mann überempfindlich reagierte, wenn er hier wie da um sein Ansehen und seine Existenz bangte und sowohl in der Bank wie auch beim Familiengericht mit Widrigkeiten kämpfen musste. Und das alles mit vier Kindern, Hund, Katz und Ehefrau, die auch noch beglückt werden will. Welcher Mann wäre da nicht ausgerastet?

»Heidrun will den ganzen Zugewinn, Unterhalt, du kannst es dir ja denken. Drei Siebtel seines Gehalts, und das tut weh. Sie hat einen scharfen Anwalt auf ihn gehetzt.«

Barbara hörte mir aufmerksam zu. »Kein Wunder, dass da bei Frank die Sicherung durchbrennt.« Sie beugte sich vor und legte ihre Hand auf meine. »Im Gegensatz zu meinem Manfred ist er dir also treu. Und das ist mal das Wichtigste.«

Meine arme Barbara durchlitt nun schon die fünfte oder sechste Affäre, die ihr Manfred sich leistete. Sie wollte nur keine Scheidung, weil ihre Kinder und sie es hier wirklich schön hatten und das gewohnte Umfeld nicht verlieren wollten. Sie lebten auf Manfreds Fabrikgelände in einem herrschaftlichen Anwesen mit Tennisplatz, Swimmingpool und Golfplatz nebenan. Barbara hatte nach außen hin alles, aber innerlich war da eine große Leere.

»Ja. Aber mein Traummann hat auch erste Kratzer im Lack bekommen«, stellte ich lakonisch fest. »Hoffentlich zeigt er diese cholerischen Züge jetzt nicht öfter.«

»Und wenn«, sagte Barbara, »musst du trotzdem zu ihm halten. Überleg doch mal, was er alles für dich aufgegeben hat. Der hat deinetwegen auch Federn gelassen, nicht nur umgekehrt.«

Barbara mochte Frank inzwischen. Nach anfänglicher Skepsis hatte er mit seinem Charme auch bei ihr gepunktet.

»Ich weiß«, seufzte ich. »Es belastet mich sehr, dass er meinetwegen so eine hässliche Scheidung hat.« Ich schluckte.

»Aber Liebes, ihr habt es doch überwiegend prima«, versuchte Barbara mich aufzumuntern und griff nach meinem Handy, auf dem wir gerade noch Urlaubsfotos geschaut hatten. »Sag, ist das nicht das Ferienhaus, das du mit Jochen hattest?« Sie setzte ihre Lesebrille auf und sah genauer hin.

»Ja, das ist unser Haus in Torremolinos, das wir den Kindern vererben werden. Jochen und ich haben uns darauf geeinigt, dass wir es abwechselnd benutzen dürfen.«

Barbara sah mich über ihren Brillenrand erstaunt an. »Wie großzügig von Jochen!«

»Hör mir auf, Jochen schönzureden! – Schau, der gestählte, braun gebrannte Held da auf dem Surfbrett, das ist Frank!«

Ich grinste sie schief an.

»Wow!« Barbara stieß einen Pfiff aus. »So einen Body hat dein Frank? Im Vergleich dazu ist ein kleiner Wutanfall wegen eines rosa Hemdes leicht zu verkraften!«

Ich nickte. »Du hast recht, Barbara. Ich darf das nicht überbewerten. Bald ist Bootsführerschein-Prüfung. Ich hoffe nur, ich schaffe das!«

Barbara zündete sich eine Zigarette an und inhalierte tief. »Warum ist ihm der gemeinsame Bootsführerschein eigentlich so wichtig? Ich meine, das kostet wahnsinnig viel Geld und Zeit, und er scheint total versessen darauf zu sein. Genau wie auf dieses Bridge!«

»Weißt du, Barbara, er hat hart gearbeitet, um in diese gesellschaftliche Riege vorzudringen«, versuchte ich zu erklären, was ich manchmal selbst nicht verstand. »Es ist für ihn, einen Polizistensohn aus Hamburg-Wilhelmsburg, der ohne Mutter aufgewachsen ist, einfach irre wichtig, zu gewissen Kreisen zu gehören. Und da spielt man eben Bridge. Oder skippert übers Meer.« Ich legte das Handy auf den Tisch und verschränkte die Arme.

»Natürlich ist auch ein bisschen Imponiergehabe dabei, und wir Frauen durchschauen das. Aber ich liebe ihn für seinen Ehrgeiz, seinen unbedingten Willen, es bis ganz nach oben zu schaffen. Und wenn er jetzt wirklich seinen Job bei der Bank verlieren sollte, muss er auf selbstständiger Basis in genau dieser Gesellschaftsschicht bestehen und präsent sein.«

Barbara schenkte mir Tee nach. »Verstehe. Dein Frank ist schon in Ordnung.«

Ein merkwürdiges Schweigen breitete sich aus. Fast so, als würden wir beide darauf warten, dass die jeweils andere etwas Heiteres, Unverfängliches sagte.

»Wie sieht's denn aus mit deinen Bridgekünsten? Blickst du schon durch?«

»Ich bemühe mich«, griff ich den Themenwechsel dankbar auf.

»Weißt du, wie sehr ich dich bewundere?«, streichelte Barbara mein angeknackstes Ego. »Was du alles in Angriff nimmst! Joggen, Skifahren, Bootsführerschein und jetzt auch noch dieses unsägliche Kartenspiel! Du wächst über dich selbst hinaus! Er tut dir gut. Du blühst auf, Linda.«

Ja, genau das wollte ich hören! Inzwischen bridgte ich nämlich gar nicht mal so schlecht. Frank hatte es mir einen ganzen Monat lang jeden Abend beigebracht. Mit viel Liebe und Geduld. Wie im Abendgymnasium. Und auch jetzt bombardierte er mich täglich mit Wissen.

»Eure Disziplin ist bewundernswert. Ich könnte das nicht.« Barbara stand dazu, dass sie sich abends am liebsten seichte Serien im Fernsehen anschaute, um sich von ihrem Ehedesaster abzulenken.

»Wir spielen inzwischen in einem ganz feinen Klub in Wiesbaden. Das ist für Frank aus soeben erwähnten Gründen sehr wichtig. Achtundzwanzig DIN-A4-Seiten mit lauter Regeln hat er mir aufgeschrieben. Du weißt, er war schon in der Bundesliga, und ich bin eine blutige Anfängerin.« Ich rieb mir die Nase. »Am Anfang habe ich gedacht, das kapier ich nie. Aber ich will ihn auf keinen Fall blamieren. Und mich nicht blöder anstellen, als ich bin.«

»Er kann froh sein, dass er dich hat.«

»Amen!«, sagte ich, und dann mussten wir beide lachen.

18

Darf ich mit meiner Wii spielen, während ihr beim Bridge seid?«

Simon stand im Garten und rollte den Gartenschlauch auf.

Ich schaute auf die Uhr. »Wenn du hier aufgeräumt hast, würde ich sagen, okay. Bis zehn.«

»Nein«, erwiderte Frank in einem Tonfall, der mir in letzter Zeit öfter an ihm aufgefallen war. »Du hast an unserem Wohnzimmer-Fernseher nichts verloren.«

»Aber oben in meinem Zimmer passt die Konsole nicht!«

»Das können wir leider nicht ändern. Los, Linda, steig ein. Die Netthausens warten nicht gern. Hast du die Regeln im Kopf?«

»Ich hab deine achtundzwanzig Seiten hier drin«, sagte ich nervös und zeigte auf meine Handtasche. »Aber auch hier drin.« Ich tippte mir lächelnd an die Stirn, um die Situation zu entschärfen. »Simon, dann spielst du halt nicht Wii. Wir reden morgen drüber, ja? Bleib nicht zu lange auf, du hast morgen Schule!«

»Ich will aber Wii spielen. Das hast du mir versprochen, wenn ich mit der Gartenarbeit fertig bin.«

»Simon! Kein Wort mehr!«

Frank bretterte los. Er war sichtlich angespannt. »Ich frag dich noch mal ab. Wie geht das mit dem Reizen?«

Wenn hier jemand gereizt war, dann er! »Hättest du es Simon nicht erlauben können?«, sagte ich etwas verstimmt. »Der Junge tut doch wirklich sein Bestes. Er hat nicht nur den Rasen gemäht, sondern auch das Gras zusammengeharkt.«

»Simon hat an meiner teuren Anlage nichts verloren.« Dann fragte mich Frank übergangslos in Sachen Bridge ab. Seufzend schluckte ich den Kloß hinunter, der sich in meiner Kehle gebildet hatte. Bestimmt war Frank wegen des Turniers so angespannt. Tapfer stand ich ihm Rede und Antwort und hoffte, meine Hausaufgabe gut gemacht zu haben.

»Brav.« Er legte seine Hand auf mein Bein. »Linda, entschuldige, wenn ich eben etwas überreagiert habe. Es ist einfach im Moment sehr viel auf einmal.«

»Schon gut«, sagte ich. »Simon wird sich schon mit etwas anderem beschäftigen.«

Netthausens waren die reichen Leute, bei denen wir erstmals Bridge spielen sollten. Sie hatten mit Antiquitäten gehandelt und waren dadurch zu viel Geld gekommen. Auch ich freute mich, durch Frank Zugang in diesen erlauchten Kreis zu bekommen: Wir waren ein Team.

»Hast du die Blumen?«

»Natürlich. Sind im Kofferraum.«

»Okay. Lass mich sie überreichen.«

Wolfgang Netthausen stand schon Pfeife rauchend in der Einfahrt, als wir auf die Minute pünktlich vorfuhren. Wow, dachte ich. Was für ein Anwesen! Der hochgewachsene Herr half mir gentlemanlike aus dem Mantel und bot uns einen Aperitif an. Wir bestaunten die antiken Möbel und Gemälde. Wolfgang zeigte uns die holländischen Fliesen des Kachelofens, um sich anschließend über ein Ebenholzschränkchen auszulassen.

»Das war einmal in Besitz von König Ludwig VI.«

Ich hörte auf zu atmen vor lauter Ehrfurcht.

Renate Netthausen zog mich vor ein Bild, das im Salon über

dem Kamin hing: »Schauen Sie, Linda. Dieses Motiv ist für mich Lebensfreude pur. Lauter Menschen, die trotz karger Lebensbedingungen Glück und Zufriedenheit ausstrahlen, junge Mädchen in farbenfrohen Trachten mit roten Wangen auf einer Bank. Kälte und Armut scheinen ihnen nichts anhaben zu können.«

Ich war tief beeindruckt. Nicht nur von der Pracht dieses Hauses, sondern auch von der Herzlichkeit dieser Leute.

Die Gastgeberin hatte wunderbar gekocht. Wir aßen von echtem Meißner Porzellan und tranken fantastischen Rotwein, über den Frank sofort mit Wolfgang fachsimpelte.

Wir Frauen unterhielten uns über die Kinder und Urlaube. Renate Netthausen war so reizend, mich auf thematisch sicheres Terrain zu geleiten. Sie spürte meine Nervosität und war taktvoll genug, mich nicht aufs Glatteis zu führen. Alles in allem war es eine gelöste, unkomplizierte Atmosphäre, doch beim Nachtisch bekam ich schon Herzklopfen wegen meiner bevorstehenden Feuertaufe, dem Bridgespiel. Frank und ich traten gegen die Netthausens an, die das schon seit vielen Jahren machten und aufeinander eingespielt waren.

Kaum war der Tisch abgeräumt, ging es richtig zur Sache.

»Ich bin blutige Anfängerin, ich hoffe, Sie haben Geduld mit mir«, stammelte ich aufgeregt.

»Ja, Bridge ist das Spiel mit den tausend Regeln«, sagte Wolfgang und lachte gutmütig. »Machen Sie sich nichts daraus, wir spielen ja nur zum Spaß.«

Wir setzten uns vorschriftsmäßig gegenüber, Nord/Süd gegen Ost/West. Beim Austeilen der Karten hämmerte mein Herz wie verrückt. Ich wechselte einen bangen Blick mit Frank, für den das eindeutig mehr war als nur Spiel und Spaß.

»Also, wenn ich einen Fehler mache, verzeihen Sie mir bitte«, ging ich nochmals in Verteidigungshaltung.

»So, jetzt hören wir aber auf zu quatschen!«, sagte Frank mit warnendem Unterton.

Das Ehepaar Netthausen sah sich überrascht an und schwieg.

Wir begannen mit dem Bieten, wie Frank es mir tausendmal erklärt hatte. Dann kam die Reizung. O Gott, war das spannend. Ich wollte es können, ich wollte es beweisen! Die Karten klebten regelrecht an meinen Fingern, so verschwitzt waren meine Hände. Dann kam der Moment, an dem ich die erste Karte ausspielte. Zischendes Ausatmen von Frank war die Reaktion.

»Stellst du dich absichtlich dumm?«, tadelte mich sein Blick. Oh. Mist, das war wohl ein Fehler. Ich zuckte zusammen. Was nun? Hilfesuchend sah ich die Netthausens an und wollte schon fragen, ob ich diesen Zug noch mal zurücknehmen könne, doch die lächelten nur milde. »Das ist ein interessanter Anfang.«

Der samtbezogene Biedermeierstuhl mit den handgestickten Pfauenmotiven, der beim Essen noch so bequem gewesen war, gab mir auf einmal das Gefühl, ich säße auf glühenden Kohlen. Unruhig rutschte ich hin und her, denn Frank schien mich mit seinen Blicken förmlich zu durchbohren. Wütend knallte er seine Karte auf den Tisch, und jetzt begriff auch ich: Die Dame wäre besser gewesen. Ach Gott, ich war aber auch nervös!

Renate sah mich beruhigend an, und Wolfgang legte mir väterlich die Hand auf den Arm. »Nur die Ruhe.«

Ich lehnte mich in meinem Zwölftausend-Euro-Stuhl zurück. Ich hätte sterben mögen, so peinlich war mir das Ganze. Stumm starrte ich in mein Blatt.

Die ersten beiden Spiele gewannen die Netthausens. Ich sah Frank an und schluckte angesichts seiner eisigen Miene. »Tut mir leid.« Ich zuckte lahm mit den Schultern.

»Nicht quatschen, spielen!«

Ich erntete noch viel Kopfschütteln, Augenrollen, Seufzen und Schnauben, spielte aber tapfer weiter.

Endlich wendete sich das Blatt, ich konnte einige raffinierte Spielzüge anwenden, und Franks Miene hellte sich langsam auf.

Erleichtert griff ich zu meinem Weinglas, das Wolfgang zuvorkommend wieder aufgefüllt hatte.

Danach konnten Frank und ich noch einige Spiele für uns gewinnen und waren letztlich Abendsieger.

Netthausens lachten gutmütig und gratulierten uns zu unserem ersten Teamsieg.

Als wir uns verabschiedeten, klebte mir mein Kleid am Rücken, trotzdem hatte ich das Gefühl, mich für den Anfang ganz gut geschlagen zu haben. Beide Netthausens umarmten mich herzlich und machten mir Komplimente: »Fürs erste Mal war das geradezu brillant!« Wolfgang küsste mir formvollendet die Hand. »Ich hoffe, wir sehen uns wieder?«

»Das nächste Mal bei uns«, sagte ich nicht ohne Stolz. »Ich freue mich auf Sie und werde fleißig weiterüben!«

Renate lachte. »Wissen Sie, wie lange ich gebraucht habe, um es zu lernen? Jahre! Mein Mann ist fast an mir verzweifelt, aber auch daran merken Sie, was wahre Liebe ist: Er hat viel Geduld mit mir bewiesen.« Die beiden hielten sich an den Händen und strahlten sich an. »Mit Bridge ist es so wie mit Golf: Entweder ein Ehepaar wächst darüber zusammen oder es trennt sich.«

Ich sah beifallheischend zu Frank hinüber, der sich immerhin ein Lächeln abrang.

»Er ist in letzter Zeit so gestresst«, flüsterte ich Renate bei der Umarmung ins Ohr.

»Aber Bridge soll doch Spaß machen!« Renate drückte mich fest. »Trotzdem: Um Sie beide mache ich mir keine Sorgen! Ihr seid ein perfektes Paar.«

Ich lachte hell. »Das haben vor Ihnen schon viele gesagt! Danke und auf bald!«

Winkend stiegen wir ins Auto.

»Reizende Leute.«

Ich schnallte mich an und merkte, dass meine Finger noch immer zitterten. Aber meine Feuertaufe hatte ich doch bestanden? Ich sah Frank von der Seite an.

Im Auto war Frank seltsam schweigsam. Wieder rutschte ich unruhig auf meinem Sitz hin und her und hoffte so sehr, er würde die Hand auf mein Bein legen wie früher. »Wie war ich?«, wollte ich ihn dann doch nicht fragen.

»Wir sind ein perfektes Paar«, sagte ich schließlich in die Stille hinein. Frank ignorierte meine Bemerkung und griff fahrig nach seinem Handy, das er vor dem Spiel ausgeschaltet hatte. *Vier Anrufe in Abwesenheit,* stand auf dem Display.

»Hör ruhig die Mailbox ab«, sagte ich, nur um etwas zu sagen.

»Wie großzügig von dir.«

Seine Stimme triefte nur so vor Spott.

»Frank, was ist denn nur los? Ich wollte doch bloß …«

»Linda, wo warst du heute Abend nur mit deinen Gedanken?«

»Ich habe mich sehr bemüht.«

»Wenn das im Zeugnis steht, weiß man gleich, was es bedeutet: Hat sich sehr bemüht, ist aber zu doof für den Job.«

Ich zog den Kopf ein und starrte aus dem Fenster. Draußen zogen die Bäume vorbei. War ich zu doof für diesen Job? Dafür, Franks Frau zu sein?

Dabei waren wir ja noch nicht mal verheiratet! Die ganze Zeit über bemühte ich mich, ihm alles recht zu machen, funktionierte wie auf Schienen. Weil ich alles auf eine Karte gesetzt hatte. Und diese eine Karte hieß Frank. War er nicht mein Herzbube, mein Ass im Ärmel? Für ihn hatte ich alles aufgegeben, alle anderen Karten zu Nieten erklärt und mit einem Handstreich vom Tisch gewischt. Sogar meine Herzdamen Susi und Paulinchen! Es musste funktionieren. Es musste! Es gab keinen Weg zurück. Und wegen so eines lächerlichen Bridgespiels würde er doch jetzt nicht schon wieder stundenlang verstimmt sein? Ich hatte doch mein Bestes gegeben. Netthausens waren begeistert von mir!

»Frank, es war doch ein gelungener Einstieg. Nächste Woche kommen sie zu uns«, plapperte ich nervös. »Dann sehen sie, was wir für eine tolle Familie sind!«

Frank musterte mich kritisch.

»Warum hast du den Buben gespielt und nicht die Dame?«

»Ich weiß es nicht. Ich dachte …«

»Hättest du die Dame gespielt, hätten wir schon die ersten Spiele gewonnen.« Lautstark legte er den fünften Gang ein. »Deinetwegen haben wir die ersten beiden Spiele verloren.«

»Aber doch nur die ersten beiden …«

»Linda, ich habe es dir mindestens fünfzigmal erklärt: Wenn ich ein Herz reize, musst du mit Pik antworten, jetzt waren wir im falschen Kontrakt!« Seine Stimme wurde schärfer. »Dabei hätten wir die beiden mit links in die Tasche stecken können!«

»Es tut mir leid, Frank … Bitte fahr nicht so schnell.« Und um die Situation zu entschärfen, sagte ich mit schelmischem Unterton: »Nicht mit Wut fahr'n!« Das war unsere gemeinsame Lieblingsstelle aus *Und täglich grüßt das Murmeltier,* über die wir uns immer wieder kaputtlachen konnten.

Aber er war nicht zu Scherzen aufgelegt, und seine Miene war alles andere als liebevoll. Am besten, ich ließ ihn in Ruhe, bis er seine Wut abreagiert hatte. Aber dummerweise saß ich mit ihm im Auto, und draußen raste der schwarze Taunus an uns vorbei.

»Jetzt habe ich Stunden und Stunden in dich investiert, einen ganzen Monat lang, jeden Abend, wie ein Trottel!« Frank schüttelte schnaubend den Kopf. »Was hätte ich mit dieser Zeit alles anfangen können! Als hätte ich nicht schon genug zu tun.«

Ich zuckte zusammen, als hätte er mich ins Gesicht geschlagen. Nein, das konnte ich so nicht stehen lassen. Ich wusste, dass Frank mich auch deshalb so liebte, weil ich ihm etwas entgegenzusetzen hatte. Ich war kein Mäuschen wie sein ehemaliges Heideröslein. Ich hatte Herz UND Köpfchen, Biss und Ehrgeiz. Wenn ich einmal etwas anfing, zog ich das auch durch. Abgesehen davon, dass ich heute Abend hinreißend aussah! Ich hatte mir extra ein tolles Kleid mit passenden Schuhen gekauft und war beim Friseur und im Nagelstudio gewesen! Natürlich stehen die Hände im Zentrum beim Kartenspiel. Ich hatte wirklich an alles gedacht, und das war nicht fair!

»Ich war nicht schlecht, Frank! Die Netthausens haben gesagt ...«

»Weil sie höfliche Leute sind!«

Ich versuchte, diesen Streit nicht eskalieren zu lassen. Wohin sollte das führen?

»Schon beim nächsten Spiel werde ich diese Fehler nicht mehr machen. Du wirst dich meiner nicht schämen müssen.« Vorsichtig legte ich eine Hand auf seine Schulter. »Alles wieder gut? He, wir lieben uns doch!«

Frank rang sich ein Lächeln ab.

»Ja, sorry. Ich hab einfach überreagiert. Du hast wirklich ganz okay gespielt fürs erste Mal.«

Sein Lächeln wurde breiter, und endlich hörte er auf, das Gaspedal zu malträtieren.

»Außerdem hast du rattenscharf ausgesehen.«

Er entspannte sich sichtlich.

»Haha, du magst zwar beim Reizen Fehler gemacht haben,

aber ganz bestimmt nicht bei der Wahl deines Kleides: Der alte Bock hat ständig in deinen Ausschnitt geglotzt.«

Seine Hand fuhr zärtlich über meine Brust und wanderte unternehmungslustig weiter, bis sie auf meinem Oberschenkel zur Ruhe kam. Erleichtert seufzte ich auf. Dieses kleine Zwischentief schien sich rechtzeitig vor dem Nachhausekommen verzogen zu haben. Ich war bereit, vieles abzufedern. Schließlich war ich sieben Jahre älter und reifer als Frank. Deshalb verzieh ich ihm auch den »alten Bock«, denn der elegante Gentleman Herr Netthausen war alles andere als das.

Turtelnd und in Vorfreude auf schönen Versöhnungssex schlossen wir die Haustür auf und betraten das warme, gemütliche Wohnzimmer unserer Villa Kunterbunt.

Und da lag sie. Die Wii-Konsole. Auf dem Teppich. Angeschlossen an Franks Anlage.

Ich erstarrte.

Simon!, dachte ich. Wenn du es schon tust, obwohl wir es dir verboten haben, dann wenigstens so, dass keine verräterischen Spuren zurückbleiben.

»Hat Simon es etwa entgegen meiner ausdrücklichen Anweisungen gewagt ...«, polterte Frank empört los. »Ja, sag mal, wie hast du den Bengel denn erzogen?«

»Frank, bitte schrei nicht so, die Kinder schlafen«, zischte ich genervt. »Er ist fast sechzehn. Mein Gott, hast du in diesem Alter nichts Verbotenes getan?«

»Da HATTE ich solch teuren Schnickschnack nicht«, brüllte er wie ein Stier. »Ich hab um mein Überleben gekämpft wie ein Tier!«

»Ja, Frank, ich weiß, wir hatten es beide nicht leicht. Aber das können wir den Kindern nicht vorwerfen.«

Seufzend ließ ich mich in einen Sessel fallen und riss mir die Pumps von den Füßen.

Früher hätte sich Frank sofort auf den Boden gekniet und mir die Füße massiert. Um sich dann sanft und zielstrebig aufwärtszuarbeiten.

Heute blieb er tobend im Raum stehen. Ich stand auf, steckte vorsorglich sein Handy in die Ladestation und wollte eine Flasche Rotwein aufmachen, damit er wieder runterkam. Doch er packte die Spielkonsole und pfefferte sie gegen die Wand.

»Frank! Bitte beruhige dich doch!« Ich versuchte, ihn zu umarmen und ihn von seiner Krawatte zu befreien, aber er schien sich nicht beruhigen zu wollen.

»Und die Mülltonne stand auch wieder in der Einfahrt!«

Ich nickte nur. Solange ich nickte, würde alles gut gehen. Doch er steigerte sich in einen Anfall hinein, der gar kein Ende mehr nehmen wollte. »Ich musste wie ein Trottel darum herumfahren und hätte mir fast einen Kratzer an meinem arschteuren Porsche geholt, nur weil dein scheißfauler Sohn die beschissene Mülltonne nicht aufräumen kann! Aber mit MEINEM sauteuren Smart TV darf er spielen! Ja?! Erlaubst du ihm das?!«

Mir schnürte sich dermaßen die Kehle zusammen, dass ich keine Luft bekam.

»Bitte Frank, lass uns doch diesen schönen Abend nicht verderben …«

»Und Patti hat wieder ihre Klamotten herumliegen lassen! Von dem nassen Handtuch auf der Treppe ganz zu schweigen! Du hast deine Kinder miserabel erzogen!«, schrie er. »Das muss doch mal gesagt werden!«

»Aber vielleicht nicht heute Abend …?«, fiel ich ihm ins Wort. Ich fand es nicht okay, dass er so auf meine Kinder schimpfte, zumal seine nicht besser waren.

»Simon ist wirklich in Ordnung, Frank! Und Patti auch.«

»Dieser Bengel weiß den Wohlstand, den ich ihm biete, einfach nicht zu schätzen. Ja, rede ich denn gegen eine Wand? Und gestern war auch wieder kein Mineralwasser da«, zählte er mir weitere Versäumnisse auf.

Ja, aber wer schleppte denn die schweren Wasser- und Bierkisten? Simon und ich, ohne dass Frank jemals selbst Hand anlegte. Dabei war er doch ein starker, durchtrainierter Mann und hätte statt Gewichte zu stemmen ruhig auch mal Getränke und Vorräte schleppen können! Schon holte ich Luft, um endlich auch mal Dampf abzulassen, als er mir zuvorkam:

»Und die Scheißhasen haben in den Keller geköttelt!«

Kurz blitzte die Erinnerung an einen gelösten, witzigen Frank in mir auf, der sich Lakritz in den Mund steckte und behauptete, es sei Bärendreck. Wie hatte ich mich damals in ihn verliebt! Und alle Kinder hatten ihn vergöttert! Aber ich sah auch Heidruns schmale Augen wieder vor mir. Sie hatte als Einzige nicht gelacht. Es fiel mir schwer, diesen Gesichtsausdruck aus meinem inneren Kopfkino zu verbannen.

Doch irgendwie fand ich Worte, irgendwie brachte ich ein Lächeln zustande. Ich musste hier das Ruder in der Hand behalten, ich hatte Frank gewollt und konnte nicht mehr zurück. Darauf war ich inzwischen programmiert wie eine Waschmaschine auf Schonwaschgang: Nicht der kleinste Grauschleier durfte sich auf unser großes Glück legen!

»Frank, bitte! Es sind Kinder! Das kann doch mal passieren! Trink ein Glas Rotwein mit mir, und lass uns den Abend nett ausklingen lassen.« Ich klopfte einladend neben mir aufs Sofa und zupfte an seinem Hosenbein.

»Deinetwegen werde ich ganz bestimmt nicht zum Alkoholiker!« Er schlug meinen Arm weg wie ein lästiges Insekt.

Die leisen Alarmglocken in meinem Kopf begannen lauter zu schrillen. Lass dir das nicht bieten, Linda! Setz klare Grenzen! Er braucht eine starke Frau. Hol ihn wieder runter, der führt sich ja schlimmer auf als vier Kinder in der Pubertät!

Aber ich war auch müde und überanstrengt und wollte ins Bett. Der Haushalt, die Kinder und die Tiere hielten mich auf Trab, und das Bridgespiel war keine Entspannung gewesen. Meine Nerven waren zum Zerreißen gespannt. Wie gern hätte ich mich an meine große Liebe Frank gekuschelt, um wieder Kraft und Energie zu tanken! Morgen früh musste ich wieder um fünf raus, um allen das Frühstück zu machen und mit dem Hund joggen zu gehen, bevor ich die vier jungen Herrschaften in vier verschiedene Schulen zu chauffieren hatte. Ich hielt mich weiß Gott an unsere Vereinbarungen. Und er? Was nahm er sich eigentlich heraus, der Hitzkopf? Nur weil er jünger war? Weil er das Geld nach Hause brachte? War meine Arbeit vielleicht weniger wert?

Gleichzeitig sank mir das Herz in die Hose: Ich hatte mich komplett von ihm abhängig gemacht. Die klassische Frauenfalle, in die ich nie und nimmer hätte tappen dürfen. Schnappte sie jetzt etwa zu? Hatte meine anfängliche Verliebtheit meine Gehirnzellen dermaßen umnebelt, dass ich die Konsequenzen nicht bedacht hatte? Ich wischte den hässlichen Verdacht beiseite, bevor er mich lahmlegen konnte.

Ich musste Stärke beweisen.

»Bitte Frank, lass uns nicht streiten. Beruhige dich.«

»Ich gehe jetzt ins Bad.« Er schaute auf und schien mich zum ersten Mal wieder richtig wahrzunehmen. »Und wehe, dort finde ich wieder Schminkzeug von Patti!«

Frank riss sein Handy aus der Ladestation und stapfte davon.

Ich war dermaßen erschöpft, dass ich nur an die Wand starren konnte. Aber weil ich alleine sein musste, saß ich noch minutenlang im Wohnzimmer und lauschte dem hässlichen Dröhnen in meinem Kopf. Es war, als wäre eine Düsenjäger-Staffel darin gefangen.

Ich verstand das nicht. Wir wollten doch eben noch … Wir hatten uns doch schon so …

Und wieso nahm er sein Handy mit ins Bad? Seit zwei Jahren steckte das jede Nacht in der Ladestation, damit ihm am nächsten Tag bei seinen vielen Geschäftsgesprächen nicht der Saft ausging.

Ich lauschte. Oben war es still. Er hatte sich also beruhigt. Bestimmt würde er sich gleich bei mir entschuldigen. Um mich dann nach allen Regeln der Kunst zu verführen. Mit letzter Kraft klammerte ich mich an diesen Gedanken. Er war halt ein echter Vollblutmann. Ein feinnerviger Araberhengst, kein müder Kaltblütergaul mit Scheuklappen, der nur im Kreis herumtrottete. Ein Mann, der gerade extrem unter Druck stand: Der Kummer in der Bank. Der Streit mit Heidrun. Die daraus resultierenden Geldsorgen. Sein dringender Ehrgeiz, in Bridgekreisen zu punkten, um dort Fuß zu fassen. Seine Angst, dass ich ihn blamieren könnte.

Klar, dass er heute Abend durch den Wind war!

Ich straffte mich. Er brauchte mich jetzt. Ich war die Ältere, die Lebenserfahrene, die unendlich viele Liebesreserven hatte. Wir waren ein Team. Nicht nur bei Golf und Bridge zeigt sich, ob zwei Menschen zusammenpassen: Auch und gerade an solchen Alltagszänkereien zerbrechen Paare, aber doch nicht wir! Dafür liebten wir uns viel zu sehr.

Ich wollte für ihn da sein. Die Klügere gibt nach. Mit Herzklopfen und gespitzten Ohren schlich ich die Treppe hoch. Vorsichtig schaute ich zu den Kindern hinein. Alle vier schliefen wie die Engel. Zum Glück! Heile Welt. Sie hatten nichts anderes verdient, nach den hässlichen Trennungen, die wir ihnen zugemutet hatten. Sie waren ein Herz und eine Seele, und ich und Frank würden auch gleich …

Statt des Prasselns der Dusche kamen Wortfetzen aus dem Bad. Frank redete auf jemanden ein. Es war nach Mitternacht! Mit wem telefonierte er? Vorsichtig drückte ich die Klinke herunter und zuckte zusammen: Die Tür war abgeschlossen. Das tat er sonst nie!

Vorsichtig presste ich mein Ohr an das Türblatt. Ich hasste mich dafür, dass ich lauschte. Es war widerwärtig. Aber das hier war eine Ausnahmesituation, das hier …

Frank murmelte etwas, das ich nicht verstand. War es ein Geschäftspartner, den er beruhigen musste? Derjenige, der viermal angerufen hatte?

War es ein ER?

Stille. Schritte.

Ich machte, dass ich ins Bett kam.

Frank folgte mir auf dem Fuß, wickelte sich in seine Decke und drehte sich zur Wand. Aha. Hatte der Herr heute Nacht Migräne? Und ich dachte immer, das sei nur Frauen vorbehalten. Eigentlich wäre es an mir gewesen, beleidigt zu sein. Aber ich wollte keine Spielchen spielen. Okay. Also keinen heißen Versöhnungssex mehr. Daran musste ich mich erst mal gewöhnen. Wir hatten doch sonst jeden Abend Sex. Also fast. In letzter Zeit eigentlich nicht mehr. Mein Herz machte einen nervösen Hopser. Wenn ich es recht bedachte, hatte er in letzter Zeit öfter Kopfschmerzen und/oder schlechte Laune, als dass er scharf auf mich war.

Ich räusperte mich. »Mit wem hast du gerade telefoniert?«

»Was soll jetzt DER Quatsch?«

Ich machte eine nachdenkliche Pause, als würde mir eben erst einfallen, was mir die ganze Zeit auf den Lippen brannte.

»Du hast doch gerade im Badezimmer telefoniert.«

Wütend setzte sich Frank im Bett auf und knipste die Nachttischlampe an. Geblendet kniff ich die Augen zu.

»Sag mal Linda, geht's noch? Du unterstellst mir, dass ich nachts heimlich im Bad telefoniere?« Er gestikulierte theatralisch, als hielte er einen Vortrag in seinem Vorstandsgremium. »Glaubst du, ich verheimliche dir was? Meinst du, ich habe etwas vor dir zu verbergen?«

Na ja, dein bestes Stück, heute Abend jedenfalls.

Es folgte eine ratlose Pause.

»Wenn das so ist, können wir unsere Beziehung gleich beenden. Das war's dann wohl mit dem Vertrauen.«

Mir wurde anders. Das Ganze war eine Katastrophe. Vom Ende unserer Beziehung hatte er noch nie gesprochen. Was, wenn er mich tatsächlich fallen ließ wie eine heiße Kartoffel? Wo sollte ich dann hin? Er hatte mich in der Hand. Ich würde mit den Kindern auf der Straße stehen!

Nein, diesen Gedanken musste ich noch im Aufkeimen ersticken. Wir liebten uns doch! Meine Stimme zitterte, und meine Hände auch, als ich vorsichtig nach ihm tastete.

»Schatz, ich habe dich murmeln gehört«, flüsterte ich und hätte mir am liebsten die Zunge abgebissen, als ich mich so devot reden hörte.

»Gut möglich, dass ich Selbstgespräche geführt habe, weil ich so genervt bin«, schnaubte er. »Weil ich irgendwo hinmuss mit meinem Stress. Und jetzt gute Nacht. Für heute hab ich wirklich die Schnauze voll.«

Er knipste das Licht aus und damit auch das letzte Fünkchen Hoffnung, dass wir immer noch eine sorglose Traumfamilie waren.

19

Am nächsten Tag entschuldigte sich Frank mit einem dicken
Blumenstrauß. Er habe starke Zahnschmerzen gehabt,
schon den ganzen Abend, und die Netthausens und mich nicht
damit belasten wollen. Und ja, er habe im Bad telefoniert und
dem Zahnarzt seines Vertrauens in Hamburg auf Band gesprochen, ihm die Misere erklärt und ihn gebeten, ihm einen Not-
falltermin zu geben.

Vor Erleichterung hätte ich beinahe geweint. Was hatte ich
mir schon für Katastrophen ausgemalt – sogar eine heimliche
Geliebte war schon wie ein Flaschengeist vor meinem inneren
Auge aus giftgrünem Nebel aufgestiegen!

»Aber warum hast du mir das gestern nicht gesagt?« Ich biss
mir auf die Lippe, um nicht in Tränen auszubrechen. Ich hatte
nämlich keine Sekunde geschlafen nach dem Streit.

Frank raufte sich die Haare und sagte mit Zerknirschtheit
und Reue im Gesicht: »Es tut mir so wahnsinnig leid, Liebste!
Ich hab es dir noch nie gebeichtet, aber meine strahlenden Zähne
sind alle nicht echt.«

»Nein?« Bestürzt sah ich ihn mir genauer an.

»Einem geschenkten Gaul sieht man nicht ins Maul!« Er
grinste spitzbübisch. Da war er wieder, mein witziger Frank, der
über sich selbst lachen konnte! Es war, als hätte er von hässli-
chem Thriller auf heitere Komödie gezappt, mit einer Fernbe-
dienung, die nur er in Händen hielt.

Doch ich konnte nicht so schnell umschalten wie er. Ich musste erst ein paarmal blinzeln und schlucken.

Was war denn an Frank Hellwein noch alles nicht echt? Beinahe hätte ich auch gegrinst: Sein bestes Stück war es jedenfalls! Verlegen steckte ich meine Nase in den riesigen Blumenstrauß. Auch der war eindeutig echt. Und Frank machte einen zutiefst versöhnungsbereiten Eindruck. Da musste ich ihm doch entgegenkommen!

»Ich hab da einen Superzahnarzt in Hamburg, der hat sie mir vor Jahren gemacht. Das war zwar schweineteuer, aber ich hatte früher einen Überbiss …« Er machte ein Gesicht wie ein Hase, und unwillkürlich prustete ich los. Das war wieder mein alter Frank, den ich liebte! Und als er sah, dass der verkniffene Zug um meinen Mund gewichen war, scherzte er: »Mit so einer Fresse hätte mir niemand seine Millionen anvertraut, höchstens eine Möhre!« Dann wurde er wieder ernst. »Jedenfalls schmerzt der hintere Backenzahn, und darunter pocht der Eiter. Das ist ein Stechen, das zieht bis ins Ohr …«

Ach du grüne Neune! Wenn man buchstäblich auf dem Zahnfleisch geht, kann man schon mal überempfindlich reagieren.

»Ach Liebster, hättest du das nur gleich gesagt, dann hätte ich dir wenigstens ein Schmerzmittel besorgt!« Inzwischen tat er mir nur noch leid.

»Ein Indianer kennt keinen Schmerz«, brummte Frank. »Ich bin doch kein Weichei. Ich dachte, ich schaffe das. Ich bitte dich noch mal um Entschuldigung wegen gestern.«

Er umarmte mich, und als ich ihn drücken wollte, zuckte er zusammen: »Au, mein Zahn, ich sagte doch gerade, das zieht bis zum Ohr!«

O Gott, war ich unsensibel.

»Und? Hast du einen Termin bekommen?«

»Ja, das ist die gute Nachricht! Ich möchte dich wieder nach Hamburg einladen, wir machen ein langes Wochenende draus, dann kann ich gleich auf die neue Krone vom Zahntechniker warten.« Verschmitzt lächelte er mich an. »Und für dich springt ein neues Kostüm raus. Bei deiner Traumfigur …« Er sandte mir einen eindeutig zweideutigen Blick.

Mir fehlten mir die Worte. So schnell wie Frank konnte ich die Wolken nicht wegschieben, die gerade noch unseren Himmel verdunkelt hatten. Doch dann fühlte es sich an wie nach einem krachenden Sommergewitter. Sämtliche Anspannung hatte sich entladen, und es schien wieder die Sonne.

»Ja, geht denn das überhaupt so spontan?«, hörte ich mich mädchenhaft fragen.

»Ja, das geht. Wir sind schon groß.«

Er zwinkerte mir mit diesem »Lust-auf-Sex-Blick« zu, bei dem es mir immer alles zusammenzog. Mein Herz hüpfte vor Freude. »In unserem kleinen verschwiegenen Lieblingshotel an der Alster?«

»Genau das. Unser Zimmer mit Seeblick ist schon bestellt. Auch deshalb habe ich gestern Nacht im Badezimmer telefoniert. Aber das kleine Mädchen musste ja unbedingt lauschen und die Überraschung verderben.«

Die bedrohliche Schlechtwetterfront von gestern war wie weggeblasen, als wir wenig später im Auto saßen und durch den herrlichen Frühling fuhren. Frank legte wieder seine Hand auf mein Knie und machte mir die zauberhaftesten Komplimente. Mir wurde ganz schwindelig vor Erleichterung.

In Hamburg setzte mich Frank in einen dieser Doppeldeckerbusse, mit denen ich so gern Städte erkundete. Er erkämpfte mir sogar einen Platz in der ersten Reihe und verscheuchte ein Chinesenpaar, indem er behauptete, ich hätte den Platz vorreserviert und ihnen irgendeinen Zettel vor die Nase hielt, den es nicht lesen konnte. Die beiden trollten sich devot, bevor ich sie daran hindern konnte.

So thronte ich halb verschämt, halb geschmeichelt direkt hinter der Panoramascheibe und ließ mich stundenlang durch Hamburg kutschieren, während Frank diskret seine Zahngeschichte erledigte.

Zwei Tage lang lief er mit einem Provisorium herum, was ich überhaupt nicht schlimm fand. Es war direkt rührend, wie er so hinter vorgehaltener Hand lachte und nur weiche Nahrung zu sich nahm. Ich foppte ihn ein bisschen, aber in Wirklichkeit brachte uns seine Verletzlichkeit noch näher zusammen. Er erzählte mir wieder viel von seiner Kindheit und Jugend hier in Hamburg, zeigte mir die Bars, in denen er gekellnert hatte, und gestand mir, wie sehr er sich immer nach Wohlstand und Ansehen gesehnt hatte. Mein Herz schmolz wie Butter in der Sonne. Ich verstand ihn so gut, dass ich mich fast meinerseits entschuldigte.

Frank versicherte mir, wie glücklich er mit mir sei, dass er mich von nun an auf Händen tragen werde, denn so etwas Kostbares und Wertvolles wie mich würde er auf der ganzen Welt nicht wieder finden. Seine Worte wirkten auf meine gebeutelte Seele wie ein warmes, duftendes Schaumbad – in das wir uns dann abends auch gleiten ließen. In Hamburg hatten wir nicht nur ausgedehnten, lustvollen Sex, sondern nahmen uns auch Zeit für gute Gespräche und lange Spaziergänge. Genau wie in unseren Anfangszeiten. Ich fühlte mich geschmeichelt von seinen Aufmerksamkeiten, trank mit ihm in den feinen Straßencafés Milchkaffee und beobachtete die anderen Paare, über die Frank schmunzelnd die köstlichsten Kommentare abgab: »Na, deren Modeberater würde ich verklagen! Der sitzt bestimmt bei Wasser und Brot im Knast!«

Ich genoss seine reuige Stimmung und wollte sie ruhig noch etwas auskosten. Keck schaute ich ihn von der Seite an: »Dann sei du doch mein Modeberater!«

Frank wusste genau, was mir stand. Sofort führte er mich in die teuersten Boutiquen am Neuen Wall und kleidete mich neu ein. Die Finanzkrise mit ihren drohenden Konsequenzen war ihm in diesem Moment völlig egal, und auch das liebte ich an ihm. Wie heißt es so schön? Wer nicht wagt, der nicht gewinnt!

Ein fließendes rotes Seidenkleid von Marc Cain, ein hellblaues Frühlingskostüm von Boss, die langersehnte echte Chanel-Handtasche und zwei Paar Schuhe von Peter Kaiser gingen in meinen Besitz über. Stolz stöckelte ich an Franks Arm über den Jungfernstieg, wedelte mit meinen Designertüten und genoss erneut die Blicke der Leute, die sich sogar teilweise nach uns umdrehten. Ich kam mir vor wie eine etwas ältere Ausgabe von Julia Roberts am Arm eines etwas jüngeren Richard Gere in *Pretty Woman* und strahlte mit der Sonne um die Wette. Ja, schaut ruhig alle. Wir sind ein Traumpaar. Mit Ecken und Kanten. Aber wer hat die nicht!

Es war eine Frage der Reife, wie man mit kleinen Krisen umging! Eine nachtragende Zicke war ich jedenfalls nicht.

Als wir nach vier traumhaften Tagen und Nächten mit neuem Zahn und einer ziemlich gebeutelten Kreditkarte wieder nach Hause kamen, war alles, was zwischen uns gestanden hatte, vergeben und vergessen.

Kurz darauf kamen die Netthausens zum Gegenbesuch zu uns, und ich führte stolz das neue rote Kleid vor. Wolfgang überreichte mir Blumen und küsste mir wieder die Hand, als ob ich die

Gräfin Patricia von Tut und Taugtnix wäre, und seine reizende Gattin Renate sparte nicht mit Komplimenten: »Ihre warmherzige Ausstrahlung kommt in Ihren eigenen vier Wänden noch viel besser zur Geltung!«

Ich spürte, wie ich rot wurde. War aus der molligen Hausfrau an Jochens Seite wirklich die elegante Society-Lady an Franks Seite geworden? Eine Woge des Glücks überrollte mich. Es war harte Arbeit gewesen, und ich hatte einiges weggesteckt. Aber es hatte sich gelohnt. Wir hatten es geschafft!

Ich stellte die Blumen in eine große Glasvase und beeilte mich, heute meinerseits die perfekte Gastgeberin zu sein.

Netthausens, die elegante Duftnoten verbreiteten, ließen ihren wohlwollend prüfenden Blick durch unsere Villa Kunterbunt schweifen. Frank führte sie stolz herum.

Patti hatte mir geholfen, ein raffiniertes Abendessen zu kochen und den Tisch zu decken. Wir hatten geputzt und aufgeräumt wie die Wahnsinnigen, um unseren anspruchsvollen Gästen gerecht zu werden.

Es war inzwischen länger hell draußen, und die Kinder spielten mit den Tieren im Garten, während Netthausens sich in Ruhe umsahen. Sie waren hingerissen: »So eine entzückende Familie! Und so ein tolles Haus!«

»Na ja, bei uns gibt es zwar keine Antiquitäten«, wehrte Frank bescheiden ab, »aber dafür jede Menge junges Leben.« Er zwinkerte mir liebevoll zu, und ich liebte ihn in diesem Moment mehr als je zuvor.

Die Kinder zeigten sich tatsächlich von ihrer besten Seite. Patti servierte mit rührendem Eifer und roten Wangen die Vorspeise, während Simon uns einschenkte.

Wir plauderten über die Kinder, die kleinen und großen Pannen im Leben einer Patchworkfamilie, erzählten, wie wir an dieses

Traumhaus gekommen waren, wie viel Arbeit wir da reingesteckt hatten und schilderten unsere nächsten Urlaubspläne. Es sollte wieder ins Ferienhaus nach Spanien gehen, das eigentlich Jochen und mir gehörte, uns aber wie gesagt auch in der neuen Familienformation noch für Kurzurlaube zur Verfügung stand. Dort konnten wir in Ruhe für den Bootsführerschein üben. Ich versuchte, witzig und unterhaltsam zu sein, aber ich spürte, die beiden Netthausens mochten mich auch so.

»Den Bootsführerschein? Na, da haben Sie sich ja was vorgenommen!« Wolfgang nickte anerkennend.

»Bridge ist etwas, das ich anfangs eher Frank zuliebe gelernt habe«, erklärte ich. »Aber der Bootsführerschein ist für uns beide Neuland. Es macht Spaß, gemeinsam zu lernen!« Ich presste mein Bein gegen Franks Knie, und er erwiderte diese zärtliche Geste. »Diesmal stehen die Chancen gleich«, sagte ich keck.

»Ja, trauen Sie sich das denn zu? Ganz allein mit einer Jacht übers Meer schippern? Also, ich könnte das nicht«, sagte Renate Netthausen lachend.

»Meine Frau ist schon froh, dass sie den Autoführerschein hat«, neckte Wolfgang sie gutmütig. »Aber nachdem Sie so schnell Bridge gelernt haben, Linda, schaffen Sie das bestimmt auch noch!«

»Linda hat eine unglaublich schnelle Auffassungsgabe.« Frank sah mich mit Besitzerstolz an. »Die kniet sich rein. Ich habe noch keine Frau getroffen, die so willig ist …«

»Frank, bitte!« Ich schlug mit der Serviette nach ihm und wurde rot. Ich kannte Franks freche Zweideutigkeiten, mit denen er mich immer zum Lachen brachte, aber hier vor den Netthausens …

»Lass mich doch mal ausreden! Die so willig ist, sich in eine völlig neue Materie einzuarbeiten, die Ärmel hochzukrempeln und – sogar einen Bootsmotor auseinanderzunehmen und wieder zusammenzusetzen.«

Wolfgang lachte. »Meine Frau ist technisch eine Niete. Und willig ist sie auch nicht …«

Jetzt schlug Renate lachend nach Wolfgang. »Komm du mir nach Hause!«

»Dafür verstehen Sie es, Ihr prachtvolles Haus ganz wundervoll einzurichten. Und Ihre künstlerische Ader …«, versuchte ich das Gleichgewicht wiederherzustellen.

Frank dankte es mir mit einem unmerklichen Nicken.

Wir tauschten Komplimente und genossen es, dass die Stimmung immer lockerer wurde.

Als das Abendessen vorbei war, halfen die Mädchen artig beim Abräumen, und aus dem Augenwinkel sah ich, wie Wolfgang ihnen augenzwinkernd einen kleinen Geldschein zusteckte.

»Taschengeld«, raunte er ihnen verschwörerisch zu. »Pssst, nicht weitersagen.«

Und dann kam für mich wieder der spannende Moment. Ich betete stumm dafür, dass dieser Abend ohne größere Panne vonstattenging. Hoffentlich würde ich ihm die richtigen Karten zuspielen. Während Frank sich durch Bridge-Erfolg lukrative geschäftliche Verbindungen versprach, legte ich vor allem Wert auf die Freundschaft dieser reizenden Menschen.

Die Karten wurden ausgeteilt. Diesmal fühlte ich mich gefestigter, sicher auch, weil es ein Heimspiel war.

Frank sandte mir anerkennende Blicke und nickte mir unmerklich zu. Wir gewannen mehrere Spiele hintereinander, und ich hätte mir am liebsten auf die Fäuste gebissen vor Stolz.

Inzwischen wurde es draußen dunkel, Frank schaltete unsere Zimmerbeleuchtung an, und ich nutzte die Gelegenheit, um noch einmal Wein nachzuschenken.

Wir spielten weitere Runden, hochkonzentriert und schweigend, dann klappte es plötzlich nicht mehr so gut. Wir wollten den Netthausens so viele Steine in den Weg legen wie möglich. Aber vielleicht spielte ich ihnen unbewusst die Dame zu, die ich den ganzen Abend zu sein versuchte.

Frank zuckte zusammen und stieß einen zischenden Laut aus, so als hätte ich ihm körperlich wehgetan. Ich schaute schuldbewusst auf. Mit der Dame kamen wir nicht weiter. Ich hätte das Kreuzass legen müssen! Verdammt, er hatte es mir doch tausendmal erklärt! Ich wollte im Boden versinken.

»Tut mir leid …«

»Nicht reden!«, herrschte Frank mich an. »Aufpassen!«

Die Netthausens wechselten einen betroffenen Blick. Ich verkrampfte mich, zog automatisch den Kopf ein und zögerte bei der nächsten Karte wie jemand, der befürchtet, eine heiße Herdplatte anzufassen. Aber irgendwie musste es ja weitergehen.

»Gibt's doch nicht!« Frank fasste sich an den Kopf und raufte sich die Haare.

»Oh, Mist, ich glaube …« Ich versuchte, nicht allzu panisch zu klingen.

»Nicht glauben. Machen!«

»Ist ja gut.« Wolfgang sog genießerisch an seiner Pfeife. Tabakduft mit einer angenehmen Vanillenote strömte beruhigend durch unser Wohnzimmer.

»Sie sind dran«, sagte Renate liebenswürdig. »Lassen Sie sich Zeit.«

»Ich … Ich weiß nicht …«

»Mach endlich, Linda.«

Ich spürte Franks Blick wie eine stechbereite Wespe auf meiner Nase. Es bedeutete Frank so viel, ich durfte ihn nicht blamieren! Das Ass, oder? Oder doch den König? Ich wollte doch nicht Schuld sein, wenn … Aber wir lagen immer noch gut im Schnitt und hatten schon einige Partien gewonnen. Ich kniff die Augen zusammen und legte die Karosieben. So. Mal ganz klein anfangen. Damit konnte ich nicht allzu viel versauen.

Wolfgang spielte seinerseits ein Herzass aus. Oh. Verdammt. Jetzt hatten sie das Spiel an sich gerissen.

Mir brach der Schweiß aus. Frank würde mich doch jetzt nicht fertigmachen? Er würde sich beherrschen.

Draußen lachten die Kinder. Simon stieß ein übermütiges Wiehern aus. Da sprang Frank plötzlich auf und brüllte: »Was macht ihr da?«

»Nichts!«

»Dann bitte leise! Wie soll sich eure Mutter da konzentrieren? Und was sehe ich da? Das ist doch nicht etwa meine Taschenlampe?«

Frank raste wütend in den Garten und entriss den Kindern die Lampe. »Unverschämtheit, mein teures LED-Teil! Ohne zu fragen! Habt ihr denn gar keinen Respekt vor dem Eigentum anderer?«

»Wir hätten ja gefragt, aber wir wollten nicht stören«, stammelte Simon kleinlaut.

Plötzlich standen die Kinder im Dunkeln. Sie trollten sich schweigend ins Haus. Selbst die Hunde zogen kleinlaut den Schwanz ein und trotteten davon.

Frank verschwand polternd in der Garage und ließ das Tor für die Nacht zufahren.

Es senkte sich wie der Vorhang nach einem Bühnenstück, bei dem einer der Hauptakteure gerade gründlich aus der Rolle gefallen war.

Auch von der feinen Gesellschaftsdame und souveränen

Gastgeberin war nichts mehr zu erkennen. Was blieb, war eine kleinlaute graue Maus, die nur ihre Kinder beschützen wollte.

Ende der Vorstellung!, dachte ich. Bitte holen Sie sich Ihr Eintrittsgeld an der Abendkasse ab.

20

Der gefürchtete Grauschleier hatte sich wieder über unseren Alltag gelegt, was zur Folge hatte, dass ich ängstlich das Gesicht meines Traumprinzen musterte, sobald er unser Traumhaus betrat.

War er so wie früher – heiter, fröhlich, zärtlich und liebevoll? Dann machte er beim Abendessen Witze und brachte uns alle zum Lachen. Dann machte er mir hinreißende Komplimente, trug mich spätabends ins Bett und vernaschte mich auf seine unnachahmliche Weise, hielt mir sanft den Mund zu, damit meine Lustschreie die Kinder nicht weckten. Anschließend schliefen wir selig aneinandergekuschelt ein.

Oder zeigte sich der wütende, cholerische und ungerechte Frank, der aus heiterem Himmel ausflippte, sich über Kleinigkeiten aufregte und mich für die lächerlichsten Verfehlungen der Kinder verantwortlich machte?

Immer öfter verließ er türenknallend das Haus und ließ mich und die Kinder verständnislos zurück. War das nach wie vor sein Frust über beruflichen Ärger und die unerfreuliche Scheidung, oder war das sein wahres Gesicht?

Komisch, manchmal hatte ich fast den Eindruck, er suche nur einen Grund, weglaufen zu können! Aber wohin? Gab es eine andere in seinem Leben?

Wenn ja, wollte ich es nicht wahrhaben. Für mich gab es kein Zurück mehr. Das musste ich mir immer wieder klarmachen.

»Vogel, friss oder stirb«, hätte meine Oma lakonisch gesagt.

Wir hatten die Kinder aus ihren ehemaligen Familien herausgerissen. Wir hatten zwei zutiefst verletzte Ehepartner und verwaiste Elternteile zurückgelassen. Damit wir unseren Spaß haben konnten. Wir hatten alles auf eine Karte gesetzt: Auf unsere Liebe. Und die durfte auf keinen Fall zerbrechen.

Aber wollte ich wirklich den Rest meines Lebens mit einem Choleriker verbringen? Das war den Kindern nicht zuzumuten! Waren wir etwa vom Regen in die Traufe gekommen? Genau das war Barbaras Befürchtung gewesen.

Wenn es mal wieder ganz besonders schlimm war, überlegte ich sogar, ob es ein Zurück zu Jochen gab. Er war ein in sich ruhender Mensch. Auch wenn er manchmal langweilig war: Er hätte uns nie angeschrien oder vor anderen zur Schnecke gemacht. Er war nicht so unberechenbar wie Frank, verlor nie die Selbstbeherrschung.

Doch solche Gedanken schüttelte ich immer schnell wieder ab: Wer A sagt, muss auch B sagen. Ich hatte mich für Frank entschieden. Und das war gut so.

»Mensch, Linda, auf den Tag genau vier Jahre! Und wie ist die Bilanz?« Es war wieder Frühsommer, und ich bummelte mit Barbara über das Frankfurter Weinfest. Ein lauer Abend lockte Tausende von Besuchern auf die Bierbänke in der Innenstadt.

»Es waren turbulente vier Jahre, und zwischendurch war es nicht immer einfach.« Ich hatte mich bei Barbara untergehakt. »Aber letztlich hat es sich gelohnt«, beteuerte ich meiner besten Freundin.

Sie sah mich prüfend an.

»Wirklich, es geht uns bestens. Frank ist die Liebe meines Lebens. Natürlich ist er manchmal aufbrausend, aber jeder hat seine

Schwächen. Und was das Bridgen anbelangt, sind wir inzwischen echt ein Dream-Team. Das sagen auch die Netthausens – habe ich dir eigentlich schon von denen erzählt?«

»Du schwärmst pausenlos von ihnen!« Barbara knuffte mich freundschaftlich in die Seite. »Die hättest du gern als Eltern gehabt. Und die Sache mit der Taschenlampe hast du mir auch erzählt: dass Wolfgang Simon eine mit der Post geschickt hat nach jenem Abend, weshalb du vor Scham fast im Boden versunken bist. Ich weiß also alles. Nicht nur das Positive.«

Ich sah Barbara verlegen an. »Ach so, das hatte ich dir also auch anvertraut. Wie peinlich.«

»Die Sache mit der Taschenlampe oder dass du schon vergisst, was du mir erzählt hast?«

»Beides.« Ich lachte etwas zu schrill. »Alzheimer lässt grüßen.«

»Und?« Barbara zog mich um eine Menschentraube herum. »Was macht der Bootsführerschein?«

»Ja, das ist eine zeitaufwändige Sache, man muss mehrwöchige Kurse belegen, und ganz billig ist das auch nicht. Aber wir träumen immer noch davon.«

»Du träumst, oder er träumt?«

Barbaras kritische Fragen gaben mir schon ein bisschen blödes Gefühl. Aber wenn man erst mal mit dem Schönreden angefangen hat …

»Wir«, sagte ich mit Nachdruck. »Echt, Barbara, es gibt nichts Geileres als mit dem eigenen Boot rauszufahren, ganz ohne Skipper. Ungestört in den Sonnenuntergang zu segeln – du weißt schon. *Sex on the ocean!*«, flüsterte ich ihr ins Ohr.

»Wo lasst ihr eigentlich die Kinder, wenn ihr auf dem Liebestrip seid?«

»Barbara!« Ich stieß ein spitzes Lachen aus. »Patti ist neunzehn, Simon fünfzehn, und die Mädels sind in den Ferien bei Heidrun.« Ich zog den Namen in die Länge wie Kaugummi. »Sie macht jetzt eine Psychoanalyse.«

»Das ist schweineteuer!«

»Ja, und rate mal, wer das bezahlt!«

»Frank, der Supermann.«

»Genau. Also lass uns unseren Spaß auf dem Loveboat!«

»Apropos«, sagte Barbara. »Da sitzt er.«

»Wer?«

»Na, Frank.«

Tatsächlich. Da saß er. Umrahmt von zwei Damen, die sich an ihn schmiegten. Einige Banker in schwarzen Anzügen, die ihre Jacketts salopp über die Schulter gelegt hatten, rundeten das interessante Stillleben ab. Frank sah natürlich am besten aus. Ich nahm links neben ihm die blasse Bebrillte wahr, seine Sekretärin. Und rechts von ihm befand sich eine ziemlich gut aussehende, zierliche Rötlichblonde, die mir auch irgendwie bekannt vorkam. Wo hatte ich die schon mal gesehen?

»Sagen wir Hallo?« Ich nahm schon Fahrt auf.

»Warte mal!« Barbara taxierte den Tisch und hielt mich am Ärmel fest. »Kollegen?«

»Aber ja!« Ich freute mich, meinen Liebsten zu sehen. »Komm, worauf wartest du noch?« Euphorisch zog ich Barbara an den Tisch. Und wusste sofort wieder, woher ich die rötlich blonde Frau kannte, mit der er so eifrig ins Gespräch vertieft war. Das war doch … Genau! Die Klientin, die ich damals in seinem Büro gesehen hatte. Die arme Frau, deren Mann sich finanziell ruiniert und daraufhin erhängt hatte. Bestimmt hatte sie ihren Pelz längst versetzen müssen. Jetzt hatte sie jedenfalls nur Jeans, ein schlichtes weißes T-Shirt und Flip-Flops an.

Kaum hatte Frank uns entdeckt, sprang er auf.

»He, Mädels, was macht ihr denn hier?!« Er umarmte mich liebevoll und gab auch Barbara zwei Wangenküsschen.

»Wein trinken, plaudern, Leute gucken – und du?«

»Ich bin noch mitten in einer Besprechung.« Er wies mit dem Kinn auf den vollen Bierbanktisch. »Ich würde euch gern dazubitten, aber es geht gerade um Schadensbekämpfung, und …«

»Schadensbekämpfung«, sagte Barbara mit einem seltsamen Unterton. »Interessant.«

»Ja.« Frank zog sie beiseite und flüsterte ihr ins Ohr: »Die Tussi da hat Millionenschulden, weil ihr Alter den Karren voll in den Dreck gefahren hat, bevor er sich erhängt hat. Eine komplizierte Sache.« Frank steckte die Hände in die Hosentaschen und zuckte mit den Schultern.

Aber das war ja alles längst bekannt. Ich wunderte mich, dass sie nach wie vor seine Klientin war.

Die Frau sah zu uns herüber. Warum guckte die mich so leidend an?

»Soweit ich mich erinnere, hast du sie schon vor Jahren beraten!«

»Na ja, so ein Sanierungsplan kann sich ewig hinziehen, davon macht ihr Mädels euch keine Vorstellung.«

»Ach was«, sagte Barbara trocken. »Das nenne ich Kundenbindung.«

Ich räusperte mich unbehaglich.

Frank erklärte weiter: »Banken, Finanzämter, Gläubiger – bei so was müssen alle an einem Strang ziehen.«

»Hier auf dem Weinfest?« Barbara schaute zum Biertisch hinüber, an dem die Stimmung gerade prima zu sein schien.

»Nein, natürlich haben wir schon vorhin im Büro …« Frank

stelle sicher, dass man ihn drüben nicht hören konnte und sagte: »Aber weißt du, ich krieg fünfzehn Prozent von ihren Miesen, also von dem, was ich für sie wegverhandle …«

»Hä?«, machte Barbara.

Aber bei mir fiel der Groschen. »Erklär ich dir später!«, sagte ich und zog meine Freundin fort, die heute echt ihren penetranten Tag hatte.

»Alles klar, Frank. Wir gehen woanders hin.«

»Seid so lieb, ja?« Frank hob zum Abschied die Hand. »Alles andere wäre voll unprofessionell …«

»Ja, ja, Frank. Wir wissen Bescheid.« Ich gab mich verständnisvoll wie immer.

Da umarmte er uns beide und gab mir deutlich sichtbar für die Damen an seinem Tisch einen Kuss auf den Mund.

»Spätestens um neun bin ich zu Hause, mein Schatz.«

»Du hast Wimperntusche am Hemdkragen«, schaltete sich Barbara ein und lächelte steif.

»Wie? – Ach so.« Franks braune Augen taxierten sie amüsiert. »Die hat den ganzen Nachmittag geheult.«

»Und Linda muss es dann wieder ausbügeln«, sagte Barbara zweideutig.

»Hä?«

»Na, sie wäscht doch wohl deine Hemden?«

Barbara legte anklagend ihren Finger auf den Fleck. Fehlte nur noch, dass sie vorher draufspuckte und an seinem Hemd herumrieb.

»Barbara, komm jetzt!« Ich zerrte sie weg. »Lass sie doch weinen. Darum heißt es auch Weinfest!«, scherzte ich lahm.

In ziemlich gedrückter Stimmung gingen wir weiter. Das war mir noch nie passiert, dass mein Mann mich nicht dazubat. Auch Barbara war befremdet.

Wir setzten uns an einen anderen Tisch und tranken unser Viertele.

»Er ist dir doch treu, oder?« Barbara war aufrichtig um mich besorgt, aber ich reagierte gereizt. Ich musste nicht gerettet werden. Es gab nichts zu retten, weil es kein Problem gab.

»Mensch, Barbara! Natürlich ist er mir treu! Meinst du, der setzt alles aufs Spiel, was wir uns in vier Jahren aufgebaut haben?«

»Entschuldige, meine Liebe. Nur weil mein Manfred fremdgeht, muss es bei euch längst nicht auch so sein.«

Wir plauderten noch ein bisschen über Manfred, dann schaute ich auf die Uhr. »Oh, er hat gesagt, er kommt um neun nach Hause, ich sollte langsam fahren.

»Nix wie weg«, spöttelte Barbara. »Der Mann braucht sein Essen, sein frisches Hemd und seinen Sex!«

An diesem Abend saß ich allein in der Villa Kunterbunt.

21

Die Kinder waren noch unterwegs, ich war bereits mit den Hunden rausgegangen und dann – saß ich da. In der Küche. Die Uhr tickte. Und das Essen war längst fertig.

Frank ging nicht an sein Handy.

Natürlich konnte es sein, dass er doch noch länger mit dieser Klientin – verhandeln musste. Die Rötlichblonde war seine Eintrittskarte in die Selbstständigkeit, das war mir bewusst. Wenn er diese Frau erfolgreich sanierte und sich das herumsprach, konnte er seine eigene Consulting-Firma gründen.

Und mir war auch klar, dass das eine langwierige Sache war. Siebenstellige Schulden bei verschiedenen Banken, Finanzämtern und Gläubigern ließen sich nicht mal so eben wegverhandeln. Diese Frau vertraute Frank ihr Leben an. Es musste ein langjähriger Rückzahlungsplan ausgearbeitet werden, und die Dame war eindeutig in einem labilen, emotional gebeutelten Zustand. Klar, dass er sich auch zu unkonventionellen Uhrzeiten um sie bemühte, und klar, dass sie Panikattacken hatte. Wie gut ich die Frau verstehen konnte, denn die Angst, eines Tages mit nichts dazustehen, beschlich auch mich hin und wieder. Schnell erstickte ich den Gedanken im Keim. Ich hatte ja Frank, meinen Fels in der Brandung.

Doch der ließ auf sich warten.

Jetzt bloß nicht auch in Panik geraten!, dachte ich. Er arbeitet an seiner Zukunft, an unsere Zukunft. Es wäre absolut kleingeistig, zickig und Heidrun-mäßig hysterisch, wenn ich ihm jetzt etwas anderes unterstellte als ein rein geschäftliches Interesse. Die Rötlichblonde war ein dicker Fisch. Der bestimmt noch andere dicke, hilflose Fische kannte – ja, einen ganzen Teich voll naiver Tussen, die aufgrund ihrer Gier und der ihrer Ehemänner bald auf dem Trockenen sitzen würden. Mein Mitleid hielt sich in Grenzen.

Und diesen dicken Fisch klopfte mein Frank jetzt weich.

Immer wieder rührte ich sein Gulasch um, das auf niedrigster Flamme köchelte. Ich verwässerte es und kam nicht umhin, mich zu fragen, ob ich in meinem Kopf vielleicht auch etwas verwässerte.

Die Küchenuhr tickte. Längst war Mitternacht vorbei. Der Hund legte seine Schnauze auf mein Knie und schaute mich mit seinen treuen Augen an. Ich hörte mich laut und leidend aufseufzen. Wie eine verbitterte, gehörnte Ehefrau.

»Ach was!« Wütend schob ich das Handy weg. Natürlich hatte er vergessen, es wieder einzuschalten. Das kam doch vor! Mein Gott! Wieso hatte ich denn kein Vertrauen zu ihm? Er war doch mein Lebensmensch. Auch wenn wir nicht verheiratet waren, war er doch mein Mann! Wir liebten und vertrauten einander! Verstohlen schielte ich aufs Handy. Null Uhr zwölf.

Ich meine, er hatte mich doch GESEHEN! Und ich ihn. Die Situation war eindeutig: Er hatte mich vor der Rötlichblonden auf den Mund geküsst. Trotzdem. Ihr forschender, leidender Blick – hatte der vielleicht doch nicht nur etwas mit ihrer finanziellen Lage zu tun? Ja, was meinte die denn? Dass sie meinen Frank haben konnte? Schwachsinn.

Wahrscheinlich ging es Frank wie vielen Gynäkologen und Kinderärzten: Die Frau ist in einem Ausnahmezustand und verknallt sich in ihn. Wenn die Hormone aufgehört haben zu tanzen, sieht sie wieder klar und weiß, dass es nur eine professionelle Dienstleistung ist, die sie beide verbindet: Trost ja. Sex nein.

Das war jetzt so ein Moment, den man Feuerprobe nennt. Frank würde nie und nimmer wieder so einen hässlichen Trennungsstress riskieren. Er liebte mich. Er vergötterte mich. Das hatten mir die Netthausens und viele andere bestätigt. Er liebte die Kinder. Unsere Familie und unsere Villa Kunterbunt. Wir waren sein Ein und Alles.

Ich lief im Wohnzimmer auf und ab. Inzwischen war es halb eins.

Ich räumte auf. Nicht, dass er sich wieder über irgendetwas ärgerte. Ich wienerte die Anrichte und stellte den Weißwein wieder kalt. Auf keinen Fall durfte ich mehr trinken. Auf keinen Fall. Das fehlte noch, dass er nachher ein betrunkenes, heulendes Weib vorfand. Ich würde mich nicht gehen lassen.

Um kurz vor eins rief ich Barbara an.

»Er ist immer noch nicht zu Hause.«

»Verstehe ….« Ich hörte förmlich, wie es in ihr arbeitete. Klar, dass Barbara sofort an das eine dachte, das Unaussprechliche. Es war dumm von mir, sie anzurufen.

»Hast du es schon in seinem Büro probiert?«

»Da klingelt es durch.« Ich kämpfte mit den Tränen. »Barbara, ihm wird doch nichts zugestoßen sein? Ich meine, er hatte auch schon einiges intus. Vielleicht hatte er einen Unfall?«

»Okay«, sagte Barbara. »Du telefonierst jetzt alle Krankenhäuser Frankfurts ab.«

»Er hatte vielleicht keine Papiere bei sich«, hörte ich mich sagen. »Als wir ihn gestern Abend gesehen haben, hatte er keine Tasche dabei, oder?«

»Stimmt.« Ich hörte Barbara rauchen. »Halt mich auf dem Laufenden. Ich bleibe wach.«

Das war Barbara – die beste Freundin, die man sich wünschen konnte. Trotz ihrer eigenen Situation glaubte sie immer noch an das Gute im Menschen.

Ich starrte durch das Küchenfenster auf die Straße. Nichts. Kein Taxi. Aber auch kein Polizeiauto. Nichts als Schwärze und Stille.

Ich rief bei sieben Krankenhäusern an. Das dauerte fast eine Stunde.

Kein Frank Hellwein. Nirgendwo. Natürlich war ich erleichtert. Aber auch extrem verärgert.

Als das Telefon um halb zwei klingelte, riss ich fast den Hörer ab. Mein Herz schlug Purzelbäume. Frank? So was darf nicht noch einmal vorkommen. Wozu gibt es Handys?

Ich holte tief Luft, um ihm all das an den Kopf zu werfen.

Aber es war Barbara. Ich stieß die Luft wieder aus. Plötzlich fühlte ich mich schlaff wie ein ausgewrungener Lappen.

»Nichts?«

Ich schwieg und kämpfte mit den Tränen.

»Bist du noch dran?«

Ich nickte stumm.

»Gut, pass auf: Ich hab einen guten Draht zu einem Taxiunternehmen, die fahren mich exklusiv. Mein Fahrer, der Christian, ist mit dem gesamten Taxifunk Frankfurts verbunden. Den rufst du jetzt an und fragst, ob er rausfinden kann, ob dein Frank irgendwohin gefahren ist und möglicherweise mit wem. Bezieh dich auf mich.«

»Verstehe. Danke.«

Ich wartete noch eine weitere Stunde, zögerte diesen Schritt bis zur körperlichen Schmerzgrenze hinaus. Einerseits, weil ich zu feige war, um der Wahrheit ins Gesicht zu sehen. Andererseits, weil ich das bedingungslose Vertrauen zwischen uns nicht durch einen hässlichen Kontrollanruf zerstören wollte. Wenn ich erst mal anfing, hinter ihm her zu spionieren, war unsere Beziehung für immer beschädigt.

Um drei Uhr raffte ich mich schließlich auf. Ich hatte zwei Kannen Kaffee getrunken und, ganz gegen meine Gewohnheit, zwei Zigaretten geraucht. Ich zitterte vor Nervosität und Überdrehtheit.

Der Anruf bei Christian war extrem erniedrigend für mich. In einem Krankenhaus anzurufen war schon nicht sehr prickelnd. Aber einen Taxifahrer zu bitten, dem eigenen Mann nachzuspionieren, das war wirklich demütigend!

Nach einer qualvollen halben Stunde rief Christian zurück.

»Ihr Mann ist um kurz nach Mitternacht zu einem kleinen Hotel in Offenbach gefahren.«

Ich schluckte.

»War er – allein?«

»Zwei Personen«, sagte er mit dieser sachlichen Funkspruchstimme. »Eine Frau war dabei.«

Ich räusperte mich heiser.

»*Zum Rostigen Anker?*«

»Korrekt.«

Ich bekam kaum noch Luft. Mein Herzschlag setzte aus. Ich konnte keinen klaren Gedanken mehr fassen und war wie gelähmt. Irgendwann schaffte ich es, den Kopf zu schütteln. Nein. Das musste ein Irrtum sein. Das hatte er mir nicht angetan. Das konnte gar nicht sein. Allein schon deshalb, weil wir uns gesehen hatten. So plump und dumm war Frank nicht. Das Ganze musste ein furchtbares Missverständnis sein. Und das würde ich jetzt ausräumen.

Wie ferngesteuert griff ich zum Autoschlüssel. Mit zitternden Knien fuhr ich durch die schwarze Nacht. Nach Offenbach. Zu unserem Hotel. Wo wir uns vier Jahre zuvor zum ersten Mal so zärtlich und grenzenlos leidenschaftlich geliebt hatten.

Die Boote schaukelten am Mainufer und machten schmatzende Geräusche. Nur diesmal nahm ich es nicht als romantisch wahr, sondern als blanken Hohn. Es war, als würden sie mich auslachen und verspotten.

Ach was! Gleich würde ich Klarheit haben. Energisch drückte ich auf die Nachtglocke.

Ein asiatischer Portier kam verschlafen aus seinem Verschlag.

»Hellwein?«, hörte ich mich sagen, um Festigkeit in meiner Stimme bemüht. So als käme ich öfter mal nachts um halb vier zur Kontrolle vorbei.

»Zimmer fünf. Erste Etage.«

Das traf mich wie ein Keulenschlag. Er war also hier? Mein Frank? In UNSEREM Zimmer?

Ich stieg die schmale Treppe hinauf und versuchte kein Geräusch zu machen. Wie eine Katze schlich ich auf leisen Sohlen durch den Flur. Nein, das hier war ein schlimmer Traum. Ich stand nicht wirklich vor dieser Tür und presste mein Ohr dagegen. Das träumte ich nur.

Genau wie die Geräusche, die aus dem Zimmer drangen. Verhalten, aber eindeutig.

Die Stimme »meines« Mannes und die einer Frau: Quietschen, Lachen, Flüstern, Stöhnen.

Und dann das eindeutige Geräusch eines wackelnden Bettes. Nein, das war nicht die Wirklichkeit. Ich ließ mich zu Boden sinken, saß eine ganze Stunde da und sah mir selbst beim Sterben zu.

Irgendwann gegen halb sechs öffnete sich eine Nachbartür, und ein früh abreisender Mensch kam heraus. Wie ferngesteuert ließ ich mich mit diesem Fremden hinausspülen. Draußen wurde es gerade hell.

Ich fuhr nach Hause, warf mich in meine Joggingklamotten, nahm den Hund und ging zwei Stunden laufen. Mein einziger Wunsch war der, von hinten überfallen und erschlagen zu werden. Aber den Gefallen tat mir keiner.

Als Frank um neun nach Hause kam, fühlte ich mich innerlich gefestigt genug, ihn mit meinen nächtlichen Erkenntnissen zu konfrontieren. Eigentlich wollte ich mich vor der Wahrheit verstecken, die Nacht unter den Tisch kehren und den Kopf in den Sand stecken. Weil nicht sein konnte, was nicht sein durfte. War meine Traumvilla Kunterbunt etwa nur ein fragiles Kartenhaus, dem jedes Fundament fehlte? Wenn ich so tat, als ob nichts gewesen wäre, dann war auch nichts gewesen! Wo sollte ich denn hin, ohne eigenes Geld, mit zwei Kindern?

Tapfer stellte ich ihn trotzdem zur Rede.

»Ich hab dich heute Nacht gehört.« Unverwandt sah ich ihm ins Gesicht. Meine zitternden Hände verbarg ich auf dem Rücken und klammerte mich damit an ein Küchenhandtuch.

Frank zuckte kurz mit den Wimpern. Seine Augen waren von roten Äderchen durchzogen. Er hatte eindeutig nicht geschlafen.

»Wie bitte?«

»Im *Rostigen Anker*. Zimmer fünf.« Ich kniff die Augen zusammen wie ein Staatsanwalt und legte Groll in meine Stimme, um ihr Zittern zu übertönen.

Frank trat einen Schritt zurück, stutzte den Bruchteil einer Sekunde und brach dann in lautes Lachen aus.

»Schön wär's, Linda, träum weiter!« Er schlug sich mit der Faust an die Stirn. »Ich bin auf dem Scheiß-Weinfest versackt, hab reichlich über den Durst getrunken und konnte nicht mehr fahren.« Seine Stimme wurde lauter und schärfer. »Ich bin jetzt noch verkatert wie die Sau! Und da bin ich wie ein Penner zurück ins Büro getorkelt und hab dort unter dem Schreibtisch meinen Rausch ausgeschlafen.« Er riss sein Handy aus der Hosentasche und hielt es mir auffordernd hin: »Hier. Du kannst meinen Chef fragen. Der hat mich soeben gefunden und meinte, ich soll erst mal heimfahren und duschen.«

Ich starrte auf das Handy. »Ich habe deine Stimme gehört, Frank. Und die von dieser rötlich blonden verwitweten Tussi.«

Frank lachte noch lauter. »Spinnst du, Linda? Die Tussi ist um zweiundzwanzig Uhr dreizehn mit dem Zug nach Mannheim gefahren. Die war bei dem großen Besäufnis überhaupt nicht mehr dabei!«

Ich schüttelte stumm den Kopf. Vor meinen Augen tanzten Sternchen. Wie gern hätte ich mich an den letzten Strohhalm, geklammert, den er mir hinwarf! Bleiern vor Müdigkeit sank ich auf einen Stuhl.

Frank merkte, dass ich noch nicht überzeugt war.

»Mensch, Linda, was soll ich denn mit der?« Lachend fasste er sich an den Kopf. »Die ist total daneben, ich steh nicht auf so kaputte Weiber!« Er nahm mich bei den Schultern und schüttelte mich. »Das macht mich jetzt aber schon betroffen, dass du mir ernsthaft zutraust …« Seine Stimme wurde ernst. Er wandte sich ab und wischte sich die Augen.

In meinem Kopf herrschte das reinste Chaos. Sollte ich mich tatsächlich getäuscht haben? Waren das andere Leute, die ich da belauscht hatte? Irgendein fremdes Paar? Wurde ich langsam irre? Ich kam mir vor wie in einem Psychothriller. Wer spielte hier wem was vor?

Ich wollte ihm ja glauben! Ich musste ihm glauben! Es gab schließlich keine Alternative!

Frank wirbelte herum. »Hier!« Er hielt mir wieder sein Handy hin. »Frag meine Sekretärin. Die hat Sissy Bleibtreu noch zum Zug gebracht.«

Aha. Sissy Bleibtreu. So hieß die Rötlichblonde also. Fast hätte ich gelacht. Wie absurd war das denn! Aber der Taxifahrer hatte doch eindeutig einen Mann UND eine Frau zum *Rostigen Anker* gefahren! Von der Adresse der Bank aus. Langsam beschlichen mich Zweifel. Ein komplett anderes Pärchen, das genau diesen Weg genommen hatte? Warum nicht! Frankfurt war groß.

Frank sah, wie es hinter meiner Stirn arbeitete. Er nahm meine Hand und küsste sie.

»Ich schwöre beim Augenlicht meiner Töchter, dass ich diese Frau nicht angerührt habe!«

Ich riss meine Hand weg. »Lass solche Geschmacklosigkeiten. Nachher erblinden deine Mädchen noch.«

»Linda!«, herrschte mich Frank an, und plötzlich hatte er diesen Blick drauf, den er mir zuwarf, wenn ich beim Bridge nach der falschen Karte griff. »Linda! Habe ich mich nicht verständlich genug ausgedrückt? Erstens war ich total besoffen, mir dröhnt immer noch der Schädel. Und zweitens fange ich doch nichts mit einer Klientin an! Das wäre doch ein Eigentor! Ich will die Frau über einen längeren Zeitraum hinweg finanziell beraten und mit dem Gewinn eine eigene Firma gründen. Meinst du, das verderbe ich mir mit einem besoffenen Fick?«

Ich schluckte und drehte mich weg. In meinem Kopf ratterte es. Und wenn er recht hatte? Wenn ich mich tatsächlich getäuscht hatte? Der viele Kaffee, die Zigaretten, die mich ganz schwindelig gemacht hatten – ich war ja gar nicht mehr richtig bei mir!

Frank stieß einen schnaubenden Lacher aus.

»Sag bloß nicht, du bist wirklich heute Nacht nach … wohin – nach Offenbach? – gefahren, um wie eine Geistesgestörte an einer Zimmertür zu lauschen! Ausgerechnet in dem Hotel, in dem wir uns beide das erste Mal geliebt haben, dass die Wände wackelten.«

Frank lachte mich aus, und ich stand kurz vor einem Nervenzusammenbruch.

Dann wurde seine Stimme wieder zärtlich. »Linda!« Er riss mich an sich, doch ich musste den Kopf wegdrehen, weil er wirklich eine schreckliche Fahne hatte. »Ich hätte überhaupt keinen hochgekriegt!« Er zog den Reißverschluss seiner Hose runter und zerrte sein bestes Stück hervor, das in der Tat ziemlich schlaff und unschuldig aussah.

»Sag ihr, dass du heute Nacht sturzbesoffen warst. Los, sag's ihr, du elender Penner, sonst zieh ich dir die Ohren lang!«

Mit verstellter Stimme ließ er ihn antworten: »Ich schwöre es! Ich hab die ganze Nacht gepoft!«

Wider Willen musste ich lachen. Auf einmal kam ich mir nur noch humorlos, kleinkariert und hysterisch vor.

»Ich weiß nicht mehr, was ich glauben soll, Frank.« Verärgert über mich selbst, hin- und hergerissen zwischen nagenden Zweifeln und aufkeimender Hoffnung, ließ ich die Sache auf sich beruhen. Ich wollte nicht in einem einsturzgefährdeten Kartenhaus leben, nicht noch einmal vor den Scherben meines Lebens stehen.

Die Hoffnung stirbt zuletzt.

22

Ein paar Tage später saß ich beim Friseur auf Frankfurts Edelmeile.

Frank hatte gemeint, ich solle mich mal wieder richtig schick machen, schließlich stand ein weiterer Bridgeabend bei den Netthausens an. Er könne mich später mit dem Auto mit nach Hause nehmen.

Ich knabberte immer noch an dem Erlebnis, dass Frank erst morgens nach Hause gekommen war, und konnte mich kaum auf meine Illustrierte konzentrieren. Während die süße türkische Friseurin mit Bürsten an meinen Haaren herumzerrte, ließ ich den Blick schweifen und sah – sie!

Die Rötlichblonde. Im Spiegel konnte ich beobachten, wie sie Platz nahm, ebenfalls zu einer Zeitschrift griff und sich vom Meister persönlich beraten ließ. Ich konnte nicht hören, was sie sagten, aber sie wirkte gelöst und entspannt. Ich starrte sie mit zusammengekniffenen Augen an, während die Friseurin meine Kopfhaut malträtierte.

Dann passierte etwas Unvorhergesehenes: Ein sehr gut aussehender, grau melierter Dandy mit Seidenhalstuch im Hemdkragen ging zielstrebig auf sie zu, beugte sich vor und gab ihr einen Kuss.

Sie strahlte ihn an, zeigte auf ihre Armbanduhr und erklärte ihm, wie lange das hier noch dauern würde.

Der Mann verhandelte mit dem Friseur, ging zur Kasse und zahlte ihre Rechnung.

Dann kehrte er zu ihr zurück, nahm ihr eine Tüte ab, die sie bei sich getragen hatte, und verabschiedete sich mit einer derart vertrauten Geste, dass mir mit einem Schlag klar wurde, dass ich mich geirrt hatte. Die beiden waren ein Paar. Ein eingespieltes, harmonisches, glückliches Paar.

Der Föhn ging aus, die Friseurin hielt mir Beifall heischend den Spiegel an den Hinterkopf, und ich konnte deutlich hören, wie ihr Kollege zu meiner vermeintlichen Konkurrentin sagte: »Also wie immer, rötlich blond, Frau Bleibtreu?!«

Sie machte ihrem Namen alle Ehre. Und ich dumme Gans hatte mich da total in was reingesteigert. Ein krankhaftes Misstrauen entwickelt. Wie heißt es so schön? Eifersucht ist eine Leidenschaft, die mit Eifer sucht, was Leiden schafft. Bäh, wie widerlich. Mein armer Frank. Er war unschuldig! Er hatte wirklich unter dem Schreibtisch gepennt!

Ich starrte vor mich hin. Ein merkwürdiges Prickeln stieg mir in die Nase. Ich wusste nicht, ob ein Lachen, ein Weinen oder Niesen daraus würde.

Ich hatte Frank des Fremdgehens bezichtigt! Zu Unrecht! Unterstellungen sind der Anfang vom Ende!

Eine Woge der Erleichterung, vermischt mit Scham, hüllte mich ein. Mir wurde heiß unter dem Frisierkittel. Er hatte mich nicht betrogen! Ich dumme Kuh hatte wirklich bei fremden Leuten an der Tür gelauscht! Fast musste ich kichern. Ich war aber auch ein peinliches Trampel! Fast hätte ich alles zerstört. Indem ich meinen wunderbaren Frank verdächtigte, der nur mich liebte und mir treu war!

Ganz bewusst grüßte ich Sissy Bleibtreu im Gehen. Die harmlose, natürliche Art, mit der sie freundlich zurückgrüßte, schenkte mir erst recht Gewissheit. Sie hatte nichts zu verbergen und schon gar nichts mit Frank.

Als wir später im Auto saßen und zu Netthausens fuhren, beichtete ich Frank mein Friseurerlebnis.

Frank reagierte gekränkt. »Ja, sag mal, hast du etwa immer noch geglaubt, ich hätte dich belogen?« Er sah mich traurig von der Seite an.

»Nein, Frank, es tut mir wahnsinnig leid!« Ich wurde ganz klein vor Demut.

»Weißt du, Linda, wenn du kein Vertrauen hast, dann weiß ich nicht, ob unsere Beziehung …«

»Doch, Frank, doch«, winselte ich rasch. »Ich könnte mich ohrfeigen, dass ich so blöd war, nach Offenbach zu fahren …«

»… um fremden Leuten beim Vögeln zuzuhören!« Frank schüttelte den Kopf wie ein Vater über sein ungezogenes Kind. »So was tut man doch nicht!«

Ich nahm seine Hand und küsste sie. »Bitte verzeih mir!«

»Mal sehen«, brummte Frank. Aber er hatte schon wieder sein entzückendes Grübchen und zahlreiche Lachfältchen im Gesicht.

»Ich könnte diesen Nachtportier erwürgen«, rief ich aus. »Der hat mich zu Zimmer fünf geschickt, ohne mit der Wimper zu zucken!«

»Und dich in der wohlverdienten Hölle der Eifersucht schmoren lassen.« Frank zwickte mich fast schmerzhaft in die Wange. »Wenn du heute fehlerlos Bridge spielst, will ich dir ausnahmsweise noch mal verzeihen.«

Auch in den folgenden Wochen war Frank für so manche Überraschung gut.

»Schau mal, hier!«

Er warf ein paar Broschüren auf den Küchentisch.

»Was ist das?«

»Wir machen jetzt Nägel mit Köpfen! Nämlich den Bootsführerschein!«

»Echt? Jetzt wirklich? Und wann? Und wo?«

»Jetzt. Zieh dich an. In Wiesbaden beginnt heute ein Intensivkurs.«

Ich zögerte. Es war Freitagmorgen, und ich hatte noch einiges zu tun.

»Ja, bist du denn abkömmlich?«, versuchte ich Zeit zum Nachdenken zu schinden. »Was ist mit deiner Bank? Müsstest du nicht längst im Büro sein?«

»Die Bank hat mich freigestellt.«

Bestürzt starrte ich ihn an.

»Was? Heißt das …«, mich überlief es heiß und kalt, »… sie haben dir gekündigt?«

»Sagen wir mal so: Wir stehen mitten in den Verhandlungen. Ich hab noch Urlaub gut. Und den machen wir jetzt. Für den eigenen Bootsführerschein. Das war doch immer unser gemeinsamer Traum, oder nicht?«

Ja, so war mein Frank. Statt rumzuheulen oder sich zu grämen, nutzte er die Krise positiv. Jochen hätte sich jetzt leidend zurückgezogen und den Sparstrumpf enger geschnürt.

»Klar. Natürlich. Ich bin dabei«, versicherte ich ihm meinen Rückhalt. Ich konnte gerade noch Patti wecken und sie bitten, die Mädels in die Schule zu bringen und zu kochen. Simon wurde dazu verdonnert, den Großeinkauf zu machen. Ich schnappte meine Handtasche, legte Geld auf den Küchentisch und sprang ins Auto, das fast schon rollte.

»Klasse. Ich freu mich.« Hektisch schnallte ich mich an.

Frank legte eine Hand auf mein Knie, während er rückwärts aus der Einfahrt schoss. Unser Hund konnte gerade noch zur Seite preschen. »Meine spontane Linda. So liebe ich dich!«

»Wie lange dauert der Intensivkurs?«, wollte ich wissen.

»Eine Woche. Jeden Tag acht Stunden volle Wäsche.«

»Oh.« Ich schluckte. »Das wusste ich ja gar nicht.«

»Ja, so einen Bootsführerschein kriegt man nicht nachgeschmissen.« Frank lachte. »Dafür muss man was tun.« Er tätschelte mein Bein. »Neue Herausforderung?«

»Klar. Neue Herausforderung.« Ich räusperte mich. »Und wo lassen wir das Boot zu Wasser?«

»Auf dem Rhein. Deshalb Wiesbaden.« Er trommelte nervös mit den Fingern. »Wir sind spät dran.«

Kaum waren wir auf der Autobahn, standen wir auch schon im Stau.

Wütend hieb Frank aufs Lenkrad ein. »Verdammt, ausgerechnet am ersten Tag will ich nicht zu spät kommen!«

»Frank«, sagte ich milde. »Es ist Berufsverkehr.«

»Scheiß drauf! Bei euch in Hessen ist aber auch immer Stau!«

Frank stammte ja aus Hamburg, und wenn im Frankfurter Raum mal was schiefging, waren bei ihm immer gleich die Hessen schuld. Und damit auch ich. Nur leider konnte ich den blöden Stau auch nicht wegzaubern. Stattdessen meldete sich ein dringendes Bedürfnis.

»Frank, bei der nächsten Raststätte müsste ich mal kurz raus.«

Frank überhörte das und drehte das Radio auf. »Wenn die wenigstens ne Verkehrsdurchsage machen würden! Dieses Autobahnkreuz ist doch immer verstopft.« Er drosch auf die Hupe.

Ich fröstelte. Jetzt ging das schon wieder los mit seinem cholerischen Gehabe.

Im Schritttempo rollten wir weiter, und ich versuchte verzweifelt, ihn bei Laune zu halten.

»Du kannst mir ja schon mal erzählen, was so alles auf uns zukommt.«

»Also, ich erklär dir schon mal die Schifffahrtsregeln. Bei Schiffen ist das so …« Er fing an zu reden, aber ich konnte ihm kaum folgen.

»Schiffen.« Es war doch wirklich unglaublich, wie oft dieses Wort in seinen Erklärungen vorkam. Ich konnte an nichts anderes mehr denken.

»Frank, sag bitte nicht mehr das Wort ›Schiffen‹.«

»Wieso? Ich erzähle dir doch nur, was uns erwartet: Schiffseinweisung, Schiffsmanöver, Schiffsnavigation …«

»Frank, ich muss mal. Es ist dringend.« Stotternd erklärte ich: »Ich habe heute nach dem Joggen zwei Liter Wasser getrunken und dann noch eine halbe Kanne Kaffee«, als ich merkte, dass ich ihm doch keine Rechenschaft über den Zustand meiner Blase schuldig war!

»Ich muss pinkeln«, sagte ich deshalb ohne Umschweife.

»Jetzt reiß dich doch mal zusammen, Linda! Dass du so dringend musst, ist alles nur Einbildung.«

Endlich ging es zäh weiter, und Frank überholte auf der Standspur ein paar träge Laster.

»Frank, bitte, da vorn kommt doch die Raststätte!«

»Jetzt nicht.«

Frank schlängelte sich auf die linke Spur, ignorierte einen wütenden Warnblinker und referierte weiter über den Bootsführerschein. »Dass wir überhaupt noch zwei Plätze gekriegt haben, ist ein Wunder. Die sind sonst monatelang ausgebucht.« Er drückte aufs Gas und fuhr jetzt hundertvierzig. »Wir schaffen das noch. Wie sieht denn das aus, wenn wir gleich am ersten Tag zu spät kommen!«

Der Kurs sollte um zehn beginnen, und jetzt war es kurz nach neun. Ich wusste, dass er partout einen guten Eindruck machen wollte, und Pünktlichkeit gehörte nun mal dazu. Disziplin war für ihn wahnsinnig wichtig, und ohne sie hätte er nie so Karriere gemacht. Deshalb zögerte ich lange, bis ich mein unaufschiebbares Bedürfnis wirklich nicht mehr ignorieren konnte. Es tat schon richtig weh. So weit hatte ich es noch nie kommen lassen müssen.

»Frank!« Ich heulte fast. »Ich kann es nicht mehr halten. Warum bist du eben nicht rausgefahren, als du sowieso schon auf der Standspur warst!«

»Ich hasse dieses Mädchengetue«, schnauzte Frank. »Mit Linda und Lena ist es dasselbe. ›Ich muss Pipi!‹«, äffte er sie mit kindlicher Stimme nach. »Mensch, Linda, werd erwachsen!«

Ich konnte es nicht fassen. War das mein Frank? Den ich so abgöttisch liebte? Rücksichtslos raste er weiter und scheuchte blinkend unsere Vordermänner weg.

»Pass auf«, rief ich genervt. Da vorn standen sie schon wieder. Instinktiv bremste ich mit und riss die Arme hoch.

»Jetzt werd nicht auch noch hysterisch!«

»Entschuldige, Frank. Du solltest nicht so rasen.«

»Verdammt!«

Inzwischen war es zwanzig vor zehn, und wieder musterte er mich vorwurfsvoll.

»Ja, ich hab die Autos nicht hergezaubert, nur um dich zu ärgern!«

Wir standen. Ich konnte mich auf nichts anderes mehr konzentrieren als auf meinen Harndrang. Hätte ich doch heute früh nicht so viel Wasser getrunken! Aber wer konnte denn ahnen …

Frank schnaufte. »Verfluchte Hessen!«

»Frank, bitte!« Warum brachte er mich in so eine erniedrigende Situation?

»Was ›bitte‹? Hier ist kein Klo!«

Ich saß auf meiner vollen Blase und weinte beinahe vor Schmerzen. »Ich mach in die Hose!«

»Untersteh dich! Du wirst mir nicht meine Ledersitze versauen!«

Mir blieb nichts anderes übrig, als die Beifahrertür zu öffnen, eine Böschung hinunterzustolpern und mich ins Gebüsch zu verziehen.

Während ich mir Erleichterung verschaffte und ein Tempotaschentuch aus der Hosentasche friemelte, hörte ich nur ein dumpfes Plopp.

Frank hatte sich vorgebeugt und die Beifahrertür zugeknallt.

Meine Güte!, dachte ich. Ich komm doch sofort wieder! Der Hintermann hat doch gesehen, dass ich ausgestiegen bin. Der wird schon nicht hupen. Wir sind doch alle nur Menschen! Unser erstes Liebesabenteuer im Auto fiel mir wieder ein. Da war Frank mit heruntergelassenen Hosen den Abhang runtergerutscht, aus Angst, erwischt worden zu sein. Von höheren Mächten, oder wie? Dabei war es nur das Radio gewesen. Was hatten wir gelacht! In Windeseile zog ich mir die Hose hoch und kraxelte die Böschung hinauf. Halleluja. So, jetzt ging es wieder.

Frank?!

Jenseits der Leitplanke floss der Verkehr wieder. Mein Kopf schnellte herum. Gerade noch rechtzeitig, um unser Auto verschwinden zu sehen. Er fuhr! Er fuhr einfach ohne mich weiter! Er würde doch jetzt rechts ran…?

Ich winkte mit beiden Armen, sprang auf und ab wie ein hysterisches Känguru. Frank?!

Laster hupten, und jemand zeigte mir einen Vogel. Abrupt hielt ich inne und starrte dem Auto nach. Hatte er das wirklich gerade getan? Ich versuchte, die Nerven zu behalten.

»Straßenstrich ist woanders«, brüllte ein tätowierter Spaßvogel aus seinem Führerhäuschen.

Frank war weitergefahren! Er hätte doch auf den Standstreifen fahren können, mit Warnblinker, und auf mich warten! Aber das hatte er nicht gemacht! Hatte er den Verstand verloren?

Im Nu war Frank außer Sichtweite. Fassungslos schaute ich an mir herunter. Ich hatte nichts bei mir, noch nicht einmal meine Handtasche! Ich fühlte mich hilflos und nackt.

Frank hatte mich – ausgesetzt! Am Autobahnkreuz West. In welch grausame Tiefen hatte mich Frank diesmal gestoßen? In diesem Moment realisierte ich, dass Frank mich im wahrsten Sinne des Wortes hatte sitzen lassen. Mit nacktem Arsch auf einer Autobahnböschung, wo mich der Verkehr sechsspurig umtobte.

»Du Arsch!«, hörte ich mich brüllen, aber meine Stimme klang nicht wie meine.

Wie in Trance stolperte ich tränenblind zurück bis zu der Raststätte, an der er mich nicht hatte rauslassen wollen. Von dort aus kam man auf die Gegenseite, wo ich den Daumen raushielt und per Anhalter nach Frankfurt zurückfuhr.

Die ganze Zeit über ging es mir durch den Kopf: Das hat er dir angetan! Das hat er dir wirklich angetan! Er hat dich an der Autobahn stehen lassen. Ohne Handtasche. Ohne Geld und ohne Handy.

Und jetzt? Wie soll das jetzt weitergehen?

Das ist nicht der Frank, den du kennst. Das ist ein fremder Frank. Ich fürchte mich vor diesem fremden Frank.

Was hatte ich ihm nur getan?

Ich schüttelte den Kopf. Wenn sich ein Mensch so unmöglich verhält, such nicht die Schuld bei dir, Linda. Aber wer oder was war dann schuld?

Die Bank!, dachte ich. Sie haben ihm gekündigt. Er wird mit

der Schmach nicht fertig. Aber muss er das deshalb an mir auslassen? Wir konnten doch reden! Ich war doch bereit, ihn aufzufangen, zu unterstützten. Ich war doch die Erste, die ihn mit Rat und Tat in die Selbstständigkeit begleiten und ihm den Rücken frei halten würde, so wie er es seit Jahren von mir gewohnt war! Ich war loyal. Bedingungslos loyal. Und klug. Eine Partnerin auf Augenhöhe!

Oder war ich in Wirklichkeit dumm? Weil ich mir so viel von ihm bieten ließ und immer wieder einlenkte? Mich sogar schon dafür entschuldigte, dass ich auf die Toilette musste?

Verzweifelt massierte ich mir die pochenden Schläfen.

Wann hatte es angefangen zu bröckeln, unser großes Glück?

Sollte ich einfach nicht gemerkt haben, dass er gar nicht so supertoll war? Drohte meine Existenz jetzt zusammenzubrechen wie ein Kartenhaus?

Der nette ältere Mann, der mich mitgenommen hatte, hatte kein Wort gesagt, während ich mit tränenverschleiertem Blick auf meiner Unterlippe gekaut hatte.

»Kann ich Sie hier rauslassen, junge Frau?«

»Ja, danke, passt schon.«

Ich hatte ihm etwas von einer Autopanne erzählt, und dass ich meine Handtasche zu Hause vergessen hätte. Ich konnte schließlich schlecht sagen: »Mein Lebensgefährte hat mich eben an der Autobahn ausgesetzt, nur weil ich pinkeln musste.«

Wo sollte ich jetzt hin? Der anfangs nur tröpfelnde Regen hatte sich in einen richtigen Guss verwandelt. Das Wasser rann mir bis in die Schuhe. Ich konnte jetzt nicht nach Hause gehen. Unmöglich konnte ich so vor die Kinder treten.

Euer Vater hat mich auf der Autobahn … Während ich mit nacktem Hintern in der Böschung gehockt habe, ist er einfach weitergefahren. Nur, um nicht zu spät zu kommen.

Nein. Ich wollte Franks Bild nicht zerstören. Ich hatte ihn meinen Kindern in den schönsten Farben geschildert, ihnen erklärt, warum es sich lohnte, ihren Vater zu verlassen, ihre Schwester und ihre kleine Nichte für immer zu verlieren sowie alle Nachbarn und Freunde. Ich hatte alles in eine Waagschale geworfen, die Frank hieß. Welcher sich jetzt als Leichtgewicht entpuppte.

Sollte ich zu Barbara? Noch nicht mal anrufen konnte ich sie. Womit denn? Kein Handy, kein Kleingeld. Außerdem hatte ich Angst vor ihren bohrenden Fragen. Nein, jetzt nicht zu Barbara. Ich schämte mich abgrundtief. Unschlüssig ließ ich mich einfach treiben. Ich war überhaupt nicht fähig, einen klaren Gedanken zu fassen. Inzwischen war es elf Uhr vormittags.

Plötzlich fand ich mich an einer Bushaltestelle wieder, von der ein Bus zu meinem einstigen Heimatort fuhr. Zu dem Haus, in dem ich mit Jochen gelebt hatte. Genau in dem Moment fuhr der Bus vor. Es war Fügung, vielleicht Schicksal. Wie in Trance stieg ich ein und ließ mich auf die Rückbank fallen. Schlimmer als jetzt konnte es sowieso nicht mehr werden. Wenn ein Kontrolleur kam, würde ich ihm die Geschichte von der vergessenen Handtasche erzählen. Oder auch nicht. Letztlich war mir alles egal. Wenn sie mich in Handschellen abführen würden – bitte! Es konnte meine Verzweiflung auch nicht mehr steigern.

Ich starrte aus dem Fenster. Draußen drehte sich die Welt ganz normal weiter.

Eine Stimme drang an mein Ohr. War es eine Mitreisende? Oder die leise Stimme von Frau Vernunft?

Die Kinder! Setz sie nicht weiterhin diesem unberechenbaren Irren aus. Gib deinen Fehler vor Jochen zu. Vielleicht gibt es einen Weg. Einen Ausweg. Nur Mut. Stell dich.

War ich wirklich schon so weit, dass ich bei meinem Ex zu

Kreuze kroch? Frau Vernunft rang die Arme, als wollte sie sagen: Na endlich!

Und sie wurde mir immer verständlicher. Plötzlich spürte ich: Ich wollte zu Jochen. Zu meinem altvertrauten Jochen. Seit seinem Motorradunfall hatte ich nichts mehr von ihm gehört. Ich wollte einfach nur bei ihm sitzen und reden.

Ein winziger Hoffnungsschimmer machte sich breit. Vielleicht würde er die Arme ausbreiten und sagen: Linda, lass gut sein, komm zurück.

Was Frank mir heute angetan hatte, hätte Jochen nie gemacht! Na gut, er hätte auch keinen einzigen dieser Traumurlaube mit mir gemacht, keinen Bridgekurs und keinen Ballonflug. Aber er hätte mich mit Respekt behandelt und selbstverständlich mit eingeschalteter Warnblinkanlage auf dem Seitenstreifen gewartet. Gut möglich, dass er triumphierte, wenn ich gleich bei ihm auf der Matte stand. Aber das war ihm zu gönnen. Ich schämte mich abgrundtief, wollte mich einfach nur bei ihm verkriechen.

Als die Haltestelle kam, rappelte ich mich irgendwie auf und lief durch die vertrauten Straßen nach Hause.

Nach Hause? War es das denn noch? Könnte es das je wieder werden? Ich fürchtete mich vor den Blicken der Nachbarn. Hoffentlich sah mich jetzt keiner. Verhuscht schlich ich mit gesenktem Kopf an ihren Häusern vorbei. Bewegte sich dort eine Gardine? Schaute die alte Frau im Garten von ihrem Beet hoch? Erkannte sie mich? Hoffentlich nicht.

Da stand unser Haus wie eh und je. Es hatte sich nicht viel verändert.

Doch. Vor dem Haus stand neben Jochens Wagen noch ein anderer. Ein kleiner blauer Audi.

Wie blöd. Hoffentlich hatte er jetzt keinen Besuch. Ich brauchte ihn. Wir waren immer noch verheiratet!

Als es ihm schlecht gegangen war, war ich auch für ihn da gewesen. Das gab mir den Mut, zu klingeln. Wie demütigend allein das war! Ich hatte keinen Schlüssel mehr.

Beschwingte Schritte näherten sich. Eine dunkelhaarige Frau mit Pferdeschwanz öffnete mir. Sie trug Jeans und Turnschuhe und hatte eine tropfende Spülbürste in der Hand.

Lieber Gott, mach, dass es die Haushälterin ist!, flehte ich innerlich.

»Ja bitte?«

»Hallo«, sagte ich. »Ich bin Jochens Frau, Linda Albrecht. Könnte ich ihn sprechen?«

»Oh. Ja, klar. Ich hab schon viel von Ihnen gehört.«

Sie drehte sich um und rief: »Jockel? Besuch für dich!«

Ich zuckte zusammen. Jockel. Das klang vertrauter, als mir lieb war.

Ich hörte die Klospülung, dann erschien Jochen, der sich noch die Hände am Gästehandtuch abtrocknete. Er sah viel besser aus als damals im Krankenhaus. Viel besser, als ich ihn überhaupt in Erinnerung hatte. Und er hatte ein ganz besonderes Leuchten im Gesicht.

»He!«, sagte er munter. »Schön, dass du dich auch mal wieder blicken lässt. Was gibt's?«

»Ich … Ähm, ich wollte …« Während ich sprach, sah ich, dass er den Arm um seine Haushälterin legte.

Ich zuckte mit den Achseln. »Nur so, ich hatte hier in der Nähe zu tun, und da dachte ich, ich guck mal vorbei.«

Hoffnungslosigkeit überschwemmte mich.

»Dann erübrigt sich ja mein Brief an dich«, sagte Jochen freundlich. »Ich möchte dir meine Verlobte Katja vorstellen.« Er zog sie stolz noch enger an sich.

Die Haushälterin löste sich in Luft auf. Zurück blieb eine

kesse Dunkelhaarige, die sich in gespielter Verlegenheit den Pony hochpustete.

»Wir haben uns im Motorradklub kennengelernt.« Jochen strahlte. »Ich blutiger Anfänger leg mich gleich auf die Schnauze, aber zum Glück hat sich Katja nach dem Unfall sehr lieb um mich gekümmert.« Jochen lachte verlegen. »Und du natürlich, aber das ist ja was anderes.« Er sah die Ponyfranse verliebt an: »Wärst du damals nicht gewesen, hätte ich … Keine Ahnung, was ich mir dann angetan hätte.«

»Papperlapapp!«, sagte Katja und knuffte ihn in die Seite. »Ich hab Glück gehabt, dass du zu haben warst.«

Dieses Gespräch war so bizarr, dass ich tief Luft holen musste. Ich trat einen Schritt zurück.

War er »zu haben« gewesen? Ja. Ich hatte ihn abgelegt wie ein altes Kleidungsstück. Auf dem Secondhand-Beziehungsmarkt war er ein echtes Schnäppchen gewesen.

Ein Arzt mit eigenem Haus.

Die beiden lachten mich an. »Willst du nicht reinkommen?«, fragte Jochen höflich. »Du siehst etwas – derangiert aus!«

»Ja. Du kannst duschen, wenn du willst.«

Diese Katja bot mir die Benutzung meines eigenen Badezimmers an. Wie tief war ich gesunken!

»Nein, ich bin in Eile«, stammelte ich und zwang mich, nicht auf den Stufen heulend zusammenzubrechen. »Wie schön für euch, das freut mich sehr – und besonders das gemeinsame Hobby.«

»Ein bisschen hab ich ja auch von dir gelernt«, sagte Jochen ernst. »Du musstest mir anscheinend erst mal einen Arschtritt verpassen, damit ich merke, dass das Leben noch andere Dinge für einen bereithält …«

»… als arbeiten oder vor dem Computer sitzen?« Katja lachte. »Linda, glauben Sie ihm nichts!«

Sie war auch noch nett. Sie war nicht mal eine blöde Kuh!

»Katja war nach Mutters Tod und der Trennung in jeder Hinsicht für mich da«, rang sich Jochen eine weitere Erklärung ab. »Deshalb will ich dich auch um die Scheidung bitten, denn nachdem dein Frank jetzt ein freier Mann ist, werdet ihr sicherlich heiraten wollen.«

Das hatte Jochen bestimmt von Rainer und Michaela erfahren, mit denen er im Gegensatz zu mir immer noch befreundet war.

»Ja.« Ich schluckte und kickte ein Steinchen weg. »Genau. – Auch deshalb hab ich bei dir vorbeigeschaut.« Ich schluckte einen Kloß herunter, der von der Größe und dem Geschmack her an eine alte Socke erinnerte. »Frank und ich wollen endlich heiraten. Wir gründen nämlich gemeinsam eine Firma, insofern ist das auch steuerlich interessanter ...« Ich ließ diesen abstrusen Satz verhallen. Hatte ich das gerade wirklich gesagt?

»Dann könntest du mir deine Unterschrift jetzt gleich geben?«

Jochen rannte zurück ins Haus, um die entsprechenden Unterlagen aus seinem Arbeitszimmer zu holen. Er trug nach wie vor die Hausjoppe, die ich seit Jahren an ihm kannte.

»Ja«, sagte ich mit einem angestrengten Lächeln zu Katja. Ich konnte kaum glauben, was ich Jochen da gerade aufgetischt hatte. »Wie schön für euch.«

Sie sah mich prüfend an. »Alles in Ordnung?«

»Ja, natürlich. Ich hab nur gerade ein bisschen Sport gemacht ...«

Ich sah mich außerstande, weiterhin mit dieser Frau Small Talk zu machen, und senkte den Blick.

»Wollen Sie ein Glas Wasser?«

»Ja, bitte.«

Sie ließ mich an der Haustür stehen und reichte mir ein Glas Wasser wie einem Bettler, und ich leistete die versprochenen Unterschriften an der Haustür wie ein Vertreter.

Danach machten sie mir die Haustür vor der Nase zu wie einem Hausierer.

Ich drehte mich um und ging. Diese Tür hatte sich endgültig für mich geschlossen.

Während ich tränenüberströmt zurück zur Bushaltestellte lief, zischten alle möglichen hässlichen Stimmen in meinem Kopf:

Komm bloß nicht wieder an, wenn es schiefgeht.

Wenn du jetzt gehst, dann ist es für immer.

ber, liebste Linda!« Frank hielt mich in den Armen und wiegte mich hin und her, als wäre ich ein kleines Mädchen, das sich verlaufen hat. Ich konnte gar nicht wieder aufhören zu weinen und wurde von Schluchzern geschüttelt.

»Es tut mir so leid …«

Frank küsste mir die Tränen weg und putzte mir liebevoll die Nase.

»Mensch, ich Arschloch aber auch! Wie konnte ich mein armes, kleines Mädchen mit nacktem Hintern in der Böschung sitzen lassen!« Er schlug sich mit der flachen Hand gegen die Stirn. »Mein Gott, das ist unverzeihlich! Abgesehen davon, dass ich den anderen Autofahrern auch mal was gönnen wollte …«

»Frank, das ist NICHT LUSTIG!«, schrie ich.

Die Kinder standen alle vier fassungslos um uns herum und wurden Zeuge meines unkontrollierten Gefühlsausbruchs. Sie starrten mich an und waren blass wie die Wand. In ihren jungen Gesichtern stand Mitleid, aber auch Angst. Und in Simons Gesicht stand blanker Hass.

Sie hatten mich kommen sehen – hinkend, heulend, durchnässt und verzweifelt, und ich hatte kein Wort herausbringen können. Stattdessen war ich weinend auf dem Sofa zusammengebrochen. Die Kinder hatten eine Decke gebracht. Und heißen Tee. Ich hatte Schüttelfrost und starrte bibbernd vor mich hin. Die Kinder wollten gerade einen Arzt rufen, als Frank hereinkam.

Mit einem Riesenstrauß roter Rosen, den er schelmisch vor sein schuldbewusstes Gesicht hielt. Ich kam mir vor wie in einem schlechten Film. Es war, als hätte ein Regisseur gerufen: Alles auf Anfang, noch mal von vorn – und Action!

»Ich war so auf diesen Bootsführerscheinkurs fixiert, dass ich gar nicht richtig WAHRGENOMMEN habe, dass du ausgestiegen bist!«

Frank sprach überdeutlich wie mit einem lernbehinderten Kind. »Wirklich, Linda. Ich bin weitergefahren und wollte gerade fragen, ob du es noch aushalten kannst, als ich merkte, dass du gar nicht mehr im Wagen warst! Kinder, das müsst ihr euch mal bildlich vorstellen: Eure Mutter springt aus dem Auto, rennt die Böschung runter, lässt die Hose fallen und macht Pipi!«

Die Art wie er das sagte und alles ins Lächerliche zog, machte mich einerseits noch viel wütender. Andererseits wich die Besorgnis der Kinder: aus Angst wurde Erleichterung. Die pubertären Mädels fingen an zu kichern, und Simon, dem der Zorn im Gesicht gestanden hatte, drehte sich errötend weg. Frank schaffte es immer, uns zum Lachen zu bringen, wenn er entschied, dass aus der Tragödie eine Komödie werden sollte. Er konnte wie aus dem Nichts düsterstes Donnerwetter heraufbeschwören und wie der Herrgott selbst die Wogen wieder glätten und die Sonne scheinen lassen, sobald es ihm in den Kram passte. Schirm auf, Schirm zu.

»Die Mama wollte partout die Blumen gießen auf der Autobahnböschung!«

Die Kinder kugelten sich inzwischen.

Doch Frank war noch nicht fertig: »Wisst ihr, eure Mama hat in letzter Zeit auch viel Stress gehabt. Und die Hormone schreien …« – mit den Händen formte er einen Trichter vor seinem Mund – »… Hiiilfeeeee! Ich werde bald füüüünfzig! Da kann ich das Wasser nicht mehr haaaaltennn! Ich brauch Uuur-laub!!«

Und dann erklärte er den Kindern, dass wir beide nach bestandenem Bootsführerschein einen Ohne-Kinder-Urlaub machen müssten. Das hätte die Mama dringend nötig. Und dass wir jetzt alle zusammenhalten müssten, damit die Mama keinen weiteren Nervenzusammenbruch bekomme. Ich sei ja kurz vor dem Burn-out.

Also Aufräumen, Mithelfen, Disziplin. Noch mehr als bisher.

Die Kinder hörten auf zu lachen und nickten ernst. Ja, sie wollten alle mithelfen, damit es mir schnell besser ging.

Das war so rührend, dass auch mein Weinen in hysterisches Lachen umschlug. Denn entweder ich verfiel in eine lang anhaltende Depression, oder ich nahm es mit Humor.

Ich entschied mich für die bequemere Variante.

Das Leben ging weiter. Das Ziel Bootsführerschein galt nach wie vor. Deshalb fuhren Frank und ich jeden Morgen nach Wiesbaden, um dort den Kurs zu besuchen, und wenn wir abends nach Hause kamen, wiederholten wir den Stoff und fragten uns gegenseitig ab. Wir hatten wieder etwas, auf das wir gemeinsam hinarbeiten konnten, und das tat gut.

Die Kinder verhielten sich vorbildlich. Patti erledigte den gesamten Haushalt, Simon die Gartenarbeit, und Linda und Lena kümmerten sich um die Tiere. Frau Landwehr von nebenan kam nicht umhin, staunend am Gartentor zu stehen und unsere vorbildliche Familie zu loben.

Als die erste Etappe, das heißt der Sportboot-Führerschein Binnen, geschafft war, nachdem wir wie verrückt Wetterkunde, Bundeswasserstraßen und Schifffahrtsrecht gepaukt und auch die praktische Prüfung auf dem Rhein geschafft hatten, kam der Sportboot-Führerschein See.

Unser Ziel war zum Greifen nahe. Und ich war froh, Frank im wahrsten Sinne des Wortes das Wasser reichen zu können. Der Kurs machte mir großen Spaß, ich hatte Erfolgserlebnisse und kam Frank wieder näher. Immer wenn wir ein gemeinsames Projekt in Angriff nahmen, waren wir wieder auf Augenhöhe, und alles war gut. Dafür lernte ich gern tausend Seemannsknoten!

In Franks Bank tat sich nichts, noch war keine Entscheidung gefallen – jedenfalls keine, von der er mir berichtet hätte –, auch deshalb war es uns möglich, eine weitere Intensivwoche auf der Nordsee dranzuhängen. Dabei lernten wir, das Boot bei jedem Seegang zu beherrschen und seinen Ort mithilfe von Peilung zu bestimmen. Wieder goss es in Strömen, und wir waren den rauen Elementen ausgesetzt. Doch ich wollte Frank beweisen, dass mich so schnell nichts umwehte. Vor ihm würde ich ganz bestimmt nicht einknicken, und wenn das hier ein Beziehungshärtetest sein sollte, würde ich ihn mit Bravour bestehen. Bis zur Erschöpfung wurden wir gedrillt: Navigation, Kollisionsverhütungsregeln, Erste Hilfe an Bord, Umweltschutz – mir schwirrte der Kopf.

Doch irgendwann hatte ich es geschafft! Als eine der wenigen Frauen, die sich so etwas überhaupt zugetraut hatten, hielt ich beide Sportbootscheine in den Händen und ließ mich von den anderen erfolgreichen Seemännern beglückwünschen.

Frank hingegen war durch die theoretische Prüfung gerauscht und musste sie nach ein paar Tagen wiederholen. Doch anstatt mich um Hilfe zu bitten, behauptete er, ich sei schuld an seinem Versagen. Tosendes Gelächter aus zwanzig Seefahrerkehlen war zu hören, als er mit dieser fadenscheinigen Ausrede kam, woraufhin er auf einmal richtig alt aussah. Die Planken bogen sich unter seinen Ausflüchten und Schuldzuweisungen, und keiner nahm ihn ernst. Wir erfolgreichen Absolventen zogen uns grölend eine Buddel voll Rum rein, während Frank mit eingezogenem Schwanz abzog und lernen ging. Ich folgte ihm nicht. Nein, diesen kleinen Triumph gönnte ich mir.

Ja, Frank!, dachte ich nicht ganz ohne Schadenfreude. Jetzt spürst du mal, wie das ist, wenn man vorgeführt und ausgelacht wird. Nicht immer die Wahrheit verdrehen, mein Lieber und anderen die Schuld geben! Sei ein fairer Verlierer. Das bin ich doch bisher auch immer gewesen.

Zum Glück bestand Frank ein paar Tage später, und die Wogen glätteten sich wieder.

Als wir schließlich nach Hause kamen und den Kindern stolz unsere Bootsführerscheine zeigten – ich mit hundert Punkten und Frank mit der gerade noch akzeptablen Mindestpunktzahl–, und als ich in den Augen der Kinder Bewunderung für mich und Mitleid für Frank sah, da dachte ich: So, mein lieber Schatz. Jetzt sind wir wieder quitt.

24

Dann kam der Tag vor der Abreise in unseren großen Urlaub ohne Kinder. Skippern in der Südsee. Nur Frank und ich. Wir hatten diese Auszeit bitter nötig.

Die Kinder waren gebrieft, mir, ihrer urlaubsreifen Mutter, und ihrem ebenso urlaubsreifen Vater diese Reise bitte schön zu ermöglichen. Um keinerlei Risiko einzugehen, lieh Barbara uns erneut das nette polnische Ehepaar aus, das sich sonst um ihr Anwesen kümmerte. Piotr und Dorota zogen ins Gästezimmer, sodass wir unbesorgt ans andere Ende der Welt fliegen konnten.

Frank verhandelte immer noch mit der Bank. Inzwischen stand fest, dass die Privatbank mit CH-Invest Zürich fusionierte, womit Franks Bankdirektorposten wegfiel. Es stand ihm frei, in einer anderen Funktion zu bleiben oder zu gehen.

Für diesen Fall verlangte Frank eine Abfindung. Es ging um einen sechsstelligen Betrag im höheren Bereich. Eine Summe, die nicht nur unseren Urlaub, sondern auch unser Leben in der Villa Kunterbunt finanzieren sollte, bis Franks Selbstständigkeit auf soliden Beinen stand. Kurz: Es ging um alles. Alle spürten, dass sie Frank wie ein rohes Ei behandeln mussten.

Niemand wusste, wann Frank von seinem wichtigen Gespräch mit der Bank nach Hause kommen würde, fest stand nur, dass unser Flieger nach Papeete über Los Angeles und Hawaii am nächsten Morgen früh um sechs starten würde. Endlich würde er sich entspannen können! Vier wundervolle Wochen lagen vor uns, in der wir unsere Liebe wiederbeleben wollten. Aber was hieß da »wiederbeleben«? Sie war doch nie tot gewesen, sondern hatte nur etwas unter den Alltagsturbulenzen gelitten. Wo flogen nicht ab und an mal gründlich die Fetzen?

Das war mein Mantra, das ich gebetsmühlenartig vor mich hin murmelte: Unser Leben ist tausendmal schöner als das anderer Großfamilien. Wir haben alles: ein riesiges Haus, Kinder, die uns nur Freude machen, Liebe, Gesundheit, Geld, Freunde, Hobbys, Tiere … Wie konnte ich das auch nur im Geringsten anzweifeln?

Nachdem ich meinen Koffer gepackt hatte, stand ich unschlüssig herum. Es war zehn Uhr abends. Sollte ich mich jetzt hinlegen und Frank das Packen selbst überlassen?

Nein. Mein armer Mann würde völlig kaputt nach Hause kommen. Entschlossen machte ich mich daran, seine Urlaubsklamotten herauszusuchen und stapelte frisch gebügelte Hemden, Poloshirts, Hosen, Shorts und Sommeranzüge auf unserem Bett. So, mein Schatz!, dachte ich. Du sollst merken, dass ich für dich mitgedacht habe. Was noch? Taucherbrille, Flossen, Schnorchel, Fotoausrüstung, Ladekabel – der ganze Kram.

Schließlich war seine ganze Betthälfte bedeckt. Nach einem kurzen prüfenden Blick konnte er alles schnell in seinen Koffer legen, um noch ein paar Stündchen zu pennen.

Während ich überlegte, was ich ihm noch Gutes tun konnte, klingelte das Telefon.

Als ich dranging, meldete sich eine mir unbekannte Männerstimme.

»Frau Linda Albrecht?«

»Ja?« Vielleicht war es jemand von der Fluggesellschaft, der uns vorschlagen wollte, online einzuchecken. Oder wieder ein aufregendes Upgrade für uns in petto hatte.

»Tut mir leid, dass ich so spät noch störe ...«

»Aber das macht doch nichts«, sagte ich aufgekratzt. »Was kann ich für Sie tun?«

»Ich habe lange gebraucht, bis ich mich dazu durchringen konnte ...«

»Ja?«, erwiderte ich gut gelaunt. Wenn er sich nach reiflicher Überlegung dazu durchgerungen hatte, uns erster Klasse fliegen zu lassen, sollte es mir recht sein.

»... aber ich habe den dringenden Verdacht, dass Ihr Mann mit meiner Frau ein Verhältnis hat.« Der Mann am anderen Ende räusperte sich. »Ich habe nicht nur den Verdacht, ich weiß es: Sie hat alles zugegeben.«

Es rauschte in meinen Ohren, und mir wurde schwindelig. Ich ließ mich auf die Bettkante sinken, und der Hörer drohte mir zu entgleiten. Auf einmal war er so schlüpfrig wie ein Stück Seife.

Ich riss mich zusammen und sagte: »Das ist grenzenloser Quatsch. Ich meine, wer sind Sie überhaupt?«

»Das tut nichts zur Sache.«

Einen Moment blieb es still in der Leitung.

»Und wer, bitte schön, ist Ihre Frau?«

»Ich möchte keinen Namen nennen.«

»Aber Sie wissen, dass es sich um meinen Mann handelt?«, sagte ich sarkastisch. Trotzdem machte mein Herz unrhythmische Sprünge. Cool bleiben, Linda!, beschwor ich mich. Das ist eindeutig irgendein Spinner.

»Wenn Ihr Mann Frank Hellwein heißt, dann ja.«

»Mein Mann heißt tatsächlich Frank Hellwein. Aber – wir fliegen morgen früh in Urlaub!« Das war zwar nichts, was dem Sachverhalt diente, rutschte mir aber trotzdem so heraus.

»Passen Sie gut auf ihn auf«, sagte die unbekannte Stimme,

die gedrückt, aber auch berechnend klang. »Und wenn Sie klug sind, sagen Sie ihm nichts von meinem Anruf.«

»Hallo?« Ich schüttelte den Hörer. »Wer sind Sie?«

Doch da hatte der Unbekannte schon aufgelegt.

Mein Herz raste. Der Typ war doch gestört! Eindeutig jemand, der sich bei der Bank schlecht beraten fühlte und sich auf diese Art rächen wollte. Oder war da doch etwas dran? Meine Gehirnzellen arbeiteten auf Hochtouren.

Wenn ich klug war, sagte ich ihm nichts davon?

Hallo? Ich war klug! Das hatte ich ja wohl hinlänglich bewiesen! Aber sollte ich jetzt wochenlang mit diesem anonymen Anruf schwanger gehen und mir den ganzen Urlaub verderben? Der hatte sie wohl nicht mehr alle! Wir würden morgen früh aufbrechen! Zu unserer wohlverdienten Traumreise! Nur wir zwei beide und ein Boot! Dafür hatten wir gepaukt und geschuftet wie die Tiere! Welch hinterhältiger Teufel wollte mir DAS jetzt schon wieder verderben?

Ein unpassender Scherz von Jochen?

Nein. Jochen war viel zu geradlinig, ehrlich und – fantasielos für solche Spielchen. Außerdem war er mit Katja glücklich wie schon lange nicht mehr.

Irgendjemand aus Heidruns Dunstkreis? Späte Eifersucht? Möglich.

Oder, wie bereits befürchtet, jemand, der sich von Frank finanziell in die Scheiße geritten fühlte? So etwas blieb nicht aus in Zeiten der Wirtschaftskrise.

Als ich Franks Auto in der Einfahrt hörte, stand ich energisch auf. Das musste jetzt auf der Stelle geklärt werden.

»Frank, da hat gerade jemand angerufen …«

Frank stürmte an mir vorbei.

»Was soll denn DIE Scheiße hier auf meinem Bett?«

Er schäumte vor Wut. Oje. Offensichtlich waren die Verhandlungen bezüglich der Abfindung nicht so toll gelaufen.

»Ich hab nur schon mal die Sachen, die du vielleicht mitnehmen willst …«

»Das gibt's doch nicht!« Seine Stimme überschlug sich vor Zorn. »Da komme ich nach vierzehn Stunden Büro nach Hause, will nichts als ein paar Stunden Schlaf, und du hast das Bett absichtlich zugemüllt?«

»Okay, Frank!«, schnaubte ich, nun ebenfalls in Rage. »Du hast genau zwei Möglichkeiten: Entweder, wir stecken den ganzen Kram sofort in deinen Koffer …«

»Ich werd mir ja wohl noch selbst aussuchen dürfen, was ich mitnehme! Was soll denn dieses bescheuerte rosa Hemd!« Er warf es auf die Erde. Aha. DAS rosa Hemd. Sollte also nicht mit in den Liebesurlaub.

»Oder …«, fuhr ich ungerührt fort, während ich mich nach dem Hemd bückte, um es wieder auf den Bügel zu hängen, »… du legst dich derweil in mein Bett. Bitte sehr!« Einladend schlug ich die Decke zurück. »Frisch bezogen. Entspann dich!«

»Ich lege mich in MEIN Bett, wenn ICH das will«, tobte Frank.

Seine Augen glühten wie Kohle – als Steinzeitmensch hätte er immer Feuer machen können. Aber im Hinblick auf unseren romantischen Urlaub fand ich das etwas unpassend. Ich verschränkte die Arme vor der Brust und atmete hörbar aus. Ich hatte genug runtergeschluckt, verdrängt und mir schöngeredet. Deshalb ließ ich die Bombe platzen:

»Ein Mann hat angerufen. Er sagt, dass du mit seiner Frau schläfst.« So. Jetzt drehten wir den Spieß mal um. »Ich erwarte eine Erklärung.« Wie ein Bollwerk stand ich da und starrte ihn wütend an.

Frank starrte zurück, und wie immer entdeckte ich einen winzigen Funken der Irritation in seinen blutunterlaufenen Augen.

Dann lachte er sein kaltes, schnoddriges Lachen. »Und wie heißt der Mann, bitte schön?«

»Das wollte er nicht sagen.«

»Und wie heißt die Frau, mit der ich angeblich schlafen soll?«

»Das wollte er auch nicht sagen.«

Aus dem kalten schnodderigen Lachen wurde ein amüsiertes, abfälliges Lachen. »Und darauf fällt die kleine Linda mal wieder rein!« Er schlug sich auf die Schenkel. »Ein namenloser Idiot darf hier anonym anrufen und mich irgendeiner Sauerei bezichtigen, und meine leichtgläubige Linda nimmt ihm das sofort ab. Du lässt dir also deine kostbare Zeit stehlen? Von irgendeinem Schwachkopf, der zu feige ist, seinen Namen zu nennen?«

»Ich … Nein … Ich habe…«

»Du glaubst diesem Trottel also mehr als mir? Dem Mann, der dich über alles liebt und gerade unsere Zukunft gesichert hat? Eine satte Million für uns rausgeholt hat?«

Ich hielt inne. Wow. Das hörte ich gut an.

»Nein, ich wollte ja nur fragen …«

»Ich dachte, wir wollen morgen auf Liebesurlaub gehen?« Er lachte kurz auf.

Ich öffnete den Mund, um etwas zu sagen, machte ihn aber gleich wieder zu.

Frank ließ sich ziemlich entspannt auf seine Wäsche fallen und streifte die Schuhe von den Füßen. »Aber wir können das natürlich noch canceln, wenn du dir deiner Sache nicht sicher bist.«

Ich zog seine Sachen unter ihm hervor und spürte, wie sehr meine Hände zitterten.

»Nein, entschuldige, da habe ich wohl etwas gründlich missverstanden …«

Fast hätte ich mir den schönen Traumurlaub vermasselt. Ich war ja kleingläubiger als Petrus auf dem See Genezareth! Wann würde ich endlich anfangen, Frank zu vertrauen?

»Oh, Frank, das ist so unbeschreiblich kitschig, dass es schon wieder geil ist!«

Ich stand im Bikini auf den Planken unseres Loveboats und betrachtete durchs Fernglas die Insel, die vor uns lag wie eine unberührte Jungfrau: drei Palmen, Puderzuckerstrand und weit und breit kein Mensch. Nur wir. Die Robinson-Fantasie schlechthin.

Eine warme Meeresbrise strich mir über die Arme, und mein Haar wehte im Wind.

»Liebster, dass es so was wirklich gibt! Können wir da näher ran?«

»Geht nicht!«, rief Frank aus der Kajüte. »Das Meer ist stellenweise zu flach, wir würden auflaufen, und dann kriegen wir die olle Jolle nicht wieder flott.«

»Oh, ich möchte da hin!« Wie ein kleines Kind hüpfte ich aufgeregt auf der Stelle.

»Dein Wunsch ist mir Befehl.« Frank kam lachend aus der Kajüte und sagte: »Schwimmen wir einfach rüber! Traust du dich?«

»Natürlich traue ich mich!« Hatte ich mich an Franks Seite jemals etwas nicht getraut?

Er hatte mich immer aufgefangen, am Flughafen in Bangkok ebenso wie beim Skifahren in Kitzbühel. Ich war wieder verliebt wie am ersten Tag und fühlte mich beschützt wie damals.

Wir hatten traumhafte Tage hinter uns. Frank war entspannt,

liebevoll, aufmerksam, zärtlich … Und wir hatten den besten Sex aller Zeiten gehabt.

Alle Zweifel an unserem großen Glück hatten sich in Luft aufgelöst

»Hier, Liebes. Auf zu neuen Abenteuern!«

Frank ging in die Knie und half mir mit den Flossen, ließ seine Hände anschließend so über meinen Körper gleiten, dass ich schon wieder Lust bekam, ihn in die Kajüte zu zerren.

Jubelnd sprangen wir ins warme, weiche Wasser. Nachdem wir eine ganze Weile geschwommen waren, schien die Insel immer noch gleich weit entfernt zu sein. Aufgrund der Strömung kam ich kaum vorwärts, und meine Kraft ließ langsam nach. Umkehren lohnte sich allerdings auch nicht mehr: Unser Schiff war schon weit weg, und ich wollte mir Frank gegenüber keine Blöße geben.

Frank, der vor mir mit kräftigen Zügen durchs Wasser pflügte, drehte sich zu mir um: »Geht's noch, Süße?«

»Ich weiß nicht, die Entfernung wird gar nicht kleiner …«

»Komm her. Halt dich an mir fest. Ich zieh dich.«

Tatsächlich zog er mich bis zur Insel. Ich musste nichts anderes tun, als mich ihm vertrauensvoll hinzugeben. Der Traum einer jeden Frau: von einem starken, gut aussehenden Mann abgeschleppt zu werden, auf eine einsame Südseeinsel.

Die war aus der Nähe betrachtet noch viel schöner als erwartet! Wir entledigten uns unserer Badesachen und legten uns splitterfasernackt nebeneinander in den warmen Sand. O Gott, war das herrlich! Am liebsten hätte ich die Zeit angehalten.

Ich schmiegte mich an meinen starken Partner, den ich über alles bewunderte, und er küsste mich fordernd und zärtlich. Wir liebten uns ausgiebig und ungehemmt.

»Eine kleine Stärkung gefällig?« Frank zauberte eine Flasche

Wein, zwei Gläser, Trauben und Käsewürfel aus seinem Tauchrucksack hervor. Sorgfältig breitete er alles auf einem Handtuch aus. Er hatte wirklich an alles gedacht!

»Du bist unglaublich!«

»Ich bin nur ein ganz normaler …«

»Nein, du bist der Wahnsinn, Frank! Welcher Mann würde an so etwas denken?«

Ich umarmte ihn und küsste ihm das Salz von der Haut.

Lachend schüttelte er sich die letzten Tropfen aus den Haaren. Ich fühlte mich wie im Paradies: Der Film *Die blaue Lagune* war ein müder Abklatsch dagegen. Das hier war Realität: Ich, Linda Albrecht, als Kind gerade noch geduldet, als Hausfrau und Mutter vom grauen Alltag erstickt, wälzte mich hier in den Armen eines wundervollen Mannes, der mir solch ausgefallene Abenteuer zu Füßen legte – dafür sorgte, dass ich mich wieder richtig spürte.

Was hatte ich damals an der Hecke zu Michaela gesagt? »Ich möchte mich noch einmal spüren.« Der Himmel hatte meine Bitte erhört. Ich spürte mich. Und wie! Diesmal musste Frank mir noch nicht mal die Hand auf den Mund legen. Ich schrie mein Glück in die Welt hinaus.

Vergessen waren die Streitereien und Wutausbrüche. Hier, am anderen Ende der Welt, gab es nur noch Liebe und Harmonie. Wie hatte ich je an Frank zweifeln können! Es waren die ungünstigen Umstände gewesen, die ihn zwischenzeitlich so ausrasten ließen. Das hier war der wahre Frank, pur und unverfälscht.

Wie oft wurde man gefragt, wen oder was man auf eine einsame Insel mitnehmen würde. Das war doch wohl der Beweis, dass unsere Beziehung funktionierte!

Seite an Seite saßen wir im Sand und bestaunten den wohl

spektakulärsten Sonnenuntergang unseres Lebens. Wie ein riesiger blutroter Ball verschwand die Sonne allmählich im Meer und tauchte das Wasser noch über eine Stunde lang in die wundervollsten Rot-Rosa-Schattierungen. Das war schöner als das schönste Feuerwerk. Nur für uns. Ganz privat und exklusiv. Wir kosteten jede Sekunde davon aus. Kurz vor Einbruch der Dunkelheit schwammen wir zurück. Bald durfte ich mich wieder an Frank festhalten, denn ich war komplett ausgelaugt, selig erschöpft. Ich sah seine Rückenmuskeln spielen, fühlte mich so geborgen, wie ich es als Kind nie gewesen war. Ich ließ mich treiben, betrachtete die Sterne und überließ mich ganz Franks Führung. Alles war gut.

25

Als wir nach vier Wochen um sieben Uhr früh zu Hause ankamen, fiel mein Blick als Erstes auf das liebevoll bemalte Transparent »Willkommen daheim!«, das über dem Türrahmen hing.

Es war deutlich Leben in der Bude, schließlich handelte es sich um einen ganz normalen Schultag.

In der Küche brannte Licht, Dorota machte den Kindern Frühstück, die Kaffeemaschine brodelte, und oben im ersten Stock hörte man die Duschen prasseln. Ich stürmte voller Begeisterung durchs Haus, um alle Kinder zu begrüßen. Frank hingegen begann mit einem militärischen Kontrollgang.

Standen die Fahrräder in der Garage? War Mineralwasser da? Befand sich die Mülltonne dort, wo sie hingehörte? War der Gartenschlauch ordentlich aufgerollt? Lagen auch keine Schminksachen in unserem Badezimmer? Hatte man ihm die Post auf den Schreibtisch gelegt?

Das Haus war blitzeblank geputzt. Alles war tadellos aufgeräumt. Nicht ein Schuh lag im Flur. Nicht eine Schultasche stand auf dem Fußboden. Frische Blumen überall.

Frank schien fast nach etwas zu suchen, das einen neuen Wutausbruch rechtfertigte, ihm einen Grund lieferte, erzürnt abzuhauen.

Frank!, signalisierte ich ihm mit einem flehenden Blick. Hör auf damit!

Doch er blieb hartnäckig, und natürlich wurde er fündig:

Der Grill, der am Vorabend auf der Terrasse benutzt worden war, war fettverkrustet.

»Liebster, es ist doch nur ein Grill.« Ich legte beruhigend die Hand auf seinen Arm, aber er schüttelte sie ab.

»Na, ihr habt euch ja einen feinen Lenz gemacht!«, schnauzte er die Kinder und das polnische Ehepaar an. »Kaum sind die Alten nicht da, lasst ihr hier die Puppen tanzen! Wer hat euch erlaubt, eine Grillparty zu machen?«

»Wir dachten …«

»Ihr sollt nicht denken, ihr sollt gehorchen!«

»Frank, bitte!«

»Die Kohle hat noch geglüht, wir wollten den Grill heute sauber machen«, rechtfertigte sich Simon. Er sah so rührend aus, wie er mit hängenden Schultern dastand. Als ich ihn tröstend an mich drückte, entwand er sich meiner Umarmung und kämpfte mit den Tränen.

»Wir haben echt alles getan, damit Frank nicht wieder gleich meckert«, stieß er mit seiner überkieksenden Stimme hervor. »Aber man kann euch einfach nichts recht machen!«

Mit diesen Worten setzte er sich aufs Fahrrad und fuhr frustriert davon.

Auch die Mädchen bekamen ihr Fett ab: »Was soll dieser billige Lidschatten, ihr seht ja aus wie Nutten. So geht ihr mir nicht in die Schule!«

Sogar der Kuchen, den sie für unser Willkommensfrühstück gebacken hatten, sagte Frank nicht zu. »Rosa Zuckerguss und Silberperlen – bin ich ein Mädchen, oder was?«

Letztere zogen traurig ab.

Als Nächstes nahm sich Frank Dorota vor: »Meine Hemden gehören auf den Bügel und nicht zusammengefaltet in den Schrank!

Da sind doch schon wieder Falten drin, bevor ich sie überhaupt anziehen kann!«

Er zerrte eines von ganz unten aus dem Stapel, sodass alles darüber aus dem Fach fiel, zog es an und machte den üblichen, theatralischen Abgang, der uns das Gefühl gab, an allem Schuld zu sein. Draußen ließ er die Bremsen quietschen und hinterließ nichts als eine Staubwolke und Ratlosigkeit.

Der Mann mit den zwei Gesichtern.

Bedrückt setzte ich mich zu Patti in die Küche, während Piotr sich kopfschüttelnd daranmachte, den Grill zu säubern und Dorota die Hemden ein zweites Mal bügelte und auf Drahtbügel hängte.

Patti sah mich mitleidig an: »War's denn schön, Mama?«

Ich nickte und stammelte unter Tränen: »Es war ein Traumurlaub, wir hatten es nur schön! Er hat mich vier Wochen lang auf Händen getragen! Ich versteh das alles nicht!«

Patti nahm meine Hand: »Mama, wenn du dich von Frank trennen willst: Wir schaffen das schon. Simon und ich halten zu dir, egal was passiert.«

Auch diesmal entschuldigte sich Frank nach ein paar Stunden mit einem riesigen Blumenstrauß. Er sei vom langen Flug überreizt gewesen, inzwischen habe er sich mit einem Kollegen getroffen, um die eigene Firmengründung voranzutreiben.

»Es muss ja irgendwie weitergehen, Liebste. Bitte verzeih!«

Damit war die Sache für ihn erledigt.

»Schau mal! Wir haben bereits ein Logo entworfen.« Er klappte seinen Laptop auf und zog mich auf seinen Schoß. »Wie findest du's? *Hellwein Financial Consulting* – soll die Schrift eher hellblau sein wie der Himmel in der Südsee, oder …« Er rückte von mir ab und sah mir prüfend ins Gesicht. »Sag mal, ist was? Schmollst du etwa immer noch? Ich hab mich doch entschuldigt!«

»Ja, aber wie oft willst du uns solche Szenen noch zumuten, Frank? Ist dir eigentlich klar, wie sehr ich mich vor Piotr und Dorota geschämt habe? Das fällt doch auch bei Barbara auf mich zurück!«

»Dann rufe ich Barbara an und entschuldige mich auch bei ihr! Menschenskind, ich gründe eine Firma! Die unseren Lebensstandard erhalten soll! Meinst du, da zärtel ich mit einer polnischen Putzfrau rum?«

»Nein, Frank. Aber ein Mindestmaß an Höflichkeit und Respekt …«

»Okay, Linda. Cool down.« Er nahm meine Hände und zog sie an seine Brust.

»Wir hatten einen Traumurlaub. Wollen wir jetzt weiter aufeinander rumhacken?«

»Nein. Natürlich nicht, aber …«

»Pssst.« Er legte einen Finger auf meine Lippen. »Liebste! Nach vorn schauen! Ich brauch jetzt deine Rückendeckung. Du bist doch eine Frau zum Pferdestehlen.«

»Ja, aber …«

Er ließ mich gar nicht ausreden. »Schluss jetzt mit dem Getue! Ich wollte dir etwas zeigen, und du …«

»Ist ja gut.« Ich ließ die Schultern sinken.

»Das ist meine Linda! Als Erstes muss ich noch mal zum Zahnarzt. Kontrolluntersuchung. Darf ich gnädige Frau zu einer Spritztour nach Hamburg einladen? Diesmal mit eigenem Bootsführerschein?«

»Nein, Frank. Jetzt muss ich wirklich mal bei den Kindern bleiben.« Ich war schließlich lange genug in Urlaub gewesen. Patti bewarb sich gerade bei verschiedenen Stellen, und ich wollte sie dabei unterstützen.

Und Simon machte bald Abitur.

»Okay, wie du willst.« Frank drückte mir einen Kuss auf die Stirn. »Aber sag hinterher nicht, ich hätte dich nicht gefragt.«

Kaum war Frank in Hamburg, rief mich wieder dieser Unbekannte an.

»Ich möchte Sie darauf hinweisen, dass Ihr Mann mit meiner Frau in Hamburg ist.«

Mir blieb das Herz stehen. Nein, wimmerte ich stumm. Nicht schon wieder! Die Ruhe war trügerisch gewesen.

»Wer sind Sie?«, brüllte ich ins Telefon.

»Das tut nichts zur Sache. Jemand, der es gut mit Ihnen meint.« Er legte auf.

Ich biss mir auf die Fäuste.

Das war doch Quatsch! Das konnte doch gar nicht sein! Da war jemand Bösartiges, Neidisches, Feiges am Werk.

Jemand, der uns unser Glück nicht gönnte.

Jemand, der sich an Frank rächen wollte.

Ich versuchte, mein rasendes Herzklopfen in den Griff zu bekommen.

Mit welcher Frau sollte Frank denn in Hamburg sein?

Doch nicht mit dieser jungen Witwe, Sissy Bleibtreu? Quatsch, das konnte nicht sein, deren Mann war tot und konnte mich schlecht angerufen haben. Mein Herz machte einen dumpfen Schlag: Der Graumelierte aus dem Friseurladen fiel mir wieder ein. War er der anonyme Anrufer?

Ich kniff die Augen zu und versuchte, mir seine Stimme ins Gedächtnis zu rufen. Aber ich hatte ihn nicht reden gehört. Der Föhn war so laut gewesen.

Okay. Ich musste Klarheit haben. Frank war jetzt in Hamburg. Und zwar wieder in unserem Lieblingshotel an der Alster.

Ich hatte das schöne Zimmer mit Aussicht sogar selbst für ihn reserviert. Zitternd griff ich zum Hörer und wählte die Vorwahl 040.

»*Alsterhotel*, was kann ich für Sie tun?«

»Ja, guten Tag, könnte ich mit Herrn oder Frau Hellwein sprechen? Zimmer 221.« Ich kniff die Augen zu und hielt die Luft an. In meinen Schläfen hämmerte es. Bitte, lieber Gott, lass ihn sagen, Herr Hellwein ist allein hier …

»Kleinen Moment bitte, ich verbinde.«

Ich kaute auf meinem Daumennagel herum. Es klingelte, niemand ging dran. Gut. Ich atmete scharf aus und sah Frank vor mir, wie er mich durchs Wasser zog, mich im warmen Sand liebte, mir weichen Käse und süße Weintrauben in den Mund steckte und mit mir den kitschig roten Sonnenuntergang bestaunte. Ich dachte daran zurück, wie wir uns in unserer Koje aneinandergeschmiegt hatten. Bei jedem Klingeln schob sich eine andere Szene vor mein inneres Auge.

Das war doch noch keine Woche her! Das brachte doch kein Mensch fertig, so von einer Frau zur anderen … Und erst recht nicht mein Frank, der im Moment weiß Gott anderes zu tun hatte. Ich wollte meine hässlichen Zweifel verdrängen und wieder zur Tagesordnung übergehen, als sich der Rezeptionist erneut meldete: »Das Ehepaar Hellwein ist gerade beim Essen im Restaurant. Ist es dringend, soll ich sie stören?«

Wie in Zeitlupe nahm ich den Hörer vom Ohr. »Nein«, flüsterte ich tonlos. »Es hat sich erledigt.«

Es hat sich erledigt. Es hat sich erledigt. Es hat sich erledigt, ging es mir unablässig durch den Kopf.

Frank. Er betrog mich. Er belog mich. Er spielte mir was vor. Und das nur wenige Tage nach dem Liebesurlaub schlechthin.

Er hatte längst eine Geliebte.

Heidrun hatte recht gehabt.

Michaela hatte recht gehabt.

Sogar Barbara hatte recht gehabt, als sie immer mal wieder Verdacht schöpfte.

Der anonyme Anrufer hatte recht gehabt.

Trotzdem, ich verstand das alles nicht: Er hatte mich geliebt wie ein junger Gott, mir immer wieder von unserer Zukunft vorgeschwärmt: neue Pläne, neue Firma, neues Glück. »Auf zu neuen Ufern, Linda«, hatte er gesagt. »Wir stemmen das gemeinsam, du bist meine Traumfrau.« Sogar vom Heiraten hatte er gesprochen! Ich stöhnte auf.

Die Vorstellung, dass er dieser Witwe jetzt genau dasselbe sagte, sie in den Armen hielt, wie er mich in den Armen gehalten hatte, sie an den Stellen streichelte, wo er mich … Ihr zärtlich den Mund zuhielt, wenn sie …

Ich wimmerte wie ein angeschossenes Tier.

Nein! Der Rezeptionist hatte da was verwechselt! Es gab bestimmt noch ein anderes Ehepaar namens Hellwein …

… das zufällig in Zimmer 221 nächtigte? In unserem Stammzimmer? Verdammt!

Mein Blick fiel auf die Zigarettenschachtel, die Dorota und Piotr hier vergessen hatten. Mit zitternden Fingern zündete ich mir eine an. Gierig sog ich am Glimmstängel. Langsam wurde ich ruhiger. Ich durfte jetzt nicht die Nerven verlieren.

In meiner Not rief ich Barbara an. Sie war sehr mitfühlend. Aber auch nicht sonderlich überrascht.

»Schau mal unter ›Angenommene Anrufe‹ in deinem Telefonmenü nach. Vielleicht hat der anonyme Anrufer vergessen, die Rufnummerkennung auszuschalten?«

Natürlich, das war die Lösung! Ich legte auf und scrollte mich durchs Menü. Tatsächlich, da stand eine Nummer auf dem Display. Mit zitternden Fingern drückte ich auf »Wählen«.

»Fuchs«, meldete sich eine Männerstimme.

Fuchs. Mein Gehirn kam gar nicht so schnell hinterher. Der grau melierte Freund von Sissy Bleibtreu hieß also Fuchs. Wo hatte ich den Namen nur schon mal gehört?

»Linda Albrecht«, sagte ich heiser. »Ich wollte noch mal eben rückfragen …«

»Glauben Sie mir jetzt?«, fragte Herr Fuchs. Und in dem Moment wusste ich, wer er war.

Ich drohte mich am Rauch meiner Zigarette zu verschlucken.

»Sie sind der Mann von Franks Sekretärin? Von Silke Fuchs?!«

»Genau der bin ich.«

»Aber sie ist …« … blass und unscheinbar und trägt eine Brille!, hätte ich beinahe ausgerufen.

»Sie ist – gar nicht mehr für ihn tätig!«, stieß ich stattdessen ratlos hervor.

»Das scheint Ihren Mann nicht davon abzuhalten, auch weiterhin mit meiner Frau zu schlafen!«, gab Herr Fuchs zurück.

»Weiterhin?« Ich lehnte meinen Kopf gegen die Wand, weil er sich auf einmal so schwer anfühlte, dass ich ihn nicht mehr halten konnte. »Wie meinen Sie das?«

»Na, das geht schon seit Jahren so. Mit Unterbrechungen. Vor Kurzem waren Sie ja offensichtlich länger in Urlaub.«

Ich schluckte. »Nein, das glaub ich einfach nicht…«

»Ich hab es auch erst lange nicht glauben wollen. Hallo? Sind Sie noch dran?«

Vor meinen Augen zuckten giftgrüne Blitze.

»Herr Hellwein und meine Frau haben schon seit Jahren ein Verhältnis«, klärte Herr Fuchs mich auf. »Es war immer so eine On-off-Geschichte, je nach Laune von Herrn Hellwein. Meine

Frau ist zwischenzeitlich ausgezogen. Wir haben Kinder, wissen Sie. Als Herr Hellwein dann mit Ihnen zusammenkam, Frau Albrecht, habe ich Gott gedankt. Denn da ist Silke wiedergekommen. Aber nach einiger Zeit ging das Ganze wieder von vorn los.«

Er redete und redete, und jedes seiner Worte bohrte sich in meine Seele und hinterließ eine klaffende Wunde. Ich war völlig unvorbereitet auf solchen Schmerz!

»In den letzten Wochen schien Silke zur Vernunft gekommen zu sein. Sie hat einen neuen Chef und war jeden Nachmittag um fünf zu Hause. Aber jetzt ist sie mit Ihrem Mann in Hamburg. Ganz spontan. Wahrscheinlich konnten Sie nicht mit?«

Er traf den Nagel auf den Kopf! Ich hatte bei den Kindern bleiben wollen. Woraufhin Frank sofort die Zweitbesetzung aktiviert hatte!

»Ich war verhindert«, stammelte ich überflüssigerweise. Aber ich konnte es immer noch nicht recht begreifen. Wieso jetzt Silke und nicht Sissy Bleibtreu?

»Ich habe Ihnen doch gesagt, Sie sollen gut auf ihn aufpassen.« Herr Fuchs klang resigniert.

»Und Ihre Frau hat alles zugegeben?« Fassungslos raufte ich mir die Haare.

»Ja. Sie hat es mir auf den Kopf zugesagt. Und dass sie mit Herrn Hellwein leben möchte. Die beiden haben sich eine Vierzimmerwohnung in der Innenstadt gekauft und wollen gemeinsam eine Firma gründen.«

Mir war, als hätte mir jemand einen tödlichen Dolchstoß versetzt. Ich hörte mich schrill lachen.

»Aber das muss ein Irrtum sein! Herr Hellwein – also Frank – lebt mit mir! WIR haben vier Kinder! WIR wollen eine Firma gründen!« Und dann hörte ich mich nachsetzen: »WIR haben vor zu heiraten! Er hat mir gerade einen Antrag gemacht, erst vor wenigen Tagen in der Südsee!«

Herr Fuchs lachte nun seinerseits, wenn auch reichlich gequält. »Unsere Kinder sind noch klein, wissen Sie. Ich habe zu Silke gesagt, wenn sie geht, bleiben die Kinder hier.«

»Und das hat sie akzeptiert?« Ich fasste mir an den Kopf.

»Ja. Stellen Sie sich das mal vor! So wahnsinnig ist die Silke über diesem Kerl geworden!!«

Herr Fuchs war nun nicht mehr sachlich, sondern schrie in den Hörer und weinte laut.

Ich sah mich wieder an der Hecke stehen. Mit ihm am Main. Merkte, wie wahnsinnig ich selbst über diesem Kerl geworden war. Unser erster Sex. Im *Rostigen Anker*.

Plötzlich durchzuckte mich ein furchtbarer Gedanke. Ich krallte mich an die Tischplatte. Der Abdruck meiner schweißnassen Hand blieb daran haften. Ein hässlicher Fleck, der nur langsam verblasste.

Er war es DOCH gewesen. Zimmer fünf! In jener Nacht hatte ich SEINE Stimme gehört. Nur, dass die Frau nicht Sissy Bleibtreu gewesen war, sondern Silke Fuchs!

Was hatte er mir noch beim Augenlicht seiner Töchter versichert? Er hätte Sissy Bleibtreu nicht angerührt! Was fand er bloß an der blassen, bebrillten Sekretärin? Gefiel ihm, dass sie stets verfügbar war? So – wie ICH?

Was war nur aus mir geworden! Ich hatte geglaubt, etwas ganz Besonderes für Frank zu sein. Doch wie sich herausstellte, war ich – austauschbar!

Ich wiegte mich mit dem Oberkörper vor und zurück.

»Hallo? Frau Albrecht? Sind Sie noch dran?«

Ich zerdrückte die Zigarette im Aschenbecher und hielt meinen

Finger absichtlich in die Glut, um meinen seelischen Schmerz zu überdecken.

»Würden Sie mir die Adresse dieser – Vierzimmerwohnung geben?«, krächzte ich.

Herr Fuchs gab sie mir. Die Wohnung lag ganz in der Nähe der Bank.

Diesmal würde ich Frank keine Gelegenheit geben, mich auszulachen, mich Wahnvorstellungen und grundloser Eifersucht zu bezichtigen.

Diesmal würde ich ihn auf frischer Tat ertappen.

26

A m Tag von Franks Rückkehr aus Hamburg wartete ich im Auto vor besagter Haustür im Frankfurter Bankenviertel. Bestimmt würde er seine Silke »zu Hause« absetzen. Wie eine schmierige Privatdetektivin beobachtete ich den Hauseingang von meiner Parklücke aus. Dass ich so tief sinken würde! Ich litt solche Seelenqualen, dass ich zum ersten Mal verstehen konnte, dass sich Menschen selbst verletzen, sich ritzen, um einen anderen Schmerz besser ertragen zu können.

Um die beiden ja nicht zu verpassen, hielt ich schon seit zehn Uhr morgens die Stellung und war gegen vier Uhr nachmittags drauf und dran aufzugeben, als ich unser Auto um die Ecke biegen sah. Es glänzte und blinkte. Sie waren gerade noch in der Waschanlage gewesen. Bestimmt hatten sie mit dem Staubsauger jede verräterische Spur von den Sitzen getilgt. Ich durfte kein Silke-Haar finden, keinen verlorenen Ohrring, keine Haarnadel oder einen aus der Handtasche gerollten Tampon. Frank war ein Profi. Ein widerlicher Profi.

Die beiden wirkten wie ein vertrautes Paar. Sie holte einige Tüten mit Einkäufen aus Hamburgs teuerster Shoppingmeile aus dem Kofferraum. Die Logos, die darauf prangten, waren mir nur allzu bekannt. Er hatte auch sie eingekleidet! In den Geschäften, in denen er mit mir gewesen war! Von UNSEREM Geld! Das wir angeblich zusammenhalten müssten, denn es kämen schwierigere Zeiten! Zumindest die Kinder, die kein

Mineralwasser mehr trinken sollten – Leitungswasser tue es auch!

Frank trug Silke den Koffer die Stufen hinauf. Dann küsste er sie ausgiebig, zeigte auf seine Uhr und sprang die Stufen wieder hinunter. Silke verschwand mit Tüten behangen rückwärts im Eingang, und die Tür fiel hinter ihr zu. Frank sprang pfeifend in sein Auto und ließ den Motor an.

Was sollte ich jetzt tun? Mein Herz raste. Aussteigen und Hallo sagen? Meine Beine versagten ihren Dienst.

Einem plötzlichen Impuls folgend, stieg ich aufs Gaspedal und parkte sein Auto zu. Ich fuhr ihm fast in die Stoßstange – auch im übertragenen Sinn.

Er hupte genervt, dann sah er mich. Seinen fassungslosen Blick werde ich nie vergessen.

Wir starrten uns gefühlte fünf Minuten lang an. Wahrscheinlich waren es nur fünf Sekunden. Wenn Blicke töten könnten!, dachte ich. Dann hätte ich das alles schon hinter mir.

Dann legte ich den Rückwärtsgang ein und fuhr nach Hause.

Frank folgte mir nicht. Er blieb bei Silke. Ob aus Angst vor der Auseinandersetzung mit mir, oder weil er aufgegeben hatte, wusste ich nicht. Es war mir auch egal.

Ich war innerlich tot, verspürte nicht einmal mehr Wut. Jetzt ging es nur noch darum zu überleben.

Immerhin wusste ich jetzt, woran ich war: All seine künstlich erzeugten Wutanfälle hatten nur dazu gedient, einen Kulissenwechsel herbeizuführen. Er, der Hauptdarsteller in zwei Familienkomödien gleichzeitig, hatte Gründe für seine überstürzten Abgänge gebraucht. Nachdem er bei uns die Tür hinter sich zugeknallt hatte, riss er sie bei Silke freudig auf. Und seine Statisten dort, der Fuchs und die Fuchskinder, tanzten genauso nach seiner Pfeife wie wir hier – in seinem anderen

Stück. Er hatte schon Heidrun mit Silke betrogen, dann Silke mit mir und jetzt mich mit Silke. Gab es noch weitere Opfer seines perfiden Egotrips? Wen belog er noch alles? Er spekulierte nicht nur mit dem Geld anderer Leute, sondern auch mit ihren Gefühlen.

Ich rieb mir die verweinten Augen und stöhnte innerlich auf. Wir alle gingen daran zugrunde, während er sich unbesiegbar fühlte! Wie mächtig, prächtig, männlich, herrlich!

Warum brauchte er das? Welcher Giftpfeil steckte in seiner Seele, dass er den Frauen und Kindern, die ihn liebten und ihm vertrauten, so wehtat? Lag es daran, dass seine Mutter ihn zweimal verlassen hatte? Konnte er sich deshalb nicht wirklich auf eine Partnerin einlassen? Brauchte er immer eine auf der Reservebank, um auf der sicheren Seite zu sein? Oder war er einfach nur unendlich selbstherrlich?

War sein Verhalten überhaupt zu erklären, zu entschuldigen?

Brauchte er nicht viel dringender eine Psychoanalyse als Heidrun, die er mit seinem Verhalten bereits zerstört hatte?

Und inwieweit war ich bereit, mich von seiner kaputten Persönlichkeit ebenfalls kaputt machen zu lassen?

Mein Fazit lautete: Ich war nicht mehr bereit dazu. Keinen Tag länger. Jetzt war endgültig Schluss, sonst ging ich vor die Hunde. Aber wie sollte ich das den Kindern schonend beibringen?

Mit letzter Kraft erklärte ich ihnen, dass es mit seinen Implantaten Komplikationen gäbe, weshalb seine Abwesenheit länger dauern würde.

Ein erleichtertes Aufseufzen ging durch die Runde. Mir war, als spürten selbst die Hunde und Katzen, dass sie sich nun entspannen und ganz sie selbst sein durften. Selbst seine eigenen Töchter Linda und Lena griffen vertrauensvoll nach meiner Hand.

»Papa ist in letzter Zeit so scheiße drauf, der geht ab wie ein

Zäpfchen.« Lena fuhr sich traurig übers Gesicht. »Du bist auch mal streng, aber bei dir wissen wir immer, woran wir sind.«

»Papa dagegen ist voll unberechenbar. Mal hat er gute Laune, mal ist er unausstehlich.«

»Hat er eure Mutter auch schon so – behandelt?« Jetzt wollte ich es endlich wissen.

»Mit unserer Mutter hat er ständig rumgeschrien«, offenbarten sie mir. »Die Mama hat abends oft im Wohnzimmer gesessen und geweint.«

Er war ein unberechenbarer Choleriker. Ein Mann mit zwei Gesichtern. Ich musste es endlich begreifen. Aber vielleicht war er manisch-depressiv und konnte gar nichts dafür?!

Nein. Die Grenzen meiner Liebesbereitschaft waren erreicht. Mein großer Traum vom Familienglück war ausgeträumt. Und alle hatten es vorher gewusst. Nur ich nicht.

Frank war Geschichte. Ende, aus!

Ich rief ihn auf dem Handy an. Er ging natürlich nicht dran. Ich sprach ihm auf die Mailbox, dass er hier nicht mehr erwünscht sei. Er solle bleiben, wo der Pfeffer wächst. In puncto Finanzen würde ich über einen Anwalt von mir hören lassen.

Dabei wusste ich überhaupt nicht, welche Chancen ich hatte! Wir waren nicht verheiratet. Ich hatte ihm einfach vertraut. Wenn ich das einem Anwalt erzählte, würde der sich kaputtlachen: Gute Frau, wie naiv kann man sein! Sie ziehen ihm die Kinder groß, machen sich finanziell von ihm abhängig und lassen sich verarschen.

Blind vor Liebe war ich ins Ungewisse gesprungen, ohne Netz und doppelten Boden, nur um noch einmal zu fliegen.

Aber wohin? Ins Paradies? In den siebten Himmel? Ja, dort war ich gewesen, um jetzt unsanft zu landen. Ich war volle Kanne auf die Fresse gefallen. Und hatte buchstäblich mein Gesicht verloren.

Wie sollte es jetzt weitergehen?

Was würde aus den Kindern werden? Die Villa konnte ich mir allein nicht leisten. Und wie sollte ich als alleinerziehende, arbeitslose Mutter von Ende vierzig an eine neue Wohnung kommen? Kein Vermieter würde so eine gescheiterte Existenz ohne finanzielle Sicherheiten mit vier Kindern und zahlreichen Haustieren auch nur in Betracht ziehen.

Und wer würde mir auch nur einen halbwegs akzeptablen Job geben? Niemand.

Immer wieder sah ich mich als Hartz-IV-Empfängerin in genauso einer Sozialwohnung sitzen, in der ich meine Kindheit verbracht hatte.

Das konnte ich meinen Kindern auf keinen Fall antun!

Nacht für Nacht saß ich in meiner Küche und grübelte. Natürlich hatte ich Barbara von meinem grauenvollen Desaster erzählt. Sie hatte mich in den Arm genommen und mir angeboten, vorübergehend zu ihr zu ziehen. Aber wie sollte das gehen – mit vier Kindern und vier Tieren?

Barbara hatte auch angeboten, mir Geld zu leihen. Zehntausend könne sie auf die Schnelle erübrigen. Aber wie weit kam eine fünfköpfige Familie mit zehntausend Euro? Ich wusste, dass ich langfristig Unsummen brauchen würde, die ich ihr nie zurückzahlen konnte. Ich wollte Barbara nicht auch noch verlieren. Sie war die Einzige, die zu mir hielt!

In diesen Wochen nahm ich zehn Kilo ab. Meine Hände zitterten ununterbrochen, mein Kopf pochte, und mein Herz raste. Eigentlich hätte ich zum Arzt gehen müssen, aber ich schämte mich so, dass ich niemandem unter die Augen treten wollte. Kaffee und Zigaretten hielten mich in einer Art Schwebezustand. Ich zwang mich, nicht auch noch zum Alkohol zu greifen. Ich durfte die Kontrolle nicht verlieren. Ich war der Kapitän auf

diesem sinkenden Schiff, das uns alle mit in den Abgrund zu reißen drohte. Meine Schuld. Alles meine Schuld. Nur weil ich von
großen Gefühlen träumte, mich noch einmal spüren wollte. Wie
egoistisch war ich gewesen!

Als Netthausens anriefen, um zu fragen, wann wir wieder zum
Bridge kämen, erfand ich eine Ausrede: Frank gründe gerade
eine Firma und schaffe es kräftemäßig nicht.

»Dann kommen Sie doch allein zu uns, Linda. Wir finden bestimmt Ersatz für ihn.«

27

Ich stand schon fertig angezogen und geschminkt im Flur, als ich Frank zur Tür hereinkommen hörte. Er war fast vier Wochen weg gewesen, und in dieser Zeit war ich durch die Hölle gegangen. Jetzt hatte ich mich gerade so weit gefangen, dass mich imstande fühlte, zu Netthausens zu fahren. Ich würde ihnen alles erzählen. Sie waren inzwischen so etwas wie Eltern für mich.

Da stand er da.

Diesmal nicht mit roten Rosen.

Und auch nicht mit einem Scherz auf den Lippen.

Er stand da, kleinlaut, verzagt und reuevoll.

»Linda, ich flehe dich an, hör mir zu.«

O Gott, was sollte ich sagen? Ich würde jetzt nicht mehr mit ihm diskutieren. Er sollte seine Sachen holen und einfach verschwinden.

»Das geht nicht. Ich bin gerade auf dem Sprung.« Hoch erhobenen Hauptes griff ich nach dem Autoschlüssel. »Ich fahre zu Netthausens. Sie erwarten mich und haben bereits Ersatz für dich organisiert. Du bist raus aus der Nummer, Frank.«

»Aber das geht doch nicht. WIR sind doch ein Team!«

Dass er ernsthaft wagte, das zu behaupten!

»Nicht mehr. Auch du bist austauschbar, Frank Hellwein.« Ich schlüpfte unter seinen ausgebreiteten Armen zur Tür hinaus.

Frank hechtete hinter mir her. Er hatte mich mit seinem Auto zugeparkt. Ich saß also in der Falle. Gerade wollte ich ins Haus zurücklaufen und ihm die Tür vor der Nase zuschlagen, als er meinen Oberarm packte.

»Fahren wir zu Netthausens. Wir nehmen meinen Wagen.«

»Mach dich nicht lächerlich. Ich möchte nicht zu spät kommen.«

»Ich fahr dich hin.«

»Denk nicht mal dran!«

»Ich schwöre, ich lasse dich in Ruhe, Linda. Aber gesteh mir wenigstens zu, dir auf der Autofahrt zu erklären …«

»Frank. Es gibt nichts zu erklären. Du bist mit Silke Fuchs zusammen, hast mit ihr eine Wohnung und willst mit ihr eine Firma gründen.«

Ich musste mich abwenden, um aufsteigende Tränen wegzublinzeln. Wütend wirbelte ich wieder herum: »Und das war deine Entscheidung, Frank. Ich bin hier jedenfalls nicht mehr dein Spielball, genauso wenig wie die Kinder.«

Ich spürte, wie eine neue Woge der Verzweiflung über mich hinwegrollte. Meine Stimme geriet ins Wanken. Ich wollte nur noch in mein Auto springen und abhauen! Verdammt, mir liefen jetzt schon die Tränen herunter! Ich wollte meine Würde bewahren und ihm keine hysterische Szene machen!

Hastig wischte ich mir über die Augen. Frank war meiner Tränen nicht wert!

»Los, fahr dein Auto weg!« Ich trat mit dem Fuß gegen seinen Vorderreifen. Am liebsten hätte ich mit meinem Autoschlüssel seinen verdammten Wagen zerkratzt. Aber das war nicht mein Stil.

Frank zuckte nicht mit der Wimper. Er sah mich an, als würde er einen hübschen Anblick genießen. Ich wich zurück, als wäre er ein Fremder, der auf unserem Grundstück nichts verloren hatte. Konnte er ernsthaft so tun, als wüsste er nicht, was er mir angetan hatte?

»Glaubst du ernsthaft, du könntest so tun, als wäre nichts gewesen? Wie kalt und egoistisch bist du eigentlich, Frank Hellwein, mich und deine Kinder so im Stich zu lassen?«

»Genau darüber will ich mit dir reden. Es tut mir wahnsinnig leid, Linda. Bitte, die Familie muss bestehen bleiben!«

Eilig riss ich mich los und wollte etwas erwidern, doch er ließ mich gar nicht zu Wort kommen. »Du brauchst doch Unterhalt, Mädchen! Ich will euch doch die Villa nicht nehmen. Ich bezahl natürlich auch euren Lebensunterhalt, und ich möchte, dass du meine Mädchen bei dir behältst. Sie lieben dich, sie brauchen dich, Linda! «

Das klang eigentlich alles sehr vernünftig.

Ein winziger Hoffnungsschimmer glomm in mir auf: Er wollte freiwillig zahlen. Wenigstens musste ich mir keinen Anwalt nehmen. Wir konnten uns in Frieden trennen.

»Lass uns unterwegs in Ruhe darüber sprechen. Ich verpflichte mich selbstverständlich, dir so lange, bis alle Kinder mit der Ausbildung fertig sind …« Er riss die Beifahrertür seines Wagens auf, sodass ich gar nicht mehr an ihr vorbeikonnte.

Mein Plan, ihn zu ignorieren, geriet ins Wanken.

Okay, wir waren zwei erwachsene Menschen. Er wollte eine faire Trennung – bitte, die konnte er haben.

Wie betäubt ließ ich mich auf den Beifahrersitz fallen. Das waren trotz allem gute Nachrichten. Erleichterung überrollte mich, aber auch noch etwas anderes: Dieses Auto roch nach Frank! Nach unseren Zärtlichkeiten, Reisen, Abenteuern. Nach unseren aufregenden Anfängen, dem Glücksgefühl von damals!

Ich biss mir auf die Unterlippe. Ich liebte ihn doch nicht etwa noch? O Gott, welch unberechenbare Gefühle kamen denn da in mir hoch? Ich durfte ihn auf keinen Fall ansehen – sein Profil, sein vertrautes Gesicht, das ich so gern mit Küssen bedeckt hatte ...

Ich kurbelte das Fenster hinunter und rang nach Luft. Gott, wie ich ihn liebte und hasste, diesen elenden Blender mit seinen falschen Zähnen! Wie kam es, dass ich schon wieder bei ihm im Auto saß? Was führte er diesmal im Schilde?

Frau Vernunft hämmerte mit den Fäusten von außen gegen die Scheibe: Du wirst dich jetzt auf keinen Fall zu irgendwas anderem hinreißen lassen als zu einem sachlichen Gespräch über seine Unterhaltszahlungen!, rief sie. Damit es dir besser geht. Du bleibst in der Villa wohnen, das ist ja wohl mal das Mindeste! Und fünftausend Euro Unterhalt sind angemessen. Frau Vernunft rannte noch lange neben dem Auto her, bis sie irgendwann nicht mehr mitkam.

Frank hatte genau fünfundzwanzig Minuten Zeit, mir seinen Plan zu erläutern. Dann würde ich ihn vor Netthausens Tür stehen lassen.

Mein einstiger Traummann eröffnete mir schon vor der ersten roten Ampel, dass es aus sei mit Silke. Und zwar endgültig. Und dass er immer nur mich geliebt habe und keine andere.

»Das interessiert mich einen feuchten Scheiß!«, hörte ich mich fauchen. »Wir reden jetzt über die Zukunft der Kinder.«

»Genau. Das ist es nämlich: Die Kinder stehen im Vordergrund. Das ist mir auch klar geworden.«

Er legte den ersten Gang ein und gab Gas. Schlingernd fuhren wir in eine Kurve.

»Noch einmal: Silke und ich haben uns endgültig getrennt. Wir müssen wahnsinnig gewesen sein, zwei Familien zu zerstören.« Frank raste wie ein Verrückter über die Ausfallstraße.

»Wie bitte? Ist das hier eine Endlosschallplatte, oder was? Wir HABEN bereits zwei Familien zerstört!« Instinktiv trat ich auf die auf meiner Seite nicht vorhandene Bremse. Ich war ihm schon wieder ausgeliefert!

»Eben, Linda! Lass mich meinen Irrtum bereuen! Es tut mir so unendlich leid! Du bist die einzige Frau, die ich will!«

In letzter Sekunde blieb er mit quietschenden Bremsen vor einem Stoppschild stehen.

»Lass mich hier aussteigen.« Ich öffnete schon die Tür, aber Frank gab bereits wieder Gas.

Sollte ich aus dem fahrenden Auto springen? Mir war danach. Aber mir war auch danach, ihm zuzuhören. Und zu Netthausens zu fahren. Die mir Freundschaft und Geborgenheit gaben. Selbst wenn ich dort gleich in Tränen ausbrechen würde. Sie würden es verstehen.

Franks Worte waren Balsam für meine Seele: »Bitte gib mir noch eine Chance. Ich werde dich nie wieder betrügen. Ach, was habe ich da nur angerichtet! Schon nach ein paar Tagen mit Silke wusste ich, dass sie dir nicht das Wasser reichen kann. Weißt du, das war so ein Chef-Sekretärin-Ding. Das hatte den Reiz des Verbotenen, sie war ja völlig besessen von mir, und ich hab mich da reinziehen lassen. Aber das war nur ein sexuelles Ventil, um bei meinem ganzen Stress Dampf abzulassen. Das musst du mir glauben, Linda! Ich könnte keine andere so lieben wie dich!«

Ich zwang mich, sie als leere Worthülsen zu betrachten, versuchte sie an mir abprallen zu lassen. Irgendwann hielt ich mir die Ohren zu und weinte. Ich konnte nicht mehr. Ich war komplett am Ende.

Und Frank – weinte auch! Erschrocken nahm ich zur Kenntnis, dass ihm die Tränen nur so übers Gesicht liefen. Ich hatte ihn noch nie weinen sehen. Mir stockte der Atem.

Er fuhr rechts ran und nahm mich in den Arm. Anschließend weinten wir beide hemmungslos.

Wie es der Zufall so wollte, standen wir fast an derselben Stelle, an der wir uns zum ersten Mal im Auto geliebt hatten. Nur dass das Auto jetzt aus anderen Gründen wackelte.

Ich warf ihm alles an den Kopf, was er mir angetan hatte. Mir und den Kindern.

Und er gab alles zu. Ich trommelte mit den Fäusten auf ihn ein. Und er ließ es geschehen.

»Schlag mich ruhig, Linda, ich habe es verdient. Was war ich nur für ein hirnrissiger Vollidiot!«

»Du Arschloch!«, brach es aus mir heraus. »Du verlogener Mistkerl, du … du … du …« Mir fehlte das Repertoire. Ich war solche Szenen nicht gewöhnt.

Frank hielt meine geballten Fäuste fest und küsste sie tränenblind. »Wie konnte ich eine Traumfrau wie dich nur hintergehen! Wie konnte ich dich bloß so enttäuschen«, weinte er. »Wie konnte ich diese Traumfamilie zerstören, ich testosterongesteuertes Rindvieh …«

Mein selbstherrlicher Frank war auf einmal ganz klein und verletzlich. In diesem Moment wusste ich, dass seine Reue echt war.

Weinend schmiegte ich mich in seine Arme und inhalierte seinen vertrauten Duft, den ich früher so aufregend gefunden hatte. Ich fand ihn immer noch aufregend! Er brachte einen Stein ins Rollen, der kaum noch aufzuhalten war.

Mit letzter Kraft versuchte ich noch einmal auszusteigen, aber er schüttelte nur den Kopf und nahm wieder meine Hände.

Und bevor ich überhaupt merkte, was ich da tat, hatte ich ihn schon auf die tränennasse Wange geküsst.

»Linda!« Er schaute mich mit seinen braunen Augen flehend an: »Gib mir noch eine Chance! Ich bessere mich und werde ein anständiger Mensch!«

»Fahr weiter«, sagte ich, nachdem ich mich gründlich ge-schnäuzt hatte. »Pünktlichkeit ist die Tugend der Könige. Das wenigstens habe ich von dir gelernt.«

28

N a so was«, riefen die Netthausens erfreut, als wir eine Drei-
viertelstunde später bei ihnen vorfuhren.

»Da sind Sie ja doch beide! Wie schön, dass Sie es noch einrichten konnten, Frank!«

Schon hatten sie uns in den Flur gezogen.

»Wie könnte ich Sie versetzen«, sagte Frank mit seinem üblichen Charme.

»Entschuldigen Sie die Verspätung«, stammelte ich, völlig
von der Rolle. Eigentlich hatte ich Frank ja draußen stehen lassen wollen.

»Haben Sie geweint?« Renate nahm mich erschrocken beim
Arm.

»Ja, wir hatten eine kleine …«

»Panne.« Frank zuckte bedauernd mit den Achseln. »Wir sind
ins Schleudern geraten und wären beinahe gegen die Leitplanke
geknallt. Fast wäre es vorbei gewesen mit uns. Aber wir haben
das Ruder gerade noch mal rumgerissen. Ich zittere jetzt noch,
schauen Sie auf meine Hände!«

»Und das Auto?«, wollte Wolfgang wissen. Typisch Mann!

»Nur ein kleiner Kratzer«, sagte Frank. »Alles reparabel.«

Er zog mich an sich, und ich wollte ihn vor Netthausens nicht
wegstoßen. Also rang ich mir ein tapferes Lächeln ab.

»Hauptsache, IHNEN ist nichts passiert«, sagte Renate warmherzig.

Netthausens nahmen uns unsere Mäntel ab und schenkten uns einen Aperitif ein. »Beruhigen Sie sich erst mal! Draußen ist aber auch ein schreckliches Wetter ...«

Ich sah mich suchend nach dem vierten Spieler um. Sie hatten doch Ersatz für Frank angekündigt? Offensichtlich hatten sie doch niemanden gefunden.

Wolfgang folgte meinem Blick und sagte: »Wir haben hin und her überlegt, wer für Frank einspringen könnte.« Er prostete uns zu. »Aber es ist uns keiner eingefallen.«

»Jedenfalls keiner, der so gut spielt.«

Wie wahr, wie wahr!

»Vielleicht sogar ZU GUT!«, bemerkte ich vielsagend. »Es gibt Leute, deren Tricks man als normaler Mensch einfach nicht gewachsen ist. Gegen sie kann man nur verlieren.«

Dabei sah ich knapp an Frank vorbei.

Renate lächelte. »Frank ist eben einfach der Beste.«

»Na, die einen sagen so, die anderen so«, tat Frank bescheiden und hob beide Hände. Täuschte ich mich, oder zwinkerte er mir über seinem Glas verschmitzt zu?

Ich wandte mich ab. Linda, lass dich nicht wieder von ihm einseifen!, schrie Frau Vernunft. Schrei es heraus! Er hat dich betrogen! Er kommt und geht, wann er will, er spielt mit dir und braucht dich nur, wenn es ihm schlecht geht.

»Meine Liebe, kommen Sie mit in die Küche.« Renate zog mich mit sich.

»Sie ist wirklich noch ganz durch den Wind«, hörte ich Frank zu Wolfgang sagen. »Es war wirklich auf Messers Schneide.«

Der zündete sich sein Pfeifchen an und meinte: »Da sind Sie ja noch mal mit dem Schreck davongekommen.«

An diesem Abend boten uns die Netthausens das Du an.

Wir saßen da in trauter Freundschaft beisammen, bei einem

Glas samtigem Rotwein, und ich beneidete sie um ihr intaktes Eheleben. Sie fragten arglos nach den Kindern und nahmen so liebevoll Anteil an den Geschichten, die wir uns aus den Fingern saugten, dass wir irgendwann selbst glaubten, bei uns wäre alles in Ordnung.

Wir erzählten von unserem wundervollen Urlaub in der Südsee, davon, wie selbstständig die Kinder unsere Abwesenheit überstanden hatten, wie gut sich alle verstanden, wie fleißig sie in der Schule waren und wie viel Spaß das Leben in unserer Villa Kunterbunt machte …

»Aber alles ist doch nicht so rosig«, warf Renate mit ernster Miene ein. »Linda, du siehst nicht gut aus. Du bist ja nur noch ein Schatten deiner selbst! So knochig habe ich dich noch nie gesehen.« Besorgt sah sie mich an. »Du hast tiefe Ringe unter den Augen! Schläfst du nicht? Was ist denn los, Mädchen?« Sie warf Frank einen vorwurfsvollen Blick zu. »Bist du nicht nett zu ihr?«

»Na ja, es gab natürlich auch die eine oder andere Krise«, räumte Frank ein und nahm schnell einen Schluck Wein.

»Ja, man liest es täglich in der Zeitung«, sagte Wolfgang und teilte die Karten aus. Er meinte die Wirtschaftskrise. »Können wir irgendetwas für euch tun?«

Hast du etwa in der Küche …?, fragten Franks Augen entsetzt.

Nein. Hatte ich nicht. Dazu war ich viel zu feige gewesen. Was sollte ich die lieben Netthausens mit unserem hässlichen Schmutz belasten. Kurz war ich versucht, die Hosen runterzulassen und den Netthausens die Wahrheit zu erzählen. Ich öffnete schon den Mund, schloss ihn aber wieder, als ich einen Blick von Frank auffing, den er früher oft beim Bridge aufgesetzt hatte. Ich zuckte zusammen und entschied mich für eine harmlose Variante: »Ja, die Wirtschaftskrise hat so manch guten Banker die Stelle gekostet.

Frank war in letzter Zeit nur selten zu Hause, das war in den letzten Wochen nicht einfach für uns.« Dabei sah ich Frank trotzig an.

»Jedoch sehen wir in der Krise auch eine Chance«, parierte Frank perfekt und griff nach meiner Hand. »Hauptsache, wir verlieren jetzt nicht den Kopf, sondern halten zusammen. Offen gestanden blicke ich durchaus optimistisch in die Zukunft: Ein guter Sanierer kann heutzutage mehr Geld verdienen als ein Anlageberater.«

»Ihr müsst einfach flexibel sein und euer Leben den neuen Gegebenheiten anpassen!«, pflichtete ihm Renate bei.

»Es ist eine gute Idee, dich selbstständig zu machen, Frank. Wir kennen so viele ehemals wohlhabende Leute, die sich verkalkuliert haben und jetzt dringend Beratung brauchen.«

Wolfgang zog wieder an seiner Pfeife, und ich ließ mich einhüllen von dem vertrauten Duft nach Tabak und Vanille.

»Ihr seid noch so jung«, sagte Renate lachend. »Was haben wir alles für Krisen gemeinsam durchgestanden!« Sie knuffte ihren Wolfgang liebevoll in die Seite, und der legte den Arm um sie. »So was schweißt zusammen! Nachher lacht ihr drüber!«

Ach, wie sehr sehnte ich mich danach, eines Tages mit Frank darüber zu lachen! Als Frank im Gegenzug ganz selbstverständlich den Arm um mich legte, ließ ich es geschehen.

»Mit Linda an meiner Seite stehen alle Zeichen auf Erfolg, das geht gar nicht anders!«

Ich sah mir selbst dabei zu, wie ich ihn in die Seite knuffte, als hätten wir nur einen banalen Ehestreit gehabt.

»Aber gönn ihr zwischendrin auch mal ein bisschen Ruhe«, mahnte Renate milde. »Frauen brauchen das.« Sie zwinkerte mir verständnisvoll zu. Wahrscheinlich glaubte sie, bei mir wären die Wechseljahre ausgebrochen.

»Also, ihr Lieben!« Wolfgang klopfte seine Pfeife aus. »Seid ihr so weit? Legen wir los!«

»Ja. Ab sofort wird nicht mehr gesprochen.«

Frank sah mich halb schelmisch, halb bittend an. Und ich verstand. Wir gewannen an diesem Abend sämtliche Spiele. Und ich hörte mich zum ersten Mal wieder lachen.

29

Herr Frank Hellwein. Wollen Sie Linda Albrecht zu Ihrer Frau nehmen, sie lieben und achten in guten und schlechten Tagen und ihr treu sein, bis dass der Tod euch scheidet? So antworten Sie mit Ja.«

»Ja.« Frank strahlte mich an und sah so glücklich aus wie jemand, der wirklich angekommen ist. Die Kinder drückten ihre Blümchen an sich und strahlten auch. Sie waren so erleichtert, dass sich die Wogen wieder geglättet hatten!

Dass Frank netter, witziger und aufmerksamer war als je zuvor!

Ich schluckte. Um mich herum drehte sich alles. Wir standen wirklich im Standesamt!

Ich hatte Ja gesagt, als Frank mir auf Knien einen Diamantring angesteckt und mich gebeten hatte, seine Frau zu werden. Hätte ich etwa Nein sagen sollen? Vor den Kindern? Dann wäre ich wieder an dem Punkt gewesen, den ich gerade hinter mir hatte. Dann wäre ich vor dem Nichts gestanden, während ich jetzt doch einigermaßen abgesichert war. Ich war erleichtert, denn diese Ehe gab mir doch noch eine Chance auf eine glückliche Zukunft. Eine Chance mit Brief und Siegel. Frank zu heiraten, bedeutete auch, ihn in sanfte Fesseln zu legen. Abgesehen davon war Frank wirklich geläutert. So wie er geweint und gefleht, seine Fehler eingestanden hatte.

Wenn ich mich jedoch mit den Augen einer anderen sah,

wollte ich mich selbst für verrückt erklären. Nach alldem, was vorgefallen war, heiratete ich ihn auch noch? War ich denn völlig wahnsinnig? Vor meinen Augen tanzten Sterne.

Ich schluckte trocken.

»Frau Linda Albrecht. Wollen Sie Frank Hellwein zu Ihrem Manne nehmen, ihn lieben und achten in guten und schlechten Tagen und ihm treu sein, bis dass der Tod euch scheidet? So antworten Sie mit Ja.«

Ich schluckte erneut. Der kalte Schweiß stand mir auf der Stirn.

Renate Netthausen, meine Trauzeugin, berührte mich sanft am Arm. Und Wolfgang, der neben Frank stand, lächelte mich aufmunternd an und nickte unmerklich. Elterlicher Stolz stand ihnen in den Augen.

Die Aufregung, nicht wahr, liebe Kinder? Wolfgang hatte Frank vorher einen kleinen Flachmann gereicht. Mir leider nicht.

Ich räusperte mich.

Ja. Das konnte doch nicht so schwer sein! Nur eine kleine Silbe, dann hatte ich ihn für mich. Amtlich verbrieft und besiegelt. Alle Welt würde wissen: Die beiden meinen es ernst.

Jochen hatte auch vor ein paar Monaten geheiratet.

Schon allein deswegen sollte ich es tun. Um Jochen zu beweisen, dass ich mich nicht geirrt hatte. Ich versuchte, meine Panik zu verbergen. Dabei schlotterten mir die Knie.

Die Kinder traten nervös von einem Bein aufs andere. Mein Blick blieb an Frank hängen. Wirst du mich wieder betrügen? Wirst du mir wieder cholerische Szenen machen? Wirst du wieder ungerecht sein, egozentrisch und unberechenbar?

Seine braunen Augen ließen mich nicht mehr los: Ich habe dir soeben die Treue geschworen, sagten sie. Gib mir eine Chance. Wir schaffen es. Denk an unsere guten Zeiten. Ich habe mich tausendmal entschuldigt und meine Fehler eingesehen.

Ich weiß nicht, ich trau mich nicht, ich kann nicht … Mein Blick flackerte.

»Frau Albrecht?« Die Standesbeamtin bot an, ihre Frage zu wiederholen.

Ich drehte den Kopf zum Fenster. Frank Hellwein heiraten? Nach allem, was war? Konnte ich wirklich so blöd sein?

Doch dann eilte mir Frau Vernunft zur Hilfe: Jetzt machst du es amtlich!, rief sie. Alles muss seine Richtigkeit haben. Ihr gründet zusammen eine Firma. *Hellwein und Hellwein.* Du bist Teilhaberin. Sicher dich ab. Auch rechtlich gesehen. Du wirst immer ein Anrecht auf die Hälfte der Firma haben. Selbst wenn er dich noch mal betrügt.

Ich sah in die erwartungsvollen Gesichter der Hochzeitsgesellschaft. Im Flur des Standesamts wartete bereits das nächste Hochzeitspaar.

»Linda Albrecht. Wollen Sie Frank Hellwein …«

Ich holte tief Luft und sagte: »Ja.«

Der letzte Rest meiner Zweifel wurde von lang anhaltendem Beifall verschluckt.

Nachdem wir von unserer Hochzeitsreise zurück waren, gingen wir es gemeinsam an: Wir stellten eine Haushälterin ein, die mich zu Hause weitgehend entlastete. Darauf hätten wir schon viel eher kommen können!, dachte ich kopfschüttelnd. Jetzt wird Frank keine Gelegenheit mehr haben, einem anderen Rock nachzuschauen.

Unsere Firma entstand: *Hellwein und Hellwein Financial Consulting.* Wir mieteten eine Büroetage in der Frankfurter Innenstadt und richteten sie professionell ein. Die gemeinsame Arbeit brachte uns wieder näher zusammen. Es machte großen Spaß, jeden Morgen gemeinsam in die Firma zu fahren.

Genauso eisern, wie ich Bridge gepaukt hatte, frischte ich mein betriebswirtschaftliches Wissen wieder auf. Vieles hatte sich ohnehin verändert, und das eignete ich mir auf Schulungen an.

Innerhalb kürzester Zeit hatten wir regen Zuspruch. Netthausens hatten uns die ersten Klienten geschickt, und unser Erfolg sprach sich in diesen Kreisen schnell herum. Franks souveränes Auftreten und Fachwissen, gepaart mit meinem weiblichen Einfühlungsvermögen, ließen die Klienten schnell auftauen und Vertrauen schöpfen. Viele waren am Boden zerstört, traumatisiert und verzweifelt. Für manche kam der finanzielle Einbruch völlig überraschend. Es gab Menschen, die trauten sich nicht mehr, einen Kontoauszug zu lesen oder den Brief vom Finanzamt zu öffnen.

Ich konnte mich in ihre Existenzängste hineinversetzen, war es mir doch erst vor Kurzem genauso gegangen. Wie gut, dass es für mich ein Happy End gegeben hatte! Und genau das sagte ich meinen Klienten auch: Es gibt immer einen Ausweg, eine Lösung. Das Glück schlägt auch für Sie wieder ein neues Kapitel auf!

Ich spezialisierte mich darauf, ihnen den Weg durch den Behördendschungel zu weisen, ging mit ihnen zu Ämtern und gab ihnen das Gefühl, nicht allein zu sein auf dieser Welt. Ich sprach ihnen Mut zu und sagte Dinge wie »Alles halb so schlimm«, und »Es wird nichts so heiß gegessen, wie es gekocht wird.«

Es stärkte mein Selbstbewusstsein, so sehr gebraucht zu werden. Ich fühlte mich wieder gleichwertig mit Frank. Wir waren Partner. In jeder Hinsicht.

Inzwischen bereiteten sich auch Linda und Lena aufs Abitur vor. Simon machte seinen Zivildienst, und Patti studierte Betriebswirtschaft. Trotzdem wohnten wir nach wie vor alle gemeinsam unter einem Dach, in unserer geliebten Villa Kunterbunt. Frank blieb meist bis spät in der Firma und ging zu

Außenterminen, während ich mich ab dem späten Nachmittag um die Kinder kümmerte. Aber ich wusste immer, mit wem er wo unterwegs war.

Wenn er nicht zum Abendessen kam, rief er an.

Alles war gut.

30

Bis er eines Abends nicht anrief.

Wir saßen zu fünft am Tisch und sahen uns mit großen Augen an.

»Kommt er nun zum Essen oder nicht?«

»Dürfen wir anfangen? Ich hab einen Riesenhunger!«

Ich versuchte ihn zu erreichen, aber das Handy war aus. Was nicht unüblich war, wenn er mit Kunden zusammensaß. Er konzentrierte sich völlig auf sie, was ich gut nachvollziehen konnte. Und seit wir verheiratet waren, war nie wieder auch nur das kleinste bisschen passiert.

Wir aßen ohne ihn.

Es wurde neun, es wurde zehn. Ich saß mit Patti in der Küche und rauchte.

»Mama! Du wolltest es dir doch nicht wieder angewöhnen!«

Patti hatte inzwischen eine Stelle als Steuerberatergehilfin und war mit ihren dreiundzwanzig Jahren richtig erwachsen geworden. Sie konnte fachlich mitreden, was die Firma betraf, aber auch als Frau und Freundin in Sachen Liebe. Ich war unendlich froh und dankbar für dieses wunderbare Mädchen.

»Er würde dich nie wieder betrügen, Mama. Mach dir keine Sorgen.«

Ich machte mir aber welche. Meine Wunden waren zwar verheilt, aber ich hatte Narben davongetragen. Noch einmal würde ich Bedenken und Zweifel nicht einfach so unter den Teppich kehren: Gebranntes Kind scheut das Feuer. Ich saß wie auf Kohlen. Ich hatte so eine undefinierbare Vorahnung, die mir die Kehle zuschnürte.

Um elf war er immer noch nicht da, und sein Handy war immer noch aus. Wie gelähmt saß ich in der Küche und lauschte dem Ticken der Uhr.

Patti fuhr zum Büro und meldete, dass niemand da sei: Abgeschlossen und Licht aus.

Um Mitternacht rief ich Barbara an. Sie war als Einzige gegen diese Hochzeit gewesen. »Du läufst sehenden Auges in dein Unglück«, hatte sie gesagt. »Ein notorischer Betrüger bessert sich nicht.« Sie sprach aus Erfahrung. Aber wer sagte, dass mein Frank genauso war wie ihr Manfred?

»Barbara, es geht wieder von vorn los. Ich hab schon die Polizei angerufen und alle Krankenhäuser abtelefoniert. Manche Männer in seinem Alter fallen tot um!«

»Mach dir keine Hoffnungen«, sagte Barbara sarkastisch. »Der nicht.«

»Ach, Barbara, ich wollte, ich könnte mit dir lachen.«

Egal, was passiert war: Es konnte nichts Gutes sein.

»Ich würde zu der Wohnung von der Fuchs fahren. Wenn sein Auto da steht, weißte Bescheid, Schätzelein.«

Barbara rauchte auch. Dass Männer einen dazu bringen konnten, sich selbst zu vergiften!

Wollte ich Bescheid wissen? Insgeheim griff ich schon nach Besen und Teppich. Nein! Ich wollte doch nur – hier sitzen! Und meine Ruhe haben. Hatte ich das nicht endlich verdient?

»Wirklich?«, versuchte ich Zeit zu schinden. »Das wäre – Vertrauensbruch. Ich muss ihm doch glauben, ich habe versprochen, ihm zu vertrauen!«

»Selber schuld: Vertrauen ist gut, Kontrolle ist besser.« Barbara machte eine kleine Pause und sagte dann: »Aber bitte, wenn du ihm vertraust, geh schlafen, und träum was Schönes.«

»Du weißt, dass ich kein Auge zukriege, solange er nicht da ist.« Ich wimmerte.

Patti kam im Pyjama angeschlichen. Auch sie hatte noch nicht geschlafen. »Wenn du willst, Mami, dann fahr ich mit.«

»Echt, das würdest du tun?«

»Ja, komm, das ist wie Pflasterabziehen! Wir machen es jetzt, dann haben wir es hinter uns.« Schnell zog sie sich an und griff zu ihrem Autoschlüssel.

Ich kam mir vor wie eine meiner kleinlauten Kundinnen, mit denen ich Händchen haltend zum Briefkasten ging, um gemeinsam Kontoauszüge zu öffnen.

Dankbar, dass meine große Tochter mich nicht allein ließ, kletterte ich auf den Beifahrersitz. Mir zitterten so sehr die Hände, dass ich mich nicht in der Lage fühlte zu fahren.

Unweit der Fuchs'schen Wohnung suchte ich mit brennenden Augen die parkenden Autos ab. War ich diejenige, die sich hier mitten in der Nacht den Hals verrenkte?

Nein. Von Franks Auto fehlte jede Spur.

Fast schon erleichtert sagte ich zu meiner Tochter, sie könne umkehren und nach Hause fahren.

»Schau mal rauf, ob Licht brennt.«

Im Fuchsbau brannte gedämpftes Licht. In dem Moment fiel mir ein, dass ich keine Ahnung hatte, ob die Füchsin überhaupt noch hier wohnte.

»Da sind bestimmt andere Leute drin«, versuchte ich Patti und mich gleichermaßen zu beschwichtigen. »Lass uns nach Hause fahren! Vielleicht ist Frank längst zurück.«

Patti gab gehorsam Gas. Langsam fuhren wir durch die Anliegerstraße. An der nächsten Kreuzung bog sie rechts ab und dann immer geradeaus. Über einem Zebrastreifen blinkte gelbes Licht.

Reflexartig griff ich nach Pattis Hand.

»He, was ist los? Kommt doch gar kein Fußgänger!«, bellte sie erschrocken.

Da stand er. Der schwarze Mercedes von Frank. Neben einer Litfaßsäule.

Und auf dem Beifahrersitz lag sein Handy. Ich konnte es nicht glauben, drückte wider besseres Wissen die Wiederwahltaste meines Telefons. Ich hatte ihn im Laufe des Abends zehnmal angerufen! Zehnmal zu viel. Frank hatte mein Vertrauen zurückerobert – um es dann erneut mit Füßen zu treten.

Als Frank im Morgengrauen nach Hause kam, leugnete er alles und bezichtigte mich der krankhaften Eifersucht. Er sei noch lange bei einem Kunden gewesen, irgendwo in Kelkheim, und habe die Nacht durchgearbeitet.

Doch diesmal hatte ich Patti als Zeugin dabei. Sie spuckte ihm ihre Verachtung vor die Füße:

»Das war dein Auto, und da war dein Handy drin!«

Es war aus. Endgültig.

31

Hallo, schöne Frau! Frohes, neues Jahr! Komm doch rein!«
Wolfgang zog mich an sich, umarmte mich herzlich und
steckte dann erneut den Kopf vor die Tür. »Wo ist Frank?«

Okay, jetzt musste ich sie einweihen, unsere gemeinsamen
Freunde und Trauzeugen. Es tat mir weh, sie so zu enttäuschen.

»Ich fürchte, heute wird es nichts mit dem Bridgespiel. Frank
und ich haben uns getrennt.«

Die beiden waren aufrichtig überrascht, zogen mich zwischen sich auf die Kaminbank, drückten mir ein Glas Wein in
die Hand und ließen mich erzählen.

»Hab ich's mir doch gedacht, dass damals keine Autopanne
an deinem aufgelösten Zustand schuld war!« Renate legte liebevoll den Arm um mich. Staunend hörten die beiden zu, als ich
von Franks zwei Gesichtern berichtete.

»Was hab ich gesagt, Wolfgang? Mir ist schon aufgefallen, wie
streng er anfangs mit dir umgegangen ist, Linda. Aber dass es so
schlimm ist …«

Ich erzählte von Silke Fuchs, der Wohnung und den Anrufen
des Ehemannes.

»Soso, eine Geliebte.« Wolfgang paffte nachdenklich. »Wer
weiß, vielleicht gibt es sogar mehrere? Der ist so größenwahn-
sinnig, dass ich ihm das glatt zutraue.«

»Jetzt mach die Sache nicht schlimmer, als sie ist, Wolfgang!«
Renate schüttelte unwillig den Kopf.

»Und was ist mit dieser Dame, mit der ich ihn neulich Händchen haltend auf dem Weihnachtsmarkt gesehen habe?«, fragte er trotzig.

»So eine Rötlichblonde«, ergänzte Renate vorsichtig.

»Sissy Bleibtreu! Das ist eine Klientin von ihm! Kennt ihr die zufällig?«

»Klar, das ist die, deren Mann sich aufgehängt hat!«

»Aber die hat ja einen Lebensgefährten«, wehrte ich ab. »Den hab ich beim Friseur gesehen. So ein grau melierter Dandy mit Seidenhalstuch im Hemdkragen.«

»Ach, der Jerry!« Wolfgang lachte und klopfte die Pfeife aus. »Der ist so schwul, der hat's erfunden!«

»Wolfgang«, tadelte ihn Renate erneut. »Das gehört doch gar nicht hierher.«

Plötzlich durchzuckte mich ein sehr hässlicher Gedanke. Sollte Frank mit der etwa auch noch was gehabt haben? So, wie ich es von Anfang an vermutet hatte?

»Wann war denn das?«

»Erst vor Kurzem, Anfang Dezember vielleicht.«

Da hatte er gleichzeitig mit mir, Silke und dieser Bleibtreu … Mir wurde schlecht.

»Ach, Linda, jetzt komm erst mal zu Tisch.«

Die beiden päppelten mich liebevoll auf, und ich erzählte ihnen, wie ich Frank vor die Tür gesetzt hatte. Wie er mich fassungslos angesehen, sich immer noch eingebildet hatte, mich um den Finger wickeln zu können. Wie er getobt und mich beschimpft hatte, als ihm klar wurde, wie ernst es mir war.

»Und wo ist er jetzt?« Renate sah mich fragend an.

»Über die Feiertage ist er wohl noch mal mit seiner Sekretärin in Urlaub gefahren«, berichtete ich, was ich von Herrn Fuchs wusste. »Die Kinder und ich haben zwischen den Jahren seine

Sachen gepackt und sie in die Firma gebracht. Dort gibt es eine Dusche und ein Sofa, auf dem er notfalls schlafen kann.« Ich starrte bedrückt vor mich hin.

»Ehrlich gesagt können wir gut verstehen, dass du ihn rausgeworfen hast. Wie er dich immer mit Blicken durchbohrt hat, wenn du nicht haargenau die Karte gelegt hast, die er wollte. Das hat ja schon gar keinen Spaß mehr gemacht.« Renate legte mir kopfschüttelnd noch eine zweite Scheibe von ihrem Neujahrsbraten auf den Teller.

»Ich sehe aber gar nicht ein, dass wir ohne ihn nicht mehr weiterspielen!« Wolfgang reichte mir die Silberplatte mit den Kroketten. »Was meinst du, Renate? Wir hatten ja schon mal über Ersatz für ihn nachgedacht.«

»Meinst du die nette Dame aus dem Golfklub? Die ist gut im Bridge!«

»Haha, die ist richtig gut!« Wolfgang tupfte sich mit der Serviette den Mund ab und trank einen Schluck Wein. »Wie hieß sie noch gleich?«

»Elfi«, sagte Renate und schob mir die Schüssel mit dem Gemüse hin. »Elfi Sturm.«

32

Nicht nur beim Bridge hätte ich Ersatz gebraucht. Auch im Büro war auf Frank kein Verlass mehr.

»Hast du das Portfolio von der Reinigungsfirma Müller schon fertig?«

Ich stand vor Franks Schreibtisch und legte ihm neue Unterlagen hin. »Hier, das solltest du noch einfügen, das ist voll von der Steuer absetzbar.«

»Linda …« Frank schaute mit waidwundem Blick von seinem Computer auf. Er sah furchtbar aus. Seine Haut war rot und großporig, und sein Atem stank nach Alkohol.

»Linda, ich kann mich nicht konzentrieren. Es geht mir so beschissen, dass ich …«

»Dein Problem. Und das hier sind Leute, die du dringend zurückrufen sollst.« Ich stemmte die Hände in die Hüften. »Und zwar noch heute, Frank!« Ich drehte mich um, um zu meinem Schreibtisch zurückzugehen, aber er packte mich am Rockzipfel.

»Linda, können wir nicht reden?« Frank wollte mich auf seinen Schoß ziehen, aber ich schlug seine Hand weg.

»Ein für alle Mal, Frank: Wir sind nur noch Firmenpartner. Das muss doch in deine Birne reingehen!«

Das war übrigens wörtlich der Satz, den er beim Bridgeüben ständig zu mir gesagt hatte.

Frank merkte es nicht oder wollte es nicht merken. Er stützte den Kopf in die Hände wie ein überforderter Schüler und zog die Schultern hoch. Seine Haare waren fettig und mussten dringend nachgeschnitten werden. »Ich bin einfach nur am Arsch ...«

»Das ›am‹ kannst du weglassen.« Ich schnippte ein paar Schuppen von seinem Kragen. »Wann hast du eigentlich das letzte Mal geduscht?«

»Weiß nicht, ist mir auch vollkommen egal.«

Seufzend setzte ich mich auf seine Schreibtischkante, nicht ohne erst mal einen angebissenen Cheeseburger, einen Karton mit Pizza von gestern und einen Plastikbecher Cola mit Schuss beiseitegeschoben zu haben. Aha. Jetzt wollte er sich also gehen lassen. Aber ohne mich!

»Hör mal zu, Sportsfreund: Dein Selbstmitleid ist zum Kotzen. Wir haben nach der Hochzeit diese Firma gegründet, an der ich zur Hälfte beteiligt bin. Ich kann unsere Kinder davon ernähren, und ja, danke, wir können die Villa davon zahlen. Aber du musst auch mitarbeiten, Frank. Lass dich nicht so hängen!«

Es war inzwischen Frühsommer, und auch wenn ich es geschafft hatte, mich von ihm zu trennen: Beruflich mussten wir an einem Strang ziehen, und das war nicht immer einfach. Im Büro behandelte ich ihn wie einen x-beliebigen Berufskollegen, und das vertrug Frank gar nicht. Als er merkte, dass er nicht mehr den starken Max markieren konnte, kam seine cholerische Art wieder durch – auch vor den Kunden, was diese gar nicht schätzten. Immer mehr von ihnen bestanden darauf, von mir beraten zu werden.

Entsetzliche Wochen folgten, in denen Frank anfing zu trinken. Immer öfter saß er mit dumpfem Blick bei heruntergelassenen Jalousien in seinem Büro, die Whiskeyflasche neben sich.

Im Grunde hatte er alles verloren, was ihm lieb und teuer war: erst seinen hoch dotierten Job, dann seine Familie und jetzt auch noch seine Kunden. Er wollte eindeutig zurück ins Körbchen – vermutlich hatten ihn auch seine Geliebten im Stich gelassen. Wie dem auch sei: Frank war völlig aus der Spur geraten.

»Linda, bitte komm zu mir zurück! Ich schäme mich so …« Er ließ den Kopf auf die Arme sinken und litt wie ein Hund. Er sah so elend aus, dass ich mich zwingen musste, ihm nicht wenigstens über den Kopf zu streichen. Doch ich ballte die Fäuste und zählte bis zehn.

»Bitte lass uns reden!«, winselte Frank.

»Worüber denn noch?« Ich verschränkte die Arme vor der Brust. »Wenn, dann reden wir hier über den Fall der maroden Bäckerei Rütgers.« Ich knallte die Unterlagen neben seinen Kopf. »Ich hab sie aufgekauft, werde sie renovieren und mit Gewinn weiterverkaufen. Ich hatte dich gebeten, noch mal einen Blick auf meine Kalkulation zu werfen.«

Mein Ton war strenger als der einer Lehrerin, die ihrem Schüler ein miserables Zeugnis aushändigt. »Und das bereits letzten Mittwoch.«

»Linda! Ich kann nicht!«

»Was kannst du nicht? Dich zusammenreißen?«

Ich hatte jetzt exakt den Tonfall drauf, mit dem er mich für den Bootsführerschein gedrillt hatte.

»Ich hänge voll durch, Linda! Ich ernähre mich von Fast Food, habe keinen Menschen mehr, mit dem ich reden kann, und meine Bridgefreunde bin ich auch los!«

»Und wem genau machst du das zum Vorwurf?«

»Keinem, und dir am allerwenigsten, Linda! Du hast alles getan, um unseren Traum von Großfamilie und Villa aufrechtzuerhalten!«

Ich stieß ein müdes Lachen aus. »Der sich als Fata Morgana entpuppt hat. Als einsturzgefährdetes Kartenhaus. Weil das

Fundament von Anfang an auf wackeligen Füßen stand. Weil auf dich einfach kein Verlass ist! Nicht einmal hier im Büro! Ich weiß wirklich nicht, wohin diese Unterhaltung führen soll«, sagte ich genervt und wollte schon gehen, als er laut schluchzte: »Bitte bleib noch zehn Minuten!«

Er benahm sich wie ein kleines Kind, das noch eine Geschichte vorgelesen bekommen will.

Merkwürdigerweise hielt sich meine Wut in Grenzen. Längst tat er mir einfach nur noch leid. Ich wusste, dass ich die Stärkere war.

»Okay, reden wir.« Ich setzte mich rittlings auf einen Bürostuhl. »Deine jetzige Situation hast du dir selbst eingebrockt, und das weißt du auch! Also, was willst du? Absolution?«

»Du würdest sie mir nicht erteilen.«

»Nein. Ich habe dir öfter verziehen, als ich mir selbst verzeihen kann.«

»Weißt du, das mit Silke war …«

»Nur ein Ventil.« Ich nickte. »Und? Wo ist deine treue Sekretärin jetzt? Warum schickt sie dich nicht mal zum Friseur?«

»Sie ist zu Mann und Kind zurückgekehrt. Er hat ihr ein Ultimatum gesetzt.«

»Vielleicht hat sie dich ja auch mit einer anderen … ähm … angetroffen.«

»Woher weißt du das?« Er zuckte zusammen.

»Informantenschutz.«

»Wolfgang Netthausen. Stimmt's? Der hat mich mit ihr auf dem Weihnachtsmarkt gesehen.« Seine Augen wurden schmal. »Hat er mich also bei dir verpetzt. Schöner Freund.«

»Beide Netthausens sind sehr loyal.«

»Sie halten zu dir. Obwohl ich dich erst in diese Kreise eingeführt habe.«

»Du hast eben verspielt, Frank Hellwein.« Triumph schlich sich in meine Stimme.

»Und wer spielt jetzt an meiner Stelle?«

»Eine reizende Dame namens Elfi Sturm. Du wirst lachen: Die spielt fast so gewitzt wie du. Hinzu kommt, dass unsere Abende ohne Augenrollen und Tadel über die Bühne gehen. Wir spielen, wir lachen, wir haben Spaß und gehen wieder nach Hause.«

»Wie schön für euch«, murmelte Frank gekränkt. Er machte Hundeaugen. »Ich würde so gern wieder mal bei euch mitspielen.«

»Vergiss es!« Ich zeigte auf die Unterlagen von Reinigung und Bäckerei. »Ich erwarte von dir, dass du noch heute das mit Müller und Rütgers erledigst. Die Leute vertrauen uns.« Hahaha!, dachte ich. Falsches Argument. Okay, noch mal: »Die Leute bezahlen uns. So, und jetzt gehe ich mit Barbara aufs Weinfest und amüsiere mich.« Ja, das letzte Weinfest war genau ein Jahr her!

Ich griff zu meiner Jacke, fuhr mir genauso kokett durchs Haar wie damals an der Hecke, als alles begann, und sagte: »Und nur fürs Protokoll: Nein, du darfst nicht mit. Du hast hier noch zu tun. Wahrscheinlich die ganze Nacht.«

33

Und? Wie geht es unserem Schwerenöter?«
Renate Netthausen schob unsere Nachtischschälchen in die Durchreiche und sah mich über die Schulter freundlich an.

»Er ist gerade nicht besonders glücklich.« Ich reichte ihr die kleinen Löffel und steckte die Tischsets wieder in die Schublade.

»Das kann ich mir denken. Und wie läuft eure Firma?« Wolfgang kramte seine Pfeife hervor. »Ich kann mir gar nicht vorstellen, dass man zusammenarbeiten kann, nachdem … na ja, so was vorgefallen ist.«

»Wenn man eine Menge Geld damit verdient«, sagte ich kokett, »und vier Kinder und eine ganze Menagerie davon ernährt, geht alles.« Ich fühlte mich gut. Ich war als Siegerin aus dieser Partie hervorgegangen. Und ich hatte eindeutig die besseren Karten.

Elfi, unsere neue Mitspielerin und heutige Gastgeberin, war gerade dabei, in ihrer Küche ein bisschen aufzuräumen. Sie war eine sehr ordentliche Person und würde erst anfangen zu spielen, wenn das ganze Geschirr in der Spülmaschine verstaut war. Wir hatten herrlich gegessen, allerlei Tratsch ausgetauscht und liebevoll über die besorgten Nachbarn gelästert, die Elfi immer mit dem Fernglas beobachteten und nicht eher schlafen gingen, bis sie sich davon überzeugt hatten, dass die alleinstehende Witwe gut nach Hause gekommen war. Das Ehepaar Siebers passte rührend auf Elfi auf.

Elfi hatte die wichtigsten Handgriffe erledigt und steckte jetzt neugierig den Kopf durch die Durchreiche. »Das Geschirr hat gerade so laut geklappert, dass ich gar nichts verstanden habe. Von wem ist die Rede?«

»Von Frank. Meinem … ähm … Mann. Wir leben getrennt.« Ich reichte ihr die leeren Gläser an.

»Wir sind so stolz auf dich, Mädchen«, blieb Renate beim Thema. »Dass du dich endlich von diesem Tyrannen befreit hast.«

»Wieso, was hat er denn …?« Elfi war noch nicht eingeweiht.

»Er hat unsere Linda nach Strich und Faden betrogen. Und das, obwohl sie gerade erst geheiratet hatten«, sagte Renate empört.

»Ich hätte ihn nie heiraten dürfen«, räumte ich ein und schüttelte über mich selbst den Kopf. »Das war der größte Fehler meines Lebens.«

»Ach was!«, meinte Wolfgang sonor. »Jetzt bezahlt er wenigstens Unterhalt. Das mit der gemeinsamen Firma ist deine Trumpfkarte.«

»Zeig Elfi mal das Bild von eurer Hochzeit, Linda«, schaltete sich Renate ein, die gerade mit einem Handsauger die Krümel von der Tischdecke entfernte. »Damit sie weiß, in wessen Fußstapfen sie beim Bridgen getreten ist.«

»Ach, das interessiert sie doch nicht …«

Doch Elfi griff bereits nach ihrer Lesebrille. »Zeig schon her, Linda!«

Ich reichte ihr mein Handy, auf dem immer noch das Foto von unserer Hochzeit war.

Wir sechs, unsere Familie. Und im Hintergrund die Netthausens.

»Das ist die kleine Linda, das mit dem blauen Kleid ist Lena, na ja, das sind Frank und ich, und links, das ist Patti, meine

Älteste, die Steuerberaterin wird, und daneben wiederum steht Simon – jetzt mein einziger Mann im Haus.«

»Eine bezaubernde Familie.« Lächelnd gab mir Elfi das Handy zurück. »Schade, dass es mit dem schönen Frank nicht geklappt hat.«

»So schön ist er auch wieder nicht«, murmelte Wolfgang kopfschüttelnd.

»Doch, das muss man ihm schon zugestehen«, entfuhr es Renate. »Aber damit soll es ja jetzt auch vorbei sein.«

Elfi wischte sich die Hände am Küchenhandtuch ab. »Also, wenn keiner mehr einen Wunsch hat … Teilen wir die Karten aus?!«

Wir spielten den ganzen Abend, hatten viel Spaß und waren konzentriert bei der Sache.

Nachdem Wolfgang sich wieder eine Pfeife angezündet hatte, wagte ich zu fragen, ob ich auch rauchen dürfe.

»Na, meinetwegen. Wenn ihr es nicht lassen könnt.« Elfi stand auf und öffnete die Terrassentür. »Habt ihr den Mond draußen gesehen? Ein Riesenvollmond!«

Sie setzte sich wieder hin und teilte die Karten neu aus. »Wer ist dran?«

Ich lehnte mich zurück und hielt die Zigarette aus der offen stehenden Tür. Ja, das war ein Mond! Sofort dachte ich wieder an die erste Nacht mit Frank zurück. Daran, wie wir am Main spazieren gegangen und dann im *Rostigen Anker* abgestiegen waren. Beim Gedanken an meine zweite Nacht dort bekam ich Gänsehaut. Auch als ich lauschend vor der Zimmertür gestanden war, hatte der Mond rund am Himmel gestanden, so als ahnte er nichts von den Katastrophen auf dieser Erde.

»Linda?«

»Oh, Entschuldigung. Ich war gerade mit meinen Gedanken

woanders.« Ich legte eine Karte ab. Niemand zog die Brauen hoch, niemand seufzte, und niemand durchbohrte mich mit seinen Blicken.

Plötzlich hielt Wolfgang inne.

»Sag mal, Elfi, hast du das auch gehört?« Wolfgang saß kerzengrade und spitzte die Ohren.

»Was?«

»Da war so ein Geräusch. Erwartest du noch jemanden?«

»Ach, das war Nachbars Katze«, wehrte Elfi ab. »Die schleicht sich hier manchmal rein, wenn die Türen offen stehen. Die haut schon wieder ab, wenn sie merkt, dass bei mir nichts zu holen ist. – Also, Linda: Partnerin? Wer gibt?«

Wir spielten noch eine gute Stunde, dann war es kurz nach elf.

Diesmal hatten die Netthausens gewonnen, aber das störte Elfi und mich nicht im Geringsten.

»Lasst uns aufbrechen, ihr Lieben.« Wolfgang und Renate waren müde und gähnten hinter vorgehaltener Hand. »Elfi, es war wie immer ein Fest.«

»Das Rezept für dein Schokoladensoufflé musst du mir unbedingt noch geben. Ich krieg das nie so locker und knusprig hin wie du.«

»Jetzt kommt schon, Mädels«, mahnte Wolfgang.

Netthausens hatten mich im Auto mitgenommen, meines stand bei ihnen vor der Tür.

Es hatte angefangen zu nieseln, und Elfi schloss die Terrassentür, wobei sie sich fröstelnd die Arme rieb.

»Ich bring euch noch raus …«

»Ach, lass mal, Elfi, du wirst ja nass!«

»Habt ihr einen Schirm?«

»Ja, im Auto. Toll!« Wir lachten.

»Soll ich euch meinen leihen?«

»Den brauchst du doch morgen zum Golfspielen!«

»Morgen Vormittag geh ich erst mal zu den Siebers. Sie haben mich zum Brunch eingeladen.«

Elfi zeigte auf das gegenüberliegende Haus, wo sich gerade die Gardine bewegte. »Das sind echt süße Leute. Die passen auf mich auf.« Sie winkte freundlich hinüber, woraufhin drüben das Licht ausging.

»Danke für den wunderschönen Abend, Elfi.« Ich beugte mich noch einmal zu ihr hinunter und umarmte sie. Sie war so eine kleine, reizende Person. Eine echte Dame.

Netthausens waren schon vorgerannt. »Linda? Kommst du?«

Ich riss mich von Elfi los. Bevor ich ins Auto stieg, winkte ich ihr noch mal zu. Plötzlich tat sie mir leid, wie sie da ganz allein unter ihrem Vordach stand. Ich widerstand dem Drang, noch einmal kehrtzumachen und sie zu umarmen. Ihre Tochter lebte mit Mann und Kind in Amerika.

Als wir bei den lieben Netthausens ankamen, wollten sie mich noch hereinbitten.

»Nein danke, es ist schon zwanzig nach elf«, sagte ich. »Schlaft gut. Es war ein schöner Abend.«

Ich setzte mich ins Auto und fuhr los. Merkwürdig, dachte ich, dass ich mich jetzt allein viel wohler fühle als damals mit Frank. Der hat auf dem Rückweg jeden einzelnen Stich noch mal analysiert und mir haarklein vorgerechnet, wo ich Fehler gemacht habe.

Ich bekam Lust auf eine letzte Zigarette und kramte im Handschuhfach. Fehlanzeige!

Da fiel mir der *Rewe* an der Autobahnausfahrt ein. Der war nach amerikanischem Vorbild bis Mitternacht geöffnet, und noch war es zehn vor zwölf. Außerdem konnte ich dann gleich

Katzenfutter für unseren verwöhnten Kater mitnehmen. Der stand auf eine ganz bestimmte Marke, die es nur dort gab.

Ich setzte den Blinker und fuhr auf den hell erleuchteten Parkplatz. Dann eilte ich durch den ansonsten gähnend leeren Großmarkt, dessen Neonröhren kaltes Licht verströmten, griff zielsicher nach Katzenfutter und Zigaretten und bezahlte bei einem verschlafenen jungen Typen an der Kasse meine sieben Euro dreiundzwanzig. Kaum saß ich im Auto, gingen bei *Rewe* die Rollgitter runter. Geschafft!, dachte ich. Nur noch zwei Blocks bis nach Hause. Ich freute mich schon auf mein Bett.

Es schlug Mitternacht, als ich die Tür zur Villa öffnete.

Gedämpftes Licht und romantische Musik kamen aus dem Wohnzimmer. Vorsichtig öffnete ich die Tür.

Drinnen auf dem Sofa saß Simon und knutschte mit einem Mädel herum.

»Hallo«, flüsterte ich und winkte nur kurz. »Ich will euch nicht stören!«

»Dann tu's auch nicht!«, lautete Simons Antwort.

Ich schlich in die Küche, füllte Katzenfutter in den Fressnapf, schaute in den guten alten Mond und zündete mir die ersehnte Zigarette an. Tiefe Entspannung überkam mich. Wie oft hatte ich hier nachts in der Küche gesessen und mit Bauchschmerzen auf Frank gewartet! Jetzt wartete ich nicht mehr. Welche Erlösung! Um zwanzig nach zwölf drückte ich die Zigarette aus, löschte das Licht und ging schlafen.

34

Frank? Hast du die Müllers zurückgerufen?«

Um Punkt neun stand ich im Büro und ließ die Post auf den Schreibtisch fallen. Kein Frank. Ich rief in Richtung Bad: »Und zu der maroden Bäckerei musst du heute persönlich fahren, also zieh dir bitte einen Anzug an!«

Ich lauschte. Wo steckte er bloß? Da hörte ich die Dusche prasseln. Sein Mountainbike stand an der Wand. Wenigstens machte er wieder Sport!

Ich setzte erst mal Kaffee auf und schaute in meinen Kalender. Nichts Besonderes.

Während die Kaffeemaschine brodelte, rief ich schnell bei Elfi an, um mich noch mal für das gute Essen und den schönen Abend zu bedanken. Es klingelte durch.

Okay. Bestimmt war sie schon wieder mit ihren Walkingstöcken unterwegs. Ach nein, fiel mir ein, sie war ja heute brunchen bei den Nachbarn! Ich würde es später wieder versuchen.

Aha. Der gnädige Herr erschien mit einem Handtuch um die Lenden. Früher hätte mir dieser Anblick weiche Knie beschert. Heute konnte ich nur noch daran denken, welche Geliebten diese Lenden noch glücklich gemacht hatten.

»Guten Morgen«, sagte ich distanziert, aber höflich. »Auch schon ausgeschlafen?« Ich warf einen demonstrativen Blick auf die Uhr.

Mit einem Handtuch rubbelte sich Frank gerade den Kopf trocken.

»Jetzt gib mal Gas, Mensch. Ich hab deinen Termin für neun Uhr dreißig vereinbart!«

Frank ließ das Handtuch sinken, und ich erstarrte.

»Ach du Scheiße! Wie siehst du denn aus!«

Jetzt erst sah ich sein Gesicht. Es war voller Kratzer, und ein blaues Auge hatte er auch. Ein klasse Veilchen vom Feinsten.

»Ja, sag mal, wer hat dir denn eine reingehauen?!« Halb entsetzt, halb amüsiert betrachtete ich seine Wunden.

»Keiner, ich bin mit dem Fahrrad …«

»Sag nichts!« Triumphierend hielt ich ihm den Zeigefinger unter die Nase. »Ich weiß es. Meister Fuchs. Endlich hat er dir mal eine verpasst. Weil du wieder an Silke rumgebaggert hast, stimmt's? Oder war es der Mann von Sissy Bleibtreu, der gar nicht so mausetot ist, wie du immer behauptet hast?«

Frank sagte nichts. Er tupfte nur mit dem Handtuch die Platzwunde an der Stirn ab und zuckte stöhnend zusammen. »Autsch! Scheiße, tut das weh!«

»Weißt du, mein Mitleid hält sich in Grenzen.« Irgendwie tat es mir so richtig gut, dass sich einer der betrogenen Männer endlich gerächt hatte. »Das hätte der Herr schon viel eher tun sollen.«

»Ich hab mich mit dem Mountainbike voll auf die Fresse gelegt.«

Frank ließ sich auf sein Schlafsofa fallen, streckte seine behaarten Beine aus und verschränkte die Hände hinterm Kopf, als würde er es sich auf einer Hängematte am Strand bequem machen. Dabei hatte er eindeutig Schmerzen, wollte sie bloß vor mir nicht zugeben.

»Zeig mal deine Hände.«

Sie zitterten, waren aber unverletzt.

»Und deine Knie?«

Auch sie waren vollkommen heil.

Ich lachte höhnisch auf.

»Komm Frank, erzähl mir keine Märchen! Wer legt sich denn mit dem Mountainbike erst auf die eine Wange, und weil's so schön war, gleich noch auf die andere? Ohne sich mit den Händen abzufangen, was ein normaler Reflex wäre?«

»Ich bin volle Wäsche eine Böschung runtergerast.«

»Wahrscheinlich die Böschung, die du schon einmal mit nacktem Arsch runtergerutscht bist, als du dich vor dem Radio zu Tode gefürchtet hast.« Ich schüttelte den Kopf. »Ich glaub dir kein Wort. Warum sollte ich? Du hast mich jahrelang verarscht, Frank! Du hattest mehrere Geliebte gleichzeitig – und das, während ich unser Traumhaus eingerichtet habe. Während wir unseren Traumurlaub in der Karibik gemacht haben. Ja sogar noch, als du mir einen Heiratsantrag gemacht hast.« Ich knallte die Tasse auf den Tisch, dass der Kaffee überschwappte. »Du hast mich damals den Umzug allein machen lassen – angeblich, weil du so dringend Urlaub brauchtest! Und was hab ich inzwischen von Linda und Lena erfahren? Dass du mich sogar da schon betrogen hast! Du bist so ein mieses Arschloch, Frank!«

»So. Haben mich meine Mädchen also verpetzt.«

»Es sind gar nicht mehr DEINE Mädchen. Selbst die wollen nichts mehr von dir wissen!«

»Linda, ich geb es ja zu, ich hab richtig Scheiße gebaut, und es tut mir so wahnsinnig leid … Linda, ich brauch dich!« Jetzt heulte er schon wieder, aber so richtig! Meine Güte, war der durch den Wind. Er machte einen so aufrichtig verzweifelten Eindruck, dass ich mir selbst in den Arm kneifen musste, um nicht wieder weich zu werden.

Nein! Als er beim letzten Mal auf die Tränendrüse gedrückt hatte, hatte ich ihn aus lauter Mitleid geheiratet. War wieder und wieder auf seine Masche reingefallen. Auf sein hohles Gerede. Seine infamen Lügen. Seine Selbstherrlichkeit. Für meine Naivität konnte ich mir jetzt noch in den Hintern treten. Ich schnaubte vor Zorn.

»Gib es doch zu, Frank Hellwein, dann haben wir es hinter uns. Du warst schon wieder mit Silke im Bett. Oder mit einer anderen? Habt ihr es im Auto getrieben? Und der Ehemann hat euch überrascht und dir eins übergebraten.«

Ich war so richtig in Fahrt. Dass er immer noch nicht aufhörte, mich anzulügen! Meine Wut steigerte sich zusehends.

»Ich bestehe darauf, dass du dich jetzt anziehst und zur Bäckerei Rütgers fährst. Und hör endlich auf zu heulen, das ist jämmerlich!«

»Linda, ich kann nicht.« Frank zeigte auf sein Gesicht, schleppte sich zum Schreibtisch und schaltete den Computer ein. Um dann anzufangen, online Bridge zu spielen, als wäre ich gar nicht mehr im Raum. Wie besessen starrte er auf den Bildschirm. Ich schlug mit der flachen Hand auf die Tischplatte.

»Doch! Jetzt reicht's mir aber! Du kannst!«

»Ich kann so unmöglich unter die Leute gehen.«

»Frank«, schrie ich zornig. »Du gehst da jetzt hin!«

Ich riss seinen Anzug und – Achtung! – sein rosa Hemd aus dem Schrank und knallte beides aufs Sofa. Das Hemd war so was von nicht gebügelt! Aber war das mein Problem?

»Was soll der Scheiß?«, keifte ich. »Ich reiße mir hier den Arsch auf, und du lässt dich hängen wie ein alter Wäschesack! Zu Hause hab ich mir das viel zu lange bieten lassen! Aber hier in der Firma lasse ich mir das nicht gefallen!«

Ich schubste ihn unsanft.

»Das tut echt weh, Mensch!« Er fasste sich an die Schulter.

»Dann geh zum Arzt.«

»Auf keinen Fall.« Wieder starrte er auf den Bildschirm, als wäre ich unsichtbar. War es jetzt wieder so weit?!

Okay, Frank, dachte ich. Wenn das so weitergeht, schmeiß ich dich auch noch aus der Firma raus. Du gräbst dir dein eigenes Grab. Dann setzte ich mich an meinen Schreibtisch und arbeitete ein paar Stunden still und konzentriert vor mich hin, bis es schließlich Zeit für eine Mittagspause war. Mit einem Blick auf Franks Bildschirm stellte ich fest, dass er immer noch Bridgekarten aufrief und wieder verschwinden ließ.

Das brachte mich erst recht zur Raserei »Weißt du was? Ich kann deine jämmerliche Visage nicht mehr sehen. Für heute fahre ich nach Hause!«

Mit einem Riesenknall ließ ich die Bürotür hinter mir zufallen.

Zu Hause angekommen, hörte ich schon von Weitem das Telefon klingeln. Ich rannte hin und konnte gerade noch drangehen. Auf dem Festnetz riefen mich meist meine lieben alten Freunde an, Elfi oder die Netthausens.

»Hallo? Elfi?« Ich keuchte noch vom Laufen, wollte mich aber spätestens jetzt für den gestrigen Abend bedanken.

Es waren die Netthausens. Besser gesagt, Wolfgang. Ein sehr ernster Wolfgang.

»Linda, endlich erreichen wir dich! Hast du es schon gehört?«

»Was?«

»Elfi ist tot.«

Ich starrte den Hörer an.

»Bitte?«

»Elfi ist tot. Hast du nicht Radio gehört?«

Ich schüttelte den Kopf und versuchte, das soeben Gehörte zu verdauen.

»Nein … Um Gottes willen, wieso Radio?«

»Elfi wurde vormittags um elf tot in ihrem Schlafzimmer aufgefunden. Seit zwei Stunden laufen die Ermittlungen auf Hochtouren. Im Radio hat die Polizei dazu aufgerufen, dass sich alle melden sollen, die sie zuletzt gesehen haben.«

Ich schnappte nach Luft wie ein Fisch auf dem Trockenen. Mir war, als hätte mir jemand eine Plastiktüte über den Kopf gezogen.

Ich stolperte rückwärts und ließ mich aufs Sofa fallen. »Wir … Wir haben sie zuletzt gesehen!«

Ich konnte keinen klaren Gedanken mehr fassen. Tränen strömten mir über das Gesicht.

»Elfi kann gar nicht tot sein«, stammelte ich verwirrt. »Ich habe ihr ja gestern noch gewinkt! Das ist noch keine zwölf Stunden her!«

Ich hatte sogar noch kehrtmachen wollen, um sie noch mal zu umarmen!

»Erinnerst du dich, dass ich ein Geräusch gehört habe?«, sagte Wolfgang.

In meinen Schläfen pochte es. Auch ich hatte etwas wahrgenommen. Aber Elfi hatte gesagt, es sei nur die Katze der Nachbarn. Ein Schauer lief mir über den Rücken.

Jetzt kam auch Renate ans Telefon. Sie weinte. »Linda! Unsere liebe Elfi ist ermordet worden! Von einem Einbrecher!«

Minutenlang herrschte Schweigen in der Leitung, das nur von unserem Schluchzen unterbrochen wurde.

»Das kann nicht sein«, stammelte ich immer wieder. »Sie kann nicht tot sein! Sagt, dass das nicht wahr ist!«

»Es ist aber wahr«, bestätigten mir die beiden. »Wir wissen es schon seit zwei Stunden. Du bist nicht ans Handy gegangen!«

»Nein, ich hatte mal wieder Krach mit Frank«, murmelte ich. »Da werde ich es nicht gehört haben.«

In meinem Kopf drehte sich alles. »Wer kann denn so eine harmlose Frau ermorden?«, schrie ich fassungslos. »Welche kranke Bestie tut so etwas?«

»Linda.« Wolfgang war wieder am Apparat. »Wir fahren jetzt aufs Polizeirevier. Wir holen dich ab. Wir müssen eine Aussage machen.«

35

Zwanzig Minuten später stand Renate vor meiner Tür. Diesmal war sie nicht so akkurat geschminkt wie sonst. Wir fielen uns schluchzend in die Arme. Dann stolperte ich mit ihr zum Auto, in dem ein mühsam gefasster Wolfgang saß. Auch er hatte nur einen saloppen Anorak und eine ungebügelte Hose an. So hatte ich die beiden noch nie gesehen.

»Wir fahren zu dem Revier, das sie im Radio angegeben haben. Zur Hauptwache.«

Auf dem Rücksitz schüttelte ich immer wieder den Kopf und versuchte zu begreifen, was nicht zu begreifen war. Es war keine zwölf Stunden her, dass wir in dieser Konstellation im Auto gesessen hatten. Aber lachend, plaudernd und scherzend!

Ich starrte aus dem Fenster.

Elfi war tot.

»Wer tut so was?«, fragte ich zum x-ten Mal. »Ein zufälliger Passant? Ein Raubmörder? War er schon im Haus, als wir gegangen sind? Oder hat sie ihm später die Tür geöffnet?«

»Er soll sie übel zugerichtet haben.« Wolfgangs Hände krampften sich um das Lenkrad. »Sie war gefesselt und geknebelt. Das volle Programm.«

Ich biss mir auf die Fäuste – wie immer, wenn ich nicht laut aufschreien wollte.

Wolfgang schaute mich über den Rückspiegel an. »Da war wohl ein Profi am Werk. Mehr weiß ich auch nicht.«

Renate machte den Mund auf, um etwas zu sagen, seufzte jedoch nur und schnäuzte sich erneut in ihr Taschentuch, das schon ganz zerknüllt war.

Auch Wolfgang schüttelte immer wieder den Kopf. »Unfassbar. Unverständlich. Ein Riesenschock.«

»Hätten wir ihr noch helfen können?«, fragte Renate laut. »Wären wir doch nur etwas später aufgebrochen …«

»Wir hätten dem Geräusch nachgehen sollen«, ließ sich Wolfgang vernehmen. »Das werde ich mir nie verzeihen.«

»Ich wollte nach unserem Abschied noch mal kehrtmachen«, stammelte ich. »Ich hab so was gespürt! Sie sah so einsam aus.«

Vor dem Polizeigebäude angekommen, ließ Wolfgang seinen Wagen im Halteverbot stehen. Dem herbeigeeilten Polizisten rief er zu: »Wir kommen im Mordfall Elfi Sturm.«

Mir versagten fast die Beine. Wie grauenvoll sich das anhörte!

»Oh, dann folgen Sie mir bitte.«

Der junge Polizist führte uns hinein.

Normalerweise musste man am Empfangstresen erst eine Nummer ziehen und dann auf einem der Plastikstühle warten. Das hatte ich erst vor Kurzem mit Simon gemacht, als wir den Diebstahl seines Fahrrads gemeldet hatten. Doch jetzt wurden wir ohne Umschweife zu einem Raum am Ende des Ganges geführt.

»Mordkommission« stand an der Tür.

Dort erwarteten uns zwei Herren in Zivil – einer jung und hoch aufgeschossen, der andere schon älter und untersetzt. An der Wand stand noch eine etwa vierzigjährige Frau mit mittellangen braunen Haaren, die sich als Kommissarin Kerstin Schäfer vorstellte.

»Bitte nehmen Sie Platz.«

O Gott. Ich sah mich um und versuchte zu begreifen, dass das hier keine Fernsehkulisse für einen unterhaltsamen Krimi war.

Zuerst wurden unsere Personalien aufgenommen. Zum Glück hatte ich daran gedacht, meinen Pass einzustecken. Die Netthausens hatten ihre auch dabei.

Dann mussten wir unsere Fingerabdrücke abgeben. Wir sahen uns betroffen an.

Aber die erkennungsdienstliche Behandlung ging noch weiter! Wir wurden in eine Fotokammer geführt, in der man uns einzeln und nacheinander frontal sowie im Profil fotografierte. Ich kam mir vor wie eine Schwerverbrecherin! Selbst eine Speichelprobe mussten wir abgeben, indem wir ein Wattestäbchen in unsere Mundhöhle führten.

Das ganze Prozedere dauerte über eine Stunde.

Mir war wahnsinnig schlecht. Noch immer hatte ich nichts gegessen.

Anschließend sahen uns die drei Beamten prüfend an.

»Sie waren also gestern bei dem Mordopfer. Frau Elfi Sturm, wohnhaft …«

Wieder trafen mich diese Worte wie ein Vorschlaghammer. Mordopfer! So langsam begann die furchtbare Wahrheit einzusickern.

»Bitte erzählen Sie. Aber schön der Reihe nach.«

»Also, wir waren wie immer bei Elfi zum Bridge«, begann Wolfgang, um Fassung bemüht. »Wir sind Freunde und spielen schon lange zusammen.«

»Ja, immer abwechselnd bei einem von uns zu Hause«, vervollständigte Renate.

Ich nickte bestätigend und rang meine eiskalten Hände.

In diesem Moment stürmten zwei weitere Beamte herein und

unterbrachen uns rüde: »Getrennte Befragung, oberste Dienstanweisung.«

Plötzlich wurden wir wie Schwerverbrecher in verschiedene Vernehmungsräume geführt.

Mich eskortierte diese Kerstin Schäfer, und zwar in ein kleines, fensterloses Kabuff, in dem ein Tisch und zwei Stühle standen. Darüber hing eine Lampe, und von der Decke hing ein Mikrofon.

Ich starrte entsetzt auf die Längswand, in die ein Spiegel eingelassen war. Plötzlich durchzuckte mich die hässliche Gewissheit, dass hinter dieser Scheibe weitere Polizisten saßen, die mich beobachteten und alles mithörten.

Ich war wie gelähmt. War ich etwa – verdächtig? Mir zitterten die Knie.

»So. Band läuft. Sie haben also Bridge gespielt …«

Frau Schäfer musterte mich durchdringend.

Mit trockener Kehle und rissigen Lippen schilderte ich, wie der Abend verlaufen war.

»Wir haben gegessen und geplaudert, anschließend etwa drei Stunden gespielt, und um kurz nach elf sind wir gefahren.«

Die Gardine, die sich gegenüber bewegt hatte, fiel mir wieder ein. »Da stand jemand am Fenster und hat uns beobachtet.«

»Wir werden das überprüfen.« Eine Stimme aus dem Nichts.

Frau Schäfer nickte. »Ich schätze, das sind die Nachbarn, die Frau Sturm heute Vormittag gefunden haben.«

»Ja, stimmt, sie wollte zu ihnen zum Brunch«, rang ich mir von den ausgedörrten Lippen.

O Gott! Diese Leute hatten sie gefunden! Ich wollte mir nicht vorstellen, in welchem Zustand!

»Ja, und dann bin ich nach Hause gefahren.« Ich räusperte mich. »Mehr kann ich dazu nicht sagen.«

»Sie waren zu dritt im Auto.« Frau Schäfer durchbohrte mich mit ihren Blicken wie eine Lehrerin, die eine Schülerin beim Schummeln erwischt hat.

»Ach so, ja«, stotterte ich. »Erst mit Netthausens Auto … Brauchen Sie das amtliche Kennzeichen?«

»Wenn Sie es wissen?«

Ich ratterte es herunter. Mein Zahlengedächtnis war nicht zuletzt wegen des Bridgetrainings enorm.

»Bei Netthausens bin ich dann in mein eigenes Auto gestiegen, das ich dort in der Einfahrt geparkt hatte.«

»Sofort?«

»Na ja, wir haben noch die üblichen Floskeln getauscht: Gute Nacht und auf Wiedersehen, fahr vorsichtig …«

»Wie spät war es da?«

»Keine Ahnung. Jedenfalls vor Mitternacht, denn ich bin noch in den *Rewe* gefahren, um Katzenfutter zu kaufen.«

Frau Schäfer verzog keine Miene.

»Was bringt einen nur dazu, um Mitternacht Katzenfutter zu kaufen?«

Ich spielte nervös mit meinem Halstuch. »Mein Kater frisst nur das eine, und auf der Hinfahrt ist mir eingefallen, dass ich nichts mehr davon auf Lager habe.« Plötzlich merkte ich selbst, wie seltsam das klang. »Er ist ein verwöhnter Luxuskater, und der *Rewe* bei uns um die Ecke hat bis Mitternacht geöffnet.«

Frau Schäfer glaubte mir kein Wort. »Dann haben Sie also eine Quittung.«

Mich durchzuckte es heiß. »Nein. Ich glaube nicht.«

Diesen blöden Zettel hatte ich bestimmt nicht eingesteckt. Wie schaffte diese Frau Schäfer es nur, mir solche Schuldgefühle zu machen. Ich hatte doch gar nichts getan!

»Es war ja nur Katzenfutter – und Zigaretten.«

»Also doch noch etwas anderes.«

»Ja. Katzenfutter und Zigaretten.«

»Um Mitternacht. Bei *Rewe*.«

»Ja! Ich hatte Lust auf Zigaretten, und meine Katze brauchte etwas zu fressen! Ich meine, das ist doch noch kein Verbrechen!«

»Wann waren Sie zu Hause?«

»Um Punkt Mitternacht.«

»Wieso wissen Sie das so genau?«

»Weil … äh … weil Vollmond war.«

»Seit wann hat der ein Zifferblatt?«

»Egal, mein Sohn hat mich gesehen, der kann es bezeugen.«

»Söhne sind ein gern genommenes Alibi.«

»Meine Güte, seine Freundin war auch dabei! Mit der hat er auf dem Sofa … ähm … Jedenfalls haben sie mich gesehen. Beide.«

»Wie heißt die Freundin?«

»Keine Ahnung.« Ich sank immer mehr in mich zusammen. »Verdächtigen Sie mich etwa?«

Frau Schäfer betrachtete mich völlig emotionslos.

»Sie hätten von Netthausens mit dem eigenen Auto zurück zum Tatort fahren können. Sie wussten, dass die Terrassentür offen stand.«

»Stand sie nicht! Elfi hat sie zugemacht, als sie uns hinausbegleitet hat!« Ich ärgerte mich, dass meine Stimme so schrill wurde, aber unfaire Unterstellungen hatten mich schon immer in den Wahnsinn getrieben.

»Vielleicht haben Sie ganz normal geklingelt? Es wurden keine Einbruchspuren gefunden. Frau Sturm muss ihren Mörder gekannt haben!«

In diesem Moment wurde mir klar, dass sie mich ernsthaft verdächtigte.

»Aber wieso sollte ich meine liebe Freundin Elfi umbringen?«

»Aus Habgier?« Frau Schäfer verschränkte die Arme vor der Brust. »Frau Sturm war eine wohlhabende Witwe. Überall lag Schmuck herum, wertvolle Uhren.«

»Aber …« Mir blieb die Luft weg. »Ist das denn alles – verschwunden?«

»Ich stelle hier die Fragen!« Sie kritzelte etwas auf einen Block und hob dann den Blick. »Ich an Ihrer Stelle würde darüber nachdenken, mir einen Anwalt zu nehmen«, sagte Frau Schäfer ungerührt. Es folgten irgendwelche Sätze in unverständlichem Beamtendeutsch, die durch meinen Kopf waberten wie abgestandener Zigarettenqualm. Ich wollte das Fenster aufreißen, aber es gab leider keines.

»Ich schwöre, ich habe nichts damit zu tun!«, schrie ich, in die Enge gerieben. »Ich ermorde doch nicht meine Freundin! Sie war wie eine Mutter für mich!«

»Wir werden dem nachgehen.« Auf einmal wurde Frau Schäfers Stimme freundlich, ja beinahe sanft. »Wenn Sie nichts damit zu tun haben, müssen Sie sich auch keine Sorgen machen. Bitte warten Sie.«

Mir schwindelte. »Was meinen Sie? Wie lange? Wollen Sie mich hier festhalten?«

Wortlos schloss sie die Tür hinter sich.

Alles drehte sich, sodass ich Angst hatte, vom Stuhl zu fallen. Mit zitternden Händen griff ich nach dem Glas Wasser, das mir die Kommissarin zwischenzeitlich hingestellt hatte, und schüttete es in mich hinein.

Ganz ruhig, Linda. Keine Panik. Jetzt bloß nicht hysterisch werden, das macht dich nur verdächtig. In meinen Schläfen pochte es. Mein Blick fiel auf den »Spiegel«, und ich erschrak. Ich erkannte mich kaum wieder, so fertig sah ich aus. Und wen glaubten die Polizisten zu sehen, die mich aus dem Nebenraum beobachteten? Waren sie fasziniert? Aufgeregt? Angewidert? Hielten sie mich für eine Raubmörderin?

Frau Schäfer kam wieder herein. In ihren Augen standen sowohl Verärgerung als auch Verlegenheit.

»Sie können jetzt gehen. Aber halten Sie sich bitte zur Verfügung, wir überprüfen das mit dem *Rewe*-Markt. An welcher Kasse waren Sie?«

»Keine Ahnung – eher eine in der Mitte.«

Ich musste mich schwer zusammenreißen, halbwegs würdevoll aufzustehen.

»Bin ich noch verdächtig?«

»Fürs Erste besteht kein dringender Tatverdacht gegen Sie.«

Sie öffnete mir die Tür und wies mich hinaus.

Draußen auf dem Gang warteten Netthausens bereits auf mich. Sie waren genau so blass und verängstigt wie ich.

»Die verdächtigen uns«, stammelte Renate. »Ich hab in meinem ganzen Leben noch keine Fliege totgemacht!«

»So etwas ist mir noch nie passiert«, sagte Wolfgang mit schwankender Stimme. »Dass man uns behandelt wie Verbrecher. Dabei sind wir freiwillig hergekommen!«

Ich wischte mir den kalten Schweiß von der Stirn und fröstelte. Auf der Rückfahrt zur Villa sprachen wir kein einziges Wort.

36

Die Beerdigung war unendlich traurig. Über hundert Menschen standen an Elfis Grab. Zum ersten Mal sah ich ihre Tochter aus Amerika, die ich bisher nur von den vielen in Silber gerahmten Fotos in Elfis Haus gekannt hatte.

Sie drückte ihr kleines Töchterchen an sich, lehnte sich an die Schulter ihres amerikanischen Mannes und weinte laut. Es war nicht nur Trauer, sondern auch unbändiger Zorn auf den Gesichtern der Trauergäste zu sehen. Fassungslosigkeit, Schmerz und Hass auf den Mörder. Ein Blasorchester spielte, und der Kirchenchor der Gemeinde sang. Natürlich regnete es. Es war wie in einem schlechten Film.

Wir Bridgefreunde standen dicht zusammengedrängt unter unseren Schirmen. Riesige Kränze wurden abgelegt, mit golden beschrifteten Schleifen:

Der Tennisverein.

Der Golfklub.

Die Damen vom *Lions Club*.

Die Freunde.

Die Familie.

Und wir. Die Bridgefreunde.

Am Rande der Trauergemeinde entdeckten wir auch die Kriminalbeamten. Frau Schäfer taxierte mit regloser Miene die Gäste. War der Mörder mitten unter uns, wie man das so oft in Krimis sah? Auch wir spähten bang in die Menschenmenge, und ich klammerte mich an Renates Hand. Der da könnte es sein, der sah so unheimlich aus. Oder der, der so bewusst harmlos tat. Wer war eigentlich der junge Kerl dort hinten, der sich hinter einem Baum versteckte? Oder der feiste Typ mit den Riesenpranken, der da vorn so unschuldig in die Posaune blies?

Elfi war in so vielen Vereinen gewesen, dass sich die Anzahl möglicher Verdächtiger im dreistelligen Bereich bewegte: Denn sie alle hatten gewusst, wo sie wohnte und wie wohlhabend sie war.

Wir wechselten ein paar Worte mit den Siebers, die sich uns als die Nachbarn von gegenüber vorstellten, und tauschten Informationen aus.

»Wir haben Sie zu dritt ins Auto einsteigen sehen und waren beruhigt, als Elfi zurück ins Haus ging.«

»Ich habe Sie auch bemerkt«, bestätigte ich. »Wir hatten das Gefühl, dass Elfi in ihrem Haus sicher ist.«

Sie erzählten uns schluchzend, wie sie Elfi gefunden hatten. Ihr Gesicht war mit Klebeband umwickelt gewesen wie ein Postpaket. Sie war elendiglich erstickt. Der Gedanke war nicht auszuhalten!

Der Zeitungsbote hatte morgens um fünf bemerkt, dass die Haustür weit offen stand, und sie taktvoll angelehnt.

So hatte Lothar Sieber die Tür am späten Vormittag vorgefunden. Und dann der Schock!

Die beiden konnten immer noch nicht sprechen, ohne sofort in Tränen auszubrechen.

Lothar Sieber musste noch am Tatort ärztlich behandelt werden, sein Herz hatte schlapp gemacht. Und Grete Sieber schluckte Psychopharmaka, sonst hätten die beiden überhaupt nicht zur Beerdigung kommen können. In ihrem beschaulichen Taunusdörfchen war es nun mit der Ruhe vorbei. Der brutale

Mörder lief noch frei herum und konnte jederzeit wieder zuschlagen.

»Elfi muss ihn überrumpelt haben«, berichtete Herr Sieber. »Der Raubmörder hat nämlich nichts mitgenommen, nur ein bisschen Bargeld aus ihrer Handtasche! Die ganzen Wertsachen waren noch da. Sie muss ihn also auf frischer Tat ertappt haben.«

»Und das war ihr Todesurteil«, sagte Frau Sieber weinend. »Die arme, tapfere Elfi!«

O Gott!, durchfuhr es mich immer wieder. Wäre ich doch noch einmal umgekehrt! Wäre ich doch noch mal mit ihr reingegangen, dem Geräusch nachgegangen …

»Sie hat sich bis zum letzten Atemzug gewehrt«, verkündete Lothar. »Das Schlafzimmer sah aus wie ein Schlachtfeld.«

»Aber das Bett war ordentlich gemacht«, wusste seine Frau zu berichten.

Auch auf der nachfolgenden Trauerfeier in einem großen Restaurant wurde viel gemutmaßt. Immer wieder schauten die Leute auf die Netthausens und mich. Als hätten wir doch etwas mit der Sache zu tun.

Ich bekam keinen Bissen hinunter. Wenn ich mir vorstellte, was man mit meiner lieben Elfi angestellt hatte … Hatte der Täter von Anfang an vorgehabt, sie zu ermorden? Oder hatte er in Panik gehandelt, weil er gestört worden war? Was für ein Mensch brachte es fertig, einer alten Frau das Gesicht zuzukleben? Augen, Nase und Mund?

Was, wenn wir alle mit dem Mörder unserer Freundin im Haus gewesen waren? Was, wenn er uns beobachtet hatte? Bestimmt hatte er hinter dem Vorhang gestanden! Ich hatte ihn gehört. Aber er hatte mich gesehen! Sah er mich jetzt auch?

»Frank, es ist etwas Entsetzliches passiert!«

Tränenüberströmt kam ich direkt von der Beerdigung ins Büro, wo Frank wieder mal teilnahmslos im Jogginganzug vor seinem Computer saß und online Bridge spielte. Als er jedoch merkte, dass ich heute nicht in der Lage war, ihn anzuschnauzen und zum Arbeiten anzuhalten, stand er sofort auf, nahm mich in die Arme und versuchte mich zu beruhigen.

»Was ist denn passiert, Linda?«

»Meine Freundin Elfi«, schluchzte ich erschüttert. »Sie ist ermordet worden!«

»Wer? Was?« Frank hielt mich auf Armeslänge von sich ab und sah mir forschend ins Gesicht. »Bitte beruhige dich doch erst mal! Ich kann dich ja gar nicht verstehen!«

»Meine Bridgefreundin! Bei der wir letzte Woche waren! Wir haben sie heute beerdigt! Oh, Frank, das ist so unvorstellbar, wer kann dieser gutmütigen, lieben Frau so etwas antun?«

Ich erzählte ihm alles haarklein und weinte bitterlich. Er hielt mich fest, und in diesem Moment war ich ihm ausnahmsweise einmal dankbar dafür.

»Ich kenne sie ja nicht«, sagte er erschüttert und verbesserte sich gleich: »Ich kannte sie ja nicht, aber so wie du sie geschildert hast, muss sie eine ganz Liebe gewesen sein.«

»Ja, das war sie, sie konnte keiner Fliege was zuleide tun …«

»Und, hat der Mörder denn Wertsachen mitgenommen?« Frank sah mich mit seinen braunen Augen erschüttert an. »Sie war doch wohlhabend, wenn ich das richtig verstanden habe?«

»Sie muss ihn beim Einbruch überrascht haben«, schluchzte ich. »Er hat kaum zweihundert Euro mitgehen lassen!« Es schüttelte mich. »Für diese lächerliche Summe musste so ein wundervoller Mensch sterben!«

»Oh, Linda, das tut mir wirklich leid für dich …«

Frank war aufrichtig betroffen. Schluchzend berichtete ich ihm von meinen Erlebnissen auf der Polizeistation und von der bedrückenden Beerdigung. »Der Mörder war vielleicht mitten unter den Trauergästen«, jammerte ich panisch. »Vielleicht hat er mich sogar bei Elfi gesehen. Ist das nicht grauenvoll?«

»Meine arme Linda!« Frank strich mir beruhigend übers Haar. »Das hast du wirklich nicht verdient! O Gott, jetzt fürchtest du dich bestimmt, das muss ein entsetzliches Gefühl sein … Wenn ich dir doch irgendwie helfen könnte! So ein Schwein, wer tut denn so was …«

»Du kannst mir nicht helfen, Frank.« Ich schniefte und putzte mir die Nase. »Doch. Du kannst. Indem du hier mit anpackst. Ich bin echt noch nicht so weit, dass ich Kunden besuchen kann.«

»Das ist doch Ehrensache, Linda.«

Und tatsächlich: Sofort zog Frank sich an, rasierte sich und machte sich an die Arbeit.

Immer wieder redeten wir über diese grauenvolle Tat, und er war für mich da. Er flößte mir heißen Kaffee ein und bot mir an, zeitweise wieder zu uns in die Villa zu ziehen, falls ich mich nachts fürchtete.

»Nein danke. Lieb von dir, aber ich habe Simon und den Hund.«

»Okay. Sag Bescheid, wenn ich etwas für dich tun kann.«

In den nächsten Tagen und Wochen rief die Polizei mehrmals an und bestellte mich auf die Hauptwache. Sie fragte mich immer wieder dasselbe, und so langsam kam ich mir vor wie ein Papagei.

»Ich kann jetzt nicht!«, sagte ich irgendwann unwillig. »Ich bin mitten in der Arbeit. Muss das sein? Ich habe doch schon alles gesagt!«

Eines musste ich Frank lassen: Jetzt hielt er echt zu mir. »Geh schon. Ich mach das hier.«

Wochenlang wurde ich von der Polizei verhört. Die brauchte tagelang, um den Rewe-Kassierer ausfindig zu machen, der sich dann erstens nicht an mich erinnerte – vielen Dank auch, junger Mann, ich bin ja auch schon über fünfzig, also unsichtbar! – und zweitens keinen Kassenbon ausfindig machen konnte.

Ich wiederholte mich immer wieder, und nannte die genaue Summe meines Einkaufs, und auch Simon und seine Freundin beteuerten immer wieder, mich gegen Mitternacht kurz, aber leibhaftig gesehen zu haben.

Unverschämtheit, dass sie selbst das anzweifelten! Das junge Liebespärchen wurde haarklein zu ihrer Liege- oder Sitzposition auf dem Sofa befragt. Und ein besonders neunmalkluger Polizeibeamter wollte ihnen weismachen, dass sie mich in dieser Stellung und bei diesen Lichtverhältnissen doch gar nicht erkannt haben konnten.

Aber wer sonst hätte sagen sollen: »Lasst euch nicht stören«? Der Heilige Geist etwa?

Wenn es nicht so demütigend und beängstigend gewesen wäre, hätte ich gern laut aufgelacht. Aber es war nun mal so, dass meine mütterliche Freundin Elfi genau dann ermordet worden war, als ich zu den Kindern sagte: »Lasst euch nicht stören!«

Irgendwann tauchte zum Glück doch noch der Kassenbeleg im Computer des Rewe-Markts auf. Außerdem teilte mir die Polizei großzügig mit, die Täter-DNA sei männlich. Daraufhin quetschten sie mich nach männlichen Bekannten in Elfis Dunstkreis aus, die sich noch nicht gemeldet hatten. Inzwischen hatten nämlich alle männlichen Nachbarn, Freunde, Verwandte und Bekannte, ja sogar der Briefträger und der Zeitungsbote ihre DNA abgegeben. Über neunzig Spuren waren ins Leere gelaufen!

»Es ist entsetzlich«, sagte ich zu Frank. »Zu wissen, dass der Mörder immer noch frei herumläuft!«

»Ja«, sagte der ebenso ratlos wie ich. »Das ist wirklich entsetzlich.«

37

Doch der Mord an Elfi war nicht der einzige Schicksalsschlag: Jochens junge Ehefrau Katja, die er erst vor zwei Jahren geheiratet hatte, hatte Krebs! Die Kinder hatten es mir erzählt. Einen Tag vor Jochens sechzigstem Geburtstag, zu dem die Kinder eingeladen waren, wurde das große Fest wieder abgesagt. Katja hatte schon überall Metastasen. Diese junge, unkomplizierte Frau, die ich unter anderen Umständen sicher sehr gern gehabt hätte, hatte Jochen so gutgetan! Sie hatte aus ihm wieder einen lebensfrohen, aktiven Menschen gemacht. Aber nun lautete die Diagnose: Krebs im Endstadium.

Jochen war verzweifelt. Er konnte nicht mehr für sie tun, als ihre Beschwerden mit Schmerzmitteln zu lindern und bei ihr zu sein. Sie lag in »unserem« Schlafzimmer und dämmerte ihrem Ende entgegen. Die Kinder hatten bitterlich geweint, als sie mir das erzählten. Es war so schnell gegangen!

Und ich fühlte mich auch für diese Katastrophe verantwortlich: Wäre ich damals bei Jochen geblieben, hätte er seinen Sechzigsten wohlverdient im Kreise seiner Familie feiern können. Warum hatte ich uns das alles nur angetan? Ich allein hatte unsere Familie in dieses Chaos gestürzt! Unser Leben war völlig aus dem Ruder gelaufen – und das wofür?

Wie sehr wollte das Schicksal mich und meine Familie denn noch strafen, dafür, dass ich damals meinen Gefühlen nachgegeben hatte, meiner blinden Verliebtheit?

Es war so ungerecht, dass es ausgerechnet Jochen traf! Kein Wunder, dass er meinen Trost nicht annehmen wollte.

Ich weinte viel, konnte kaum noch schlafen. Du bist an all dem Schuld! Du!! Du, Linda, hast alles zerstört!

Nach einigen Wochen erreichte uns die Nachricht, dass Katja ihrer schweren Krankheit erlegen war. Und nun war Jochen wieder allein! Und trauriger als je zuvor. Auch wenn Barbara mir versicherte, dass ich für den Tod seiner Frau wirklich nichts konnte: Ich traute mich nicht auf die Beerdigung. Die Kinder gingen hin und kamen tief geknickt zurück.

Weil Jochen sich nicht mehr in der Lage sah, seine Praxis weiterzuführen, wollte er sich erst mal nach Spanien zurückziehen, in unser Ferienhaus. Er nahm sich ein Sabbatjahr. Ich machte mir Sorgen um ihn. Er würde sich doch nichts antun? O Gott, wie sinnlos das doch alles war! Es traf immer die Falschen! Inzwischen hätte ich alles darum gegeben, meine damalige Entscheidung rückgängig machen zu können.

Um mich abzulenken, arbeitete ich wie ein Tier und verkroch mich abends in meiner Villa. Sie war nach wie vor ein schützendes, wärmendes Nest. Nächtelang saß ich in der Küche und grübelte und grübelte, wer meiner geliebten Elfi so etwas Grässliches angetan haben könnte. Ich hatte inzwischen bei der Polizei die Fotos von der grausam zugerichteten Leiche gesehen, ihren von Striemen, blauen Flecken und Blutergüssen übersäten Körper. Gestorben war sie jedoch nicht an den Schlägen, die ihr der Unbekannte versetzt hatte, sondern an ihrem eigenen Erbrochenen unter dem Klebeband. Daran war sie erstickt.

Immer wieder stellte ich gemeinsam mit den Netthausens Vermutungen über den Täter an. Wolfgang verfolgte die Berichterstattung ganz genau. Er hatte sämtliche Artikel über den Mordfall aufgehoben.

»Neunundneunzig Spuren, die ins Leere führen«, las er stirnrunzelnd vor. »Die suchen die Nadel im Heuhaufen. Außer dass das Täterprofil männlich ist, haben sie noch nichts rausgefunden.«

»Immerhin sind wir beide aus dem Schneider.« Renate tätschelte mir die eiskalte Hand. Uns saßen die entwürdigenden Verhöre immer noch in den Knochen.

»Zahlreiche männliche Golfspieler, Tennisspieler und Bridgespieler haben inzwischen ihre DNA abgegeben«, las Wolfgang vor. Plötzlich hob er den Kopf und sah mich über seinen Brillenrand hinweg an. »Warum eigentlich nicht Frank?«

»Frank?« Ich stöhnte laut auf. »Weil er Elfi überhaupt nicht kannte! Er wusste nicht mal, wo sie wohnt, und ist nie bei ihr gewesen.«

»Das nicht, aber er hat mal bei ihr angerufen«, sagte Renate.

»Das kann doch gar nicht sein«, wehrte ich ab. »Woher sollte er denn ihre Nummer gehabt haben? Ich glaube nicht, dass ich Elfis Adresse ihm gegenüber jemals erwähnt habe.«

»Vielleicht hat er in deinem Notizbuch nachgesehen?« Renate rührte nachdenklich in ihrem Tee. »Damals, als du dich gerade frisch von Frank getrennt hattest, hat er bei Elfi angerufen und gefragt, ob er auch mal mitspielen darf. Wir haben dir nur nichts davon erzählt, weil du damals schon genug unter ihm gelitten hast.«

Ich schnaufte. »Das glaub ich nicht! Wollte er mich etwa ersetzen, oder was?«

Wolfgang legte seine Hand auf meine. »Das hätten wir niemals zugelassen.«

Auf einmal brannten mir Tränen in den Augen.

»Dieser Arsch! Und ich lasse mich in Bezug auf Elfi auch noch von ihm trösten!«

Renate sprang auf und legte mir die Hand auf die Schulter. »Du gehörst zu uns, und wir haben dich lieb.«

Das tat so gut! Sie reichte mir ein Taschentuch, und ich schnäuzte mir geräuschvoll die Nase.

Wenigstens dafür war das ganze Drama mit Frank gut gewesen: dass ich so tolle Ersatzeltern gefunden hatte.

»Und, was hat ihm Elfi damals geantwortet?«

»Sie hat ihn kurz und bündig abgefertigt, mit der Bemerkung, sie wolle keine Spannungen bei sich zu Hause. Dann hat sie aufgelegt.«

»Das passt zu ihr. Sie war eben eine echte Dame.« Ich musste unter Tränen lächeln. »Höflich, aber bestimmt. Aber Tatsache ist nun mal: Frank ist ihr nie begegnet«, nahm ich den Faden wieder auf. »Außerdem hätte er ja auch überhaupt kein Motiv.«

»Nein.«

»Warum gibt er dann eigentlich seine DNA nicht ab?«

»Wieso sollte er …?«

»Nur so«, meinte Wolfgang. »Wir haben Franks Anruf bei Elfi nämlich durchaus bei der Polizei erwähnt.«

»Aber wieso denn das?«

»Die haben uns wie dir keine Ruhe gelassen und sämtliche männliche Bekannten abgefragt.«

»Aber Frank ist doch kein männlicher Bekannter. Wenn überhaupt wäre er es gern geworden!«

»Die Polizei wird ihn sicherlich bald vernehmen.«

»Soll sie doch!« Ich zuckte mit den Schultern. »Hauptsache, sie lässt mich endlich in Ruhe.«

Schon am nächsten Tag standen zwei Beamte bei uns im Büro und fragten nach Frank.

»Der ist gerade auf einem Auswärtstermin«, informierte ich sie. »Ich werde ihm ausrichten, dass er sich bei Ihnen melden soll.«

Doch Frank dachte gar nicht daran. Im Gegenteil. Er wurde schon wieder sauer.

»Was soll denn der Schwachsinn!«, brauste er auf. »Ich bin der Frau nie begegnet!«

»Das weiß ich ja, Frank. Aber geh doch einfach hin, und bring es hinter dich. Ich hab es auch gemacht. Sie geben dir ein Wattestäbchen, und das ziehst du durch den Mund. Fertig! Das tut nicht weh und dauert drei Sekunden.«

»Von wegen!«, sagte Frank. »Ich lass mich doch nicht in die Schwerverbrecher-Ecke drängen!«

»Stell dich nicht so an, das ist doch nur Routine!«

Sein Tonfall wurde immer aggressiver. »Man weiß nie, was sie mit so einer DNA anstellen. Nachher unterstellt mir eine meiner ... ähm ... Verflossenen noch ein Kind. Ich mag ein Weiberheld sein – aber ein Mörder bin ich nicht!«

»Das behauptet doch auch keiner!« Ich stützte beide Ellbogen auf den Tisch und beugte mich vor. »Frank, wir streiten doch nicht schon wieder?«

»Nein. Aber wenn du mich nicht sofort mit deiner Scheiße zufrieden lässt ...«

Mit funkelnden Augen stierte er in seinen Computer.

Ich wollte keinen Streit mit ihm. Ich war es müde, dauernd an ihm herumzunörgeln. Obwohl er sich in letzter Zeit bemüht hatte, wanderten seine Kunden scharenweise ab. Die Firma lief immer schlechter, und ich musste ihn wieder zwingen, Besuche und Anrufe überhaupt noch zu erledigen. Ich war einfach am Ende meiner Kräfte.

Umso mehr staunte ich über das, was er mir zwei Tage später eröffnete. »Du willst WAS?« Ich starrte Frank so bohrend an, dass meine Kopfhaut kribbelte.

»Hab ich dir doch gerade gesagt!« Frank stand mit gepackter

Reisetasche in seinem Büro. Er wirkte wild entschlossen. Immerhin war er seit Langem mal wieder rasiert, gekämmt und vernünftig angezogen.

»Sie haben mir eine Kreuzfahrt angeboten, auf der ich wieder meine Vorträge halten kann!«

»Wie? Jetzt sofort?«

»Ich kann einspringen!«

»Was heißt das?«

»Dass ich jetzt sofort nach Istanbul fliege! Von dort legt das Schiff heute Abend ab.« Er verdrehte die Augen und sah mich wieder mit einem dieser Blicke an, die ich beim Bridge oft hatte ernten müssen: Linda ist mal wieder schwer von Begriff. Er packte mich an den Schultern: »Linda. Ich werde unsere Firma promoten, dass es nur so rauscht! Wir ziehen das Ding wieder hoch.«

Ich schluckte. Einerseits fand ich es toll, dass er wieder motiviert war. Ich freute mich, dass er so eine Chance bekommen hatte. Unsere Firma brauchte dringend Aufträge, und das Klientel eines Luxusliners war genau das, was uns jetzt helfen konnte. Andererseits traute ich dem Braten nicht. Bestimmt hatte er wieder was mit einer Frau laufen. Ob er tatsächlich die Dreistigkeit besaß, Silke Fuchs mitzunehmen? Oder Sissy Bleibtreu? Aber es ging mich definitiv nichts mehr an.

»Und ich soll jetzt hier in der Firma die Stellung halten.« Einen Moment lang rang ich mit mir. Sollte ich mir das bieten lassen? Ich stemmte die Arme in die Hüften und schaute ihn an wie eine Mutter ihren Sohn, der sich heimlich auf eine Party schleichen will.

»Linda, es ist eine super Chance, und die will ich ergreifen! DU predigst doch immer, dass ich neue Kunden reinholen soll!« Er sah auf die Uhr und verzog das Gesicht. »Verdammt, ich bin spät dran. Entweder ich schnappe mir jetzt sofort ein Taxi, oder …«

»Okay, ich bringe dich«, hörte ich mich sagen. Das Helfersyndrom wurde ich einfach nicht los. Ich griff nach den Autoschlüsseln und seufzte gedehnt. »Ich weiß zwar nicht, warum ich das tue, aber …«

»Weil wir Partner sind, Linda. Oder etwa nicht?!«

»Aber nur beruflich!« Ich warf mich ins Auto und öffnete ihm die Beifahrertür. Er setzte sich neben mich, sah mich von der Seite an. In seinen Augen lag tiefe Trauer.

»Und an diesem Entschluss ist nichts mehr zu ändern?«

»Natürlich nicht«, brummte ich verärgert, als ich aus der Parklücke fuhr.

Schweigen machte sich breit.

»Nur noch mal fürs Protokoll«, hakte Frank nach, »ich habe keine Chance mehr bei dir?«

Er legte mir die Hand auf den Arm. Ärgerlich schüttelte ich sie ab. »Lass das, Frank.«

Wütend starrte ich auf die Autobahn. Da, die Böschung! An dieser Stelle hatte er mich damals ausgesetzt. Weil ich mal musste. Er hatte mich mit nacktem Hintern hier sitzen lassen! Mich ständig betrogen! Und fragte jetzt ernsthaft, ob er noch eine Chance bei mir hatte! Ich musste mich zwingen, ihn nicht meinerseits auszusetzen. Gott, was hatte ich mir alles bieten lassen! Doch zum Glück hatte ich meine rosarote Brille abgenommen und sah endlich wieder klar. Liebe macht blind. Aber mich nicht mehr, Frank Hellwein!

Andererseits waren wir noch verheiratet, und ich brauchte ihn beruflich als Partner. Ich konnte ihn nicht einfach so aus meinem Leben ausradieren. Deshalb fuhr ich ihn auch jetzt zum Flughafen.

»Okay, welches Terminal?«, fragte ich sachlich.

»Du kannst mich hier rauslassen, das passt schon.« Frank öffnete bereits die Beifahrertür.

Ich hielt so ziemlich genau dort, wo Jochen mich vor Jahren abgesetzt hatte. Damals, als ich vorgegeben hatte, zum Wandern nach Teneriffa zu fliegen. Heute wäre ich im Auto sitzen geblieben, hätte Jochen in den Arm genommen und gesagt: Lass es uns noch mal miteinander versuchen! Dann wäre uns vieles erspart geblieben.

Während des Wegfahrens erhaschte ich einen letzten Blick auf Frank, der zögernd vor der Drehtür stehen geblieben war und mich ansah, als hätte er mir noch etwas Wichtiges zu sagen. Aber die nachfolgenden Reisenden schoben ihn ins Flughafengebäude.

Frank meldete sich drei Tage lang nicht und war auch nicht erreichbar. Ich versuchte es ein paarmal auf seinem Handy, aber das war mal wieder ausgeschaltet. Vielleicht war er mitten auf See und hatte keinen Empfang? Vielleicht, vielleicht, vielleicht. Trotzdem: Irgendwie hatte ich so ein ungutes Gefühl. Sein plötzlicher Aufbruch war wieder mal nicht ganz koscher gewesen, und sein letzter Blick in der Drehtür hatte auf mich gewirkt wie ein stummer Hilfeschrei.

Mutig beschloss ich, das Problem direkt anzugehen. Wir waren zwei erwachsene Menschen und hatten eine gemeinsame Firma. Es gab Dinge, dir dringend geklärt werden mussten, und deshalb würde ich die Reederei in Hamburg anrufen. Die würden mir schon sagen, wann ich Frank erreichen konnte.

Ich griff gerade zum Hörer, als das Telefon klingelte. Endlich! Ich riss es förmlich von der Gabel, um Frank die Meinung zu geigen.

Aber es war nicht Frank.

Es war Jochen. Er meldete sich aus Südspanien, wo er immer noch in unserer gemeinsamen Ferienwohnung weilte, um Trauerarbeit zu leisten.

»Oh, Jochen, es tut mir so furchtbar leid … Wie geht es dir, kann ich etwas für dich tun?«, sagte ich vollkommen überrumpelt.

»Ist schon gut, Linda. Ich will nicht darüber reden.«

»Lass mich dir nur sagen, Jochen: Wenn du irgendetwas brauchst …«

»Linda, ich will wirklich nicht darüber reden!«

Ich versuchte es noch ein drittes Mal. Wenigstens Freunde konnten wir doch sein!

»Jochen, bitte lass mich einfach nur für dich da sein.«

»Ich brauche dich nicht.«

»Ach so.« Ich schluckte. »Aber du hast mich angerufen.«

»Weißt du, wo Frank ist?«, wechselte er abrupt das Thema.

Aha. Er brauchte ihn geschäftlich. Wegen Katjas Nachlass womöglich? Ich zögerte. Das war ungewohnt.

»Frank arbeitet derzeit auf der *MS Europa*«, sagte ich sachlich, auch wenn ich an Jochens Zurückweisung ziemlich zu knabbern hatte. »Ich versuche gerade, ihn zu erreichen. Kann ich ihm etwas ausrichten?«

»Eigentlich wollte ich dir vielmehr was in Sachen Frank ausrichten.« Jochen stockte und räusperte sich.

Ich nippte an meinem Kaffee, und meine Gedanken überschlugen sich. Jochen wollte mir was von Frank ausrichten? Wie ging das denn? Nein, halt, er wollte mir etwas ausrichten, das Frank betraf.

Ich seufzte und wartete. Jochen wusste von den Kindern, dass Frank mich jahrelang betrogen hatte und dass wir privat getrennt waren. Ich musste mich schwer zusammenreißen, nicht meinerseits zu sagen: »Ich will nicht darüber reden, Jochen.«

Jochen schwieg, als suchte er die richtigen Worte.

»Ja?« Nervös trommelte ich mit den Fingerspitzen auf den Schreibtisch.

»Sag mal, Linda, kann es sein, dass ich Frank gerade hier in Torremolinos auf der Straße gesehen habe?«

Ich runzelte verwirrt die Stirn. »Nein, Jochen, da musst du dich irren. Ich sagte doch gerade, dass er auf der *MS Europa* ist, und die schippert irgendwo im Schwarzen Meer rum!«

»Linda.« Jochen holte tief Luft. »Ich möchte dir wirklich nicht zu nahe treten, aber ich bin mir sicher, dass es Frank war, den ich gerade gesehen habe! Und er hat mich auch erkannt!«

Ich konnte regelrecht hören, wie er sich verlegen wand.

»Na ja, es geht mich ja nichts an.« Jochen machte eine kleine Pause. »Aber er war es, ich schwör's dir! Der hat sich regelrecht vor mir versteckt! Vielleicht war es ihm peinlich, mir zu begegnen?«

»Blödsinn«, schnaufte ich in den Hörer. »Ich hab ihn doch selbst zum Flughafen gebracht! Er ist nach Istanbul geflogen, nicht nach Spanien!« Noch während ich das aussprach, hörte ich den Zweifel, der sich in meine Stimme geschlichen hatte.

»Er war es, Linda. Wie gesagt, es kann mir egal sein, was mit euch ist. Ich wollte es dir nur ausgerichtet haben.« Er klang jetzt fast gekränkt. »Irgendwie habe ich befürchtet, dass er dich wieder angelogen hat.«

»Frank. In Torremolinos.« Mit zitternden Fingern steckte ich mir eine Zigarette an.

»Ehrlich gesagt habe ich schon gestern geglaubt, ihn bei unserer Garage gesehen zu haben«, fuhr Jochen fort. »Aber da war es dunkel, und es hätte auch eine Verwechslung sein können. Aber heute am helllichten Tag habe ich ihn in der Stadt erkannt, daran besteht gar kein Zweifel! Er ist förmlich in den nächsten Souvenirladen gesprungen, als er mich gesehen hat! Er war komplett überrascht und wusste anscheinend nicht, dass ich hier bin.«

»Ähm … Nein. Wir reden eigentlich nur noch über berufliche Dinge.«

Was, bitteschön, wollte Frank in Torremolinos? Nur mit Mühe verstand ich, was Jochen als Nächstes sagte.

»Es kam mir so vor, als wollte er versuchen, sich Zutritt zum Haus zu verschaffen.«

Was sollte ich darauf antworten? Bei Frank war nichts unmöglich!

»Entschuldigung, Jochen.« Eilig ruderte ich zurück. »Ich ruf dich zurück, sobald ich ihn erreicht habe. Danke für die Info und schönen Urlaub noch … Ich meine, herzliches Beileid noch mal«, stammelte ich und legte hastig auf.

Ich starrte auf den Hörer.

Frank in Spanien? Nicht auf der *MS Europa?* Keine Vortragsreise? Schon wieder eine Lüge? Abgesehen davon, dass ich mich vor Jochen in Grund und Boden schämte: War Frank jetzt inzwischen schon so tief gesunken, dass er mich in meinem eigenen Ferienhaus in Spanien mit einer anderen betrügen wollte? Und dort zufälligerweise auf Jochen gestoßen war? Weil ich Frank nichts von Jochens Plänen erzählt hatte?

Kurz entschlossen googelte ich die Flüge von Frankfurt nach Istanbul, die vor drei Tagen gegangen waren, konnte sie allerdings nicht mit der Uhrzeit seines hektischen Aufbruchs in Verbindung bringen. Mit zusammengekniffenen Augen starrte ich auf den Bildschirm.

Aha. Kein Flug nach Istanbul.

Aber dafür einer nach Málaga.

38

Die ganze Nacht wälzte ich mich verzweifelt hin und her. Als dann nachts um drei das Telefon schrillte, ahnte ich schon, dass es Frank war. Ich saß senkrecht im Bett. Wieder einmal versuchte ich mein Herzrasen unter Kontrolle zu kriegen. Welche Märchen würde er mir jetzt wieder auftischen?

»Linda Albrecht«, bellte ich in den Hörer. Ganz bewusst meldete ich mich nicht mehr mit »Hellwein«.

Total betrunken lallte mir Frank entgegen: »Linda, ich will dir nur sagen, wie sehr ich dich liebe!« Im Hintergrund hörte ich laut den Kneipenschlager *Eviva España*.

»Frank, bist du tatsächlich Jochen in die Arme gelaufen? Was hast du in Torremolinos zu suchen?«

»Ich liebe dich so, Linda, wir leben doch noch, wir könnten glücklich zusammen sein, und ich kann nicht fassen, was ich dir angetan habe!« Seine Worte gingen in ein quietschendes Winseln über. Mein Gott, hatte der einen im Kahn! Er war offensichtlich voll des spanischen Rotweins. Warum log er schon wieder?

Am liebsten hätte ich mir die Decke über die Ohren gezogen.

»Du hast dich unglaublich scheiße benommen, Frank. Du hast mich schon wieder angelogen! Du bist gar nicht in Istanbul!« Ich boxte aufs Kopfkissen ein. »Und ich dumme Kuh fahr dich auch noch zu Flughafen, damit du dich mit irgendeiner Tussi treffen kannst!«

»Linda, es ist nicht so, wie du denkst ... Es gibt keine andere in meinem Leben! Endgültig! Ich liebe nur dich, Linda! Ich habe immer nur dich geliebt!«

Jetzt heulte er hemmungslos. Ich wusste nicht, wen ich mehr hasste. Den cholerischen oder den weinerlichen Frank. Beide waren gleichermaßen erbärmlich.

Warum legte ich dann nicht einfach auf?! Was hinderte mich daran, diesen Mann endgültig in den Wind zu schießen? Ob in den spanischen oder türkischen Wind konnte mir doch ganz egal sein! Aber eine Frage musste er mir vorher noch beantworten:

»Frank, was willst du um Himmels willen in Torremolinos? Jochen hat dich gesehen, und ich musste ihm gestehen, dass ich wieder mal keine Ahnung habe, was du treibst. Weißt du eigentlich, wie erniedrigend das ist?«, zischte ich scharf.

»Oh, Linda, bitte schimpf jetzt nicht mit mir! Mir geht's echt dreckig!«, kam es von Frank.

»DIR geht's dreckig?«, brüllte ich ihn an. »Sag mal, hast du sie noch alle?«

»Ich verachte mich so und hasse mich und will dich wiederhaben, Linda!«

»Wie schön, dass du dieses Gefühl auch mal kennenlernst!« Ich raufte mir die Haare. Aber im Gegensatz zu Jochen hatte es Frank echt verdient, dass er jetzt allein dastand. Wahrscheinlich hatte ihn seine Schnepfe gerade versetzt. Von mir aus konnte er in der Hölle schmoren!

»Ich liiiebe nur dich!«, brüllte Frank gegen den Lärm an.

»*Eviva España*«, johlte die Menge im Hintergrund.

»Ich hab jetzt echt keinen Bock auf die Arie, Frank! Lass mich einfach in Ruhe, okay? Weißt du eigentlich, wie spät es gerade ist?«

»Linda, bitte leg nicht auf! Ich brauche dich.«

Das klang echt verzweifelt. »Ich bin ganz allein auf der Welt!«

Ich schluckte. Ich hatte die Kinder. Die Villa. Die Netthausens. Er nicht. Er hatte niemanden mehr. Noch nicht mal mehr die Firma. Wenn dort irgendwas vorwärtsging, war es mir zuzuschreiben. Eigentlich war er dort nur noch ein Klotz am Bein, und ich konnte gut auf ihn verzichten.

»Alles ist aus …«, heulte er.

Er würde sich doch nichts antun wollen? Rief er mich etwa deswegen an?

Aber ich durfte kein Mitleid mehr mit ihm haben.

»Daran bist du selbst schuld, Frank. Lass dich nicht so gehen!«

»Ich liebe dich, Linda!«

Diesmal klang er schlagartig nüchtern. Seine Stimme war leise und eindringlich.

»Wie habe ich eine so wunderbare Frau wie dich nur verspielen können? Die Frau meines Lebens!«

Ich saß inzwischen senkrecht im Bett und hatte mir eine Zigarette angesteckt. So weit hatte mich dieser Mann schon gebracht! Dass ich im Bett rauchte! Wieder schaffte er es, mich zu rühren. Aber ich durfte einfach nicht auf ihn hören. Der Kerl war nur betrunken. Was hatte Heidrun gleich wieder gesagt? Es gibt in Franks Leben nur einen Menschen, der ihn interessiert. Und der heißt Frank.

»Hör mir jetzt bitte zu, das ist mir wirklich wichtig, Linda …«

Im Hintergrund wummerte der nächste Schlager aus den Boxen. »*Atemlos durch die Nacht!*«, hörte ich Helene Fischer und die zechende Menge plärren.

»Ich will nur, dass du weißt – dass du die einzige Frau in meinem Leben warst!«

Mir entfuhr mir ein rasiermesserscharfes Lachen.

»Das wäre mir neu, Frank!« Ich stieß Rauch aus und starrte an die Wand. Mein Entschluss, mich nicht wieder rumkriegen zu lassen, stand unverrückbar fest.

»Frank!« Am liebsten hätte ich ihn durchs Telefon gepackt und geschüttelt. »Jochen hat dich gesehen, und ich schäme mich für dich. Was hast du bei unserer Garage gemacht, du Trottel?«

»Ich schäme mich auch entsetzlich, Linda!« Frank gab Laute von sich, die tief aus seinem Innern kamen. Er klang wie ein verletztes Tier in höchster Not.

»Linda?«, kam es unendlich kläglich.

»Frank?«, hörte ich mich sagen. »Ich bin noch dran.«

»Entschuldige, dass ich dich angerufen habe.« Seine Stimme war plötzlich seltsam tonlos. »Es gibt nichts mehr zu sagen. Es ist alles gesagt.«

»Gut, dann legen wir jetzt auf.«

»Ich wollte mich nur von dir verabschieden«, wimmerte Frank.

»Ich lege jetzt auf«, sagte ich mit fester Stimme. »Tschüs.«

Ich legte tatsächlich auf. Würde er wieder anrufen? Ich wartete ja förmlich darauf! Warum konnte ich diesen Mann nicht endgültig vergessen? Es ging ihm schlecht. Sehr schlecht sogar. So hatte ich ihn noch nie erlebt. Dieser Kummer war nicht gespielt. Andererseits: War das vielleicht meine Schuld? Es war seine eigene Schuld. Nur seine.

An Schlaf war nicht mehr zu denken. In meinem Kopf schrillten die Alarmglocken.

Er hatte sich von mir verabschieden wollen?

Das klang wirklich so, als wollte er sich … als hätte er vor … Ich merkte, wie ich keine Luft mehr bekam.

Das tat er nicht. So etwas würde er nie fertigbringen. Dafür war er viel zu feige.

Ich warf mich auf den Rücken und starrte an die Decke.

Aber er hatte sich so was von verzweifelt angehört! So, als könnte er nicht mehr zurück. Andererseits: Er hatte sich mir gegenüber schon oft verstellt. Außerdem war er gerade besoffen. Kindisch und betrunken. Moment! Sagen nicht Kinder und Betrunkene die Wahrheit?

Ich starrte verwirrt in den Schlafzimmerspiegel. Er würde es doch nicht schon wieder schaffen, mich zur Statistin in seinem Stück zu machen?

Wütend warf ich mich herum. Meine Güte, wie sich dieser Jammerlappen jetzt hängen ließ!

Doch dann ließ mein Adrenalinschub nach, und ich wurde von altbekannten Gefühlen überschwemmt: Er brauchte mich. Ich war noch immer seine Frau. In guten wie in schlechten Tagen. Ich hatte es versprochen.

Ich setzte mich langsam auf und legte den Kopf auf die Knie. Einatmen, Ausatmen. Ruhig bleiben. Nein, ich konnte nicht mehr! Ich fühlte mich ausgebrannt. Verbrennungen dritten Grades sozusagen.

Starr saß ich da und dachte an Frank, war hin- und hergerissen zwischen Verachtung und Mitleid. Er liebt mich!, dachte ich. Er braucht mich. Das Telefonat war ein echter Hilfeschrei gewesen.

Mir schauderte. Wieder ging mir sein Satz »Ich wollte mich nur verabschieden« durch den Kopf. Das konnte ich doch nicht einfach so im Raum stehen lassen! Verabschieden. Das klang so endgültig.

Wollte er sich wirklich umbringen? Genau an dem Ort, an dem Jochen gerade trauerte? Dann hatte ich zwei Männer auf dem Gewissen. Das durfte ich auf keinen Fall zulassen. Trotz aller Verletzungen meiner Seele – noch hatte ich eine im Leib.

Es blieb mir also nichts anderes übrig, als mich ins Auto zu setzen. Und zu ihm zu fahren. Allein schon um rauszufinden, was genau ihn nach Torremolinos verschlagen hatte.

39

Wahrscheinlich dachte Frank, er hätte eine Vision, als er mich plötzlich vor sich sah, in dieser Kneipe in Torremolinos. Er sah entsetzlich aus. Wie ein heruntergekommener Penner.

Obwohl mir die Knie zitterten vor übermäßigem Kaffeegenuss und Anstrengung nach der tagelangen Fahrt, baute ich mich vor ihm auf, sah ihm fest in die Augen und herrschte ihn an: »Was soll denn das jetzt wieder werden?«

Frank stutzte und fiel mir dann in die Arme, wie ein Ertrinkender. Er weinte bitterlich und stammelte dasselbe wie vorher am Telefon: dass er mich liebe, nur noch mich habe und dass ich ihm verzeihen solle, schließlich lebten wir beide doch noch!

»Ich war so ein Arsch«, fügte er kleinlaut hinzu, als er meinen missbilligenden Blick sah.

»Wo ist denn deine Gespielin?«, fragte ich streng und sah mich in der Kneipe um. »Die hat dich sitzen lassen, was? Wer war es denn diesmal?«

»Es gibt keine! Ich liebe nur dich, Linda!« Er schluchzte so sehr, dass ihm der Barkeeper eine ganze Haushaltsrolle auf den Tresen stellte. Meine Güte, war das beschämend.

»*Hola, hombre,* am besten gibst du ihm nichts mehr zu trinken!« Trotz all der Peinlichkeit regte sich tief in mir auch ein Fünkchen Genugtuung. Ja, jetzt war Frank wirklich genau so sehr am Ende, wie ich es damals gewesen war. Also dort, wo ich ihn mir so oft hingewünscht hatte. Und nichts anderes hatte er verdient.

»Oh, Linda, ich kann es nicht fassen! Du bist wirklich da! Du rettest mich vor dem Tod, mein Engel!«

Er ließ sein Gesicht auf meine Schulter sinken und wurde dermaßen von Schluchzern geschüttelt, dass es uns beide fast umwarf. Ich sah zum Barkeeper hinüber, der unmerklich nickte. Ja, ein krasser Fall von Alkoholvergiftung.

Ich schob ihm die Haushaltsrolle hin. »Putz dir die Nase!«

Er schnaubte gehorsam Rotz und Wasser hinein. »Ich kann es immer noch nicht glauben! Du stehst leibhaftig vor mir! Du liebst mich noch, stimmt's?«

»Komm, wir fahren jetzt nach Hause. Wo ist dein Hotel?«, sagte ich tapfer, ohne auf seine Frage einzugehen.

»Sag, dass du mich noch ein winziges bisschen liebst, versprich mir, dass du mir hilfst, denn sonst ist alles aus …« Heulend brach er über der Bar zusammen.

Okay, dachte ich. Der ist voll daneben. Ein Gespräch mit ihm hatte überhaupt keinen Zweck. Nicht, solange er sich in diesem Zustand befand. Ich war am Ende, ich musste schlafen. In einem richtigen Bett.

»Sag, dass du mich liebst und dass du immer zu mir halten wirst«, wimmerte er. »Versprich, dass du mir hilfst!«

»Jaja«, sagte ich verlegen. »Alles, was du willst, Hauptsache, wir kommen endlich hier weg.« Ich wollte nur noch schlafen.

»Versprich es mir!«, sagte er und sah mich ganz seltsam an.

»Ja«, sagte ich und wand ich mich unter diesem Blick, der mir durch Mark und Bein ging. Meine Güte!, dachte ich. Was lastet ihm nur so schwer auf der Seele, dass er sich so gehen lässt? Ist es tatsächlich die plötzliche Erkenntnis, dass er nur mich liebt und ohne mich nicht leben kann?

Wider jede Vernunft glomm wieder ein Fünkchen Hoffnung in mir auf. Und gab mir die Kraft, Frank zu meinem Wagen zu bugsieren, in den er sich hineinfallen ließ wie ein nasser Sack.

Mit Müh und Not bekam ich die Adresse der Absteige aus ihm heraus, in die er sich einquartiert hatte.

»Du bist ein Engel«, seufzte Frank überwältigt und versuchte, während der Fahrt meine Hand zu nehmen. »Oh, Linda, ich möchte mich so gern erleichtern …«

»Hier hast du eine Tüte«, sagte ich nüchtern. »Untersteh dich, mir ins Auto zu kotzen.«

Am nächsten Morgen ging es zurück nach Frankfurt.

Ich hatte viele Fragen, auf die ich allerdings keine Antwort bekam. Frank lehnte bleich und in sich gekehrt im Wagen. Ich schob es auf seinen Kater, und da ich durch die lange Fahrt genug gefordert war, beschloss ich, dass das nicht der richtige Augenblick für Grundsatzgespräche war. Zu Hause setzte ich Frank im Büro ab und fuhr allein in die Villa Kunterbunt. Erst mal richtig ausschlafen!

Wenn ich geglaubt hatte, ich würde nun endlich Antworten auf meine Fragen bekommen, hatte ich mich getäuscht. Frank war jetzt rund um die Uhr alkoholisiert. Der Mann war mir ein einziges Rätsel. Es blieb mir nichts anderes übrig, als ihn endgültig abzuschreiben, auch in der Firma. Ich stürzte mich in die Arbeit, und meine Kunden hielten mir die Treue, empfahlen mich weiter. Ich machte die Firma wieder flott und verdiente mehr als genug zum Leben. Was Frank machte oder nicht machte, interessierte mich nicht mehr.

Doch eine Person schien sich absurderweise nach wie vor sehr für Frank zu interessieren: Kerstin Schäfer von der Kriminalpolizei. Ständig rief sie bei uns im Büro an und wollte ihn sprechen. Doch weil Frank ständig alkoholisiert war, ließ er sich verleugnen.

»Jetzt bin ich aber mit meiner Geduld am Ende!«, sagte Frau Schäfer eines Tages. Sagen Sie Ihrem Mann, dass er sich noch diese Woche auf dem Revier einzufinden hat. Ich brauche seine DNA-Probe.«

»Aber wieso denn?«, fragte ich zum wiederholten Male irritiert. »Er kannte Elfi Sturm nicht und hatte kein Motiv!«

»Aber er hat bei ihr angerufen.«

»Vergeblich. Sie hat aufgelegt.«

»Vielleicht hatte er doch ein Motiv?«

»Sie meinen, weil sie nicht mit ihm telefonieren will, fährt er hin und ermordet sie bestialisch?« Ich raufte mir die Haare. »Das glauben Sie doch selber nicht!«

»Das glauben wir auch nicht. Aber wir könnten diese Spur ad acta legen, wenn er endlich seine Probe abgeben würde.«

»Warum zwingen Sie ihn dann nicht einfach?«, schrie ich aufgebracht. »Ich fühle mich wirklich nicht mehr für ihn zuständig, Frau Schäfer!«

»Wir können ihn nicht zwingen. Er ist ja nicht dringend tatverdächtig.«

»Dann lassen Sie ihn in Ruhe. Und mich bitte auch!«

So. Aufgelegt. Trotzdem war ich so auf hundertachtzig, dass ich schnurstracks zu Frank ging, um ihm die Leviten zu lesen.

Schon damit ich endlich meinen Frieden hatte, sollte Frank das verdammte Wattestäbchen in seine Spucke tauchen, Herrgott noch mal! Er war mir weiß Gott was schuldig, nachdem ich ihn aus Spanien abgeholt hatte!

»Was ist nur mit dir los, Frank Hellwein?«, sagte ich ungehalten.

Er lag im Unterhemd auf dem Sofa und roch streng. Ich riss die Fenster auf.

»Gib deine DNA ab, Frank. Wenn du willst, fahr ich dich aufs

Revier. Ich will das endlich hinter mir haben.« Ich klatschte in die Hände. »Los, Frank, sie warten auf dich! Aber geh vorher duschen!«

Wie in alten Zeiten legte ich ihm seinen Anzug und ein frisches Hemd raus.

»Es tut nicht weh und dauert drei Sekunden. Komm in die Hufe, Mensch! Wenn du es gemacht hast, können sie deinen Namen löschen, und ich habe meine Ruhe.«

Er rührte sich nicht. Ich wollte schon in die Luft gehen, als er etwas murmelte.

»Lauter, Frank, ich kann dich nicht verstehen!«

»Ich kann nicht. Ich kann einfach nicht, Linda.«

Meine Güte, er würde doch nicht schon wieder weinen?

»Warum nicht?!«

Frank schwieg. Sein Kinn zitterte, und seine Augen schwammen in Tränen.

Was war denn jetzt schon wieder los?

»Hast du irgendwo ein uneheliches Kind? Komm, Frank, sag's einfach.«

»Ich war's.«

Ich stutzte. Was hatte er da gerade gesagt? Ich war's?

Jetzt hatte ich aber die Faxen dicke. »Lass den Scheiß, Frank, ich hab für solche Spielchen keinen Nerv mehr.«

Wütend steckte ich mir eine Zigarette an.

»Es ist schon schlimm genug, dass du dich so gehen lässt«, keifte ich. »Und noch schlimmer, dass du mir über Jahre hinweg immer wieder die abenteuerlichsten Lügengeschichten aufgetischt hast. Aber genug ist genug! Also lass diese albernen Scherze. Du hast mit Elfi nichts zu tun.«

»Ich wünschte, es wäre ein schlechter Scherz«, schluchzte Frank. »Glaub mir, ich würde alles darum geben, es ungeschehen zu machen!« Er verbarg den Kopf in den Händen. »Ich hab sie umgebracht, aber ich hab es nicht gewollt!«

Er hämmerte auf die Sofapolster ein.

Mein Gott, was war der Mann am Arsch. Fast so schlimm wie in Spanien. Der Alkohol hatte ihn völlig um den Verstand gebracht.

Mit Schwung drückte ich die Zigarette aus und knallte das Fenster zu. Ich ging zu seinem Schreibtisch, pfefferte die sich dort stapelnden Pizzakartons in den Papierkorb, ging zurück zum Sofa und packte energisch sein Kinn.

»Schau mir in die Augen, Frank Hellwein. Und red keinen Scheiß!«

»Ich wollte das nicht Linda, das musst du mir glauben«, rief Frank in höchster Verzweiflung.

»Du hast Elfi Sturm ermordet??«

Ich wich einen Schritt zurück und biss mir auf die Fäuste. Alles Blut wich mir aus dem Gesicht. Mein Herz schlug unrhythmisch. Nein!, versuchte ich mich zu beruhigen. Er will sich nur wieder interessant machen.

»Wie willst du denn das hingekriegt haben?«

»Ich bin an bewusstem Abend mit dem Fahrrad dorthin gefahren, um nach dir zu sehen …«, schluchzte er so, dass ich ihn kaum verstehen konnte.

»Um nach mir zu sehen.«

»Ja, ich wollte wissen, wo du bist und was du tust, mit wem du zusammen bist …«

»Wie? Seit wann interessiert dich denn das?«

Früher hätte ich sonst was darum gegeben, dass er mir nachgefahren wäre!

»Ich war völlig verzweifelt. Alles war mir genommen worden. Meine Kinder, mein Erfolg. Aber das Einzige, was mir wirklich wichtig war, warst du … Du hast immer zu mir gestanden, du warst immer für mich da …«

Er lallte und heulte. Ich lehnte mich abwartend an die Wand. Ich kam mir vor wie in einem schlechten Film.

Und zwar nicht das erste Mal. Noch immer war ich felsenfest davon überzeugt, dass er mir wieder eine dramatische Geschichte auftischte, deren Sinn und Zweck mir mal wieder verborgen blieb.

»Frank? Sprich mit mir! Aber sag mir jetzt die Wahrheit, sonst vergess ich mich!«

»Es ist die Wahrheit, Linda! Ich kann einfach nicht länger schweigen! Ich hab euch damals von draußen beobachtet: Ihr wart so vertraut und fröhlich miteinander, und du hast mich kein bisschen vermisst …«

Sollte ich ihn etwa vermissen – nach allem, was er mir angetan hatte? Ich starrte ihn schweigend an.

»Deine Elfi hat irgendwann die Terrassentür aufgemacht, weil ihr rauchen wolltet. Und da bin ich ins Haus geschlüpft. Wirklich, ich weiß selbst nicht so genau, was ich dort wollte, ich wusste ja, dass ich nicht willkommen bin. Aber auf einmal war ich drin und hab mich hinterm Vorhang versteckt …«

Das Geräusch! Jedes meiner Härchen stellte sich auf. Nein! Das durfte nicht wahr sein! Ich fing schon wieder an, seine Lügengeschichten zu glauben!

»Später hat Elfi euch dann hinausbegleitet, und ich wusste überhaupt nicht mehr, was ich tun sollte, ich war so traurig, dass ich nicht mehr dazu gehöre. Und auf einmal stand die Alte da und ist mit dem Golfschläger auf mich losgegangen.«

»Das glaubst du doch selbst nicht«, schrie ich verächtlich. »Diese Geschichte ist wirklich total unglaubwürdig. Du kannst es besser, Frank, glaub mir!«

»Doch! Genau so war es! Und jetzt habe ich wahnsinnige Angst, dass sie mir Raubmord unterstellen! Vorsätzlichen Mord! Darauf gibt es lebenslänglich!«

Offensichtlich hatte er sich darüber bereits schlau gemacht.

»Totschlag im Affekt ist etwas ganz anderes als vorsätzlicher Raubmord mit dem Tatmotiv Habgier!«

Er presste meine Hände an seine Brust und rief weinend: »Linda, würdest du für mich aussagen, dass es im Affekt passiert ist? Du hast versprochen, dass du zu mir hältst, dass du mir hilfst!«

Ich starrte ihn sprachlos an. Zitternd riss ich mich los. Ich wollte nur noch hier weg, musste hier weg. Keuchend knallte ich die Tür hinter mir zu und floh. Vor Frank. Vor meinem eigenen Mann. Vor einem Mörder?

Zu Hause saß ich die ganze Nacht in der Küche und rauchte. Was auch sonst? An Schlaf war mal wieder nicht zu denken. Frank wollte der Mörder sein? Frank? Mein Mann? Der Strahlemann, den ich einmal über alles geliebt hatte und dessen Vater Polizist war? Was war nur in ihn gefahren? Jetzt drehte er völlig durch. Ich hatte schon viele seiner Wutanfälle erlebt, die wirklich aus dem Nichts kommen konnten. Ich wusste, wie viel Fantasie er hatte und wie manipulativ er war. Aber was brachte es ihm, zu behaupten, er habe Elif Sturm umgebracht?

Ich starrte an die Wand und konnte keinen klaren Gedanken mehr fassen. Der Alkohol!, dachte ich verzweifelt. Der hat dafür gesorgt, dass er den Knoten seiner Lügen nicht mehr entwirren kann. Delirium tremens. Es stand jetzt schlimmer um ihn als in Spanien. Was, wenn er sich jetzt im Büro erhängte? Sich vom Dach in die Tiefe stürzte? Ich sollte die Polizei rufen, damit sie ihn holte. Frank gehört eindeutig in die Klapsmühle!

Trotzdem brachte ich es in dieser Nacht nicht fertig, zum Telefon zu greifen. Ich war wie gelähmt. Ich griff erst danach, als es am nächsten Morgen klingelte.

»Linda? Ich bin jetzt so weit. Ich will meine DNA abgeben.«

Und diesmal klang Frank stocknüchtern.

40

Ich lieferte ihn bei meinen vertrauten Feinden vom Kommissariat ab und ließ mich total geschlaucht auf die Wartebank neben dem Kaffeeautomaten fallen. Beiläufig sah ich auf die Uhr. Wie lange hatte das bei uns gedauert? Für einen Kaffee würde es reichen.

Ich war mir sicher, in zwanzig Minuten wieder mit ihm davonfahren zu können. Dann würde ich ihn aber endgültig vor die Tür setzen, auch im Büro. Der Mann gehörte dringend in eine Entzugsklinik.

Meine Güte, ich fühlte mich wie durch den Wolf gedreht. Müde streckte ich die Beine aus und schlürfte mit gespitzten Lippen den scheußlichen Kaffee.

Wann würde ich endlich so weit sein, dass Frank Hellwein mich nicht mehr um meinen Nachtschlaf brachte?

Seufzend starrte ich auf den Linoleumfußboden, der mir diese Frage allerdings auch nicht beantworten konnte. Warum konnte ich Frank eigentlich nicht hassen?

Die Tür öffnete sich, und der junge Beamte kam heraus, der auch schon Netthausens und mich verhört hatte. Mit ernstem Gesicht wollte er an mir vorbeieilen, doch ich rief:

»He! Herr Hauptwachtmeister! Was ist?!«

Der Polizist drehte sich wie in Zeitlupe zu mir um, und ich sah Entsetzen und gleichzeitig Gewissheit in seinem Gesicht. Bevor er weitereilte, nickte er mir nur wortlos zu.

Er NICKTE!! Ja, wie …?! Was hatte denn das zu bedeuten?!

Ich saß wie festgenagelt auf dieser Bank. Der Kaffeebecher glitt mir aus den Händen.

Dann ging die Tür noch mal auf, und Frank wurde in Handschellen abgeführt, direkt vor meinen Augen.

Seinen Blick sollte ich nie vergessen: Er war ein einziger stummer Hilfeschrei.

Während meine weit aufgerissenen Augen sagten: DU bist Elfis Mörder? DU??

Ich hätte so gern auf ihn eingeschlagen und ihn angebrüllt: Warum hast du das gemacht? Bist du wahnsinnig? Was hat Elfi dir angetan, dass du dich in so eine Bestie verwandelt hast? Du hast ihr das Gesicht mit Klebeband zugeklebt? Sie ERSTICKEN lassen? DU, FRANK HELLWEIN? DU, MEIN MANN??

Aber ich konnte nicht. Wie versteinert saß ich da, versuchte aufzuspringen, doch mir sackten die Beine weg.

Die beiden Beamten, die ihn abführten, ignorierten mich vollständig.

Es dauerte gefühlte zehn Minuten, bis ich es schaffte, mich zu erheben.

Ich stand ganz allein im Polizeiflur, in dem gerade noch alles so banal und alltäglich gewesen war. Die Wände schienen auf mich zuzukommen, und der Boden tat sich unter mir auf. Mein Mann. Ein Mörder. Mein Mann. Ein Mörder. Mein Mann. Ein Mörder.

Ich versuchte, einen Schritt vor den anderen zu setzen. Nur raus hier, raus an die frische Luft. Aber ich klappte zusammen und konnte mich gerade noch an der Fensterbank festhalten, als mir Kriminalkommissarin Schäfer entgegenkam. Sie rannte regelrecht auf mich zu und fing mich auf.

»Sie gehen jetzt erst mal nirgendwohin.«

Ich sank einfach wieder auf die Bank, und Frau Schäfer setzte sich neben mich, legte den Arm um mich und ließ mich ins Leere starren.

»Mein Mann war es … Mein eigener Mann …«, stammelte ich fassungslos. »Mein Mann … Ein Mörder. Frank ist ein Mörder. Frank hat es getan …«

»Und Sie haben nicht das Geringste geahnt?« Frau Schäfer sah mich von der Seite an.

Ich schüttelte wortlos den Kopf. Wie hätte ich ihr auch erklären sollen, dass er mir gegenüber sogar ein Geständnis abgelegt und ich ihm trotzdem nicht geglaubt hatte?

Wie in Trance fuhr ich nach Hause.

Frank war es gewesen.

Frank hatte Elfi umgebracht.

Frank war der Mörder, nach dem sie seit Monaten gesucht hatten.

Und ich war jeden Tag mit ihm im Büro gewesen. Jeden Tag. Und hatte ihm in meiner Ahnungslosigkeit von den Polizeiermittlungen erzählt.

Der Gedanke brachte mich fast um. Wie sollte ich das nur unseren Kindern beibringen? Den Netthausens? Unseren Nachbarn? Unseren Kunden? Und natürlich Franks Vater. Der wurde siebzig! Schon wieder setzte mein Herz aus. Horst Hellwein hatte ja morgen seinen runden Geburtstag! Wir hatten immer Kontakt gehalten, obwohl er und seine zweite Frau Ilse in der Nähe von Hannover lebten. Dort waren wir ja eingeladen!

Horst und Ilse wussten ja noch nicht einmal, dass wir getrennt waren! Unaufhörlich prasselten die Trümmer dieser neuen Katastrophe auf mich ein. Wie sollte ich meinem Schwiegervater erklären, dass sein einziger verbliebener Sohn ein Mörder war?

Wie immer rief ich zuerst Barbara an.

»Barbara, Frank war's.«

»Bitte?!«

»Frank ist der Mörder. Er hat seine DNA abgegeben. Er ist überführt. Sie haben ihn abgeführt. In Handschellen.«

Zum ersten Mal erlebte ich Barbara völlig sprachlos. Aber sie warf sich sofort ins Auto und kam zu mir, nahm mich ganz fest in den Arm.

Ich konnte nicht weinen. Ich war komplett leer. Frank hatte es fertiggebracht, mir auch noch die allerletzte Träne zu nehmen. Barbara führte mich in meine Küche. Der kalte Kaffee und die Zigarettenkippen erinnerten mich an meine letzte schlaflose Nacht.

Später saß ich zwischen vier geschockten, sprachlosen Kindern.

Wir befanden uns im totalen Ausnahmezustand, waren wie erstarrt. Uns fehlten die Worte. Aber sie waren auch überflüssig. Barbara kochte erst Tee und später Suppe, die wir nicht anrührten.

Wie lange wir in unserer Küche saßen und stumm vor uns hin glotzten, weiß ich nicht mehr. Später gingen die Kinder mechanisch auf ihre Zimmer, und Barbara fuhr zu einer befreundeten Anwältin, die sie als Verteidigerin für Frank anheuern wollte.

Ich war allein. Mit der entsetzlichen Gewissheit, dass mein Mann ein Mörder war. Und dass sich nie wieder so etwas wie ein normales Familienleben einstellen würde.

Ich spürte, wie sich eine Panikattacke anbahnte. Das war nicht neu, so war es mir schon oft gegangen, wenn ich ebenfalls hier in der Küche gesessen und mir ausgemalt hatte, wie und mit wem mich Frank gerade betrog. Aber diesmal stieg Todesangst in mir auf. Ich befürchtete, einen Schreikrampf zu bekommen und vollständig die Kontrolle über mich zu verlieren. Mein Atem ging immer schneller und rasselte wie der einer Sterbenden. Sollte ich mir eine Plastiktüte über den Kopf ziehen, um nicht noch mehr zu hyperventilieren? Eine Vorstellung, die mir erst recht die Luft abschnürte.

Linda, tu etwas, beschäftige deine Hände!, beschwor ich mich. Du darfst jetzt nicht durchdrehen. Denk an die Kinder. Du bist stark, du schaffst das!

Kurz darauf fand ich mich im Garten wieder, wo ich, vom Hund schwanzwedelnd umkreist, akribisch den Rasen mähte. Diese mechanische Tätigkeit bewahrte mich letztlich vor dem endgültigen Nervenzusammenbruch.

Frau Landwehr stand am Zaun und winkte freundlich. »So ist's recht, Frau Hellwein. So ist's recht!«

Auch am nächsten Tag stand sie staunend am Zaun, denn bei der Villa Kunterbunt fuhren mehrere Polizeiautos vor.

Ein halbes Dutzend Beamte standen vor der Tür und begehrten Einlass.

»Sie dürfen mein Haus nicht durchsuchen!«, rief ich panisch, und Barbara, die seit ihrem Anwaltsbesuch nicht mehr von meiner Seite gewichen war, stellte sich schützend vor mich. »Frank Hellwein wohnt seit über einem Jahr nicht mehr hier.«

Die Kinder standen leichenblass im Flur.

Sie hatten schon viel zu viel mitansehen und anhören müssen. Und jetzt wollten Fremde unseren letzten Zufluchtsort auf den Kopf stellen?

»O doch, wir dürfen.« Die Polizisten stürmten bereits in den Flur. »Frank Hellwein hat sich nicht umgemeldet«, ließ mich einer der Uniformierten wissen. »Das hier ist sein Hauptwohnsitz, und wir haben einen Durchsuchungsbefehl.«

So schnell konnte ich gar nicht gucken, wie sie sich in allen Etagen und Zimmern verteilten.

Machtlos mussten die Kinder, Barbara und ich mit ansehen, wie sie unsere Villa Kunterbunt in kürzester Zeit in ein Schlachtfeld verwandelten. Sie kehrten das Unterste zuoberst, rissen Schubladen heraus, zogen Betten ab, warfen Klamotten, Schulbücher, Spiele und Haushaltsgegenstände auf den Boden. Sie zogen sämtliche Bücher aus den Regalen, schoben Möbel von der Wand und schüttelten Taschen aus. Ja, sie beschlagnahmten sämtliche Computer und Handys – auch die der Kinder!

Selbst die Regale mit den Vorräten und Konservendosen im Keller sowie die Werkzeugregale in der Garage wurden demontiert.

Zu meinem grenzenlosen Entsetzen musste ich mit ansehen, wie sie den Schwimmteich auspumpten, mit riesigen weißen Schläuchen und fünf Mann von der freiwilligen Feuerwehr.

Es gab nicht einen Anwohner, der von der Hellwein-Katastrophe nichts mitgekriegt hätte.

»Habt ihr Wertgegenstände gefunden?«, schrie ein Polizist seinem Kollegen zu.

»Bis jetzt noch nicht!«, rief der zurück.

»Was denn für Wertgegenstände?«, fragte ich entsetzt. »Es hat doch so gut wie nichts gefehlt bei Elfi Sturm?«

»Oder Leichenteile?«, fuhr der Polizist ungerührt fort.

Alles drehte sich, und ich drohte das Bewusstsein zu verlieren.

»Also wirklich, meine Herren«, rief Barbara aufgebracht. »Jetzt übertreiben Sie es aber! Wonach suchen Sie eigentlich?«

Der Einsatzleiter kam rauchend auf uns zu.

»Frau Hellwein, Ihr Mann hat gestern einen bestialischen Mord gestanden! Das Motiv kann eigentlich nur Habgier sein, deshalb gehen wir davon aus, doch noch irgendwas zu finden. Und wer weiß? Im Taunuskreis ist in den letzten Monaten häufig eingebrochen worden. Es kann also durchaus sein, dass wir es mit einem Serientäter zu tun haben!«

»Frank, ein Serientäter?«

Ich starrte Barbara Hilfe suchend an, doch die zuckte nur mit den Schultern. Für welche Überraschung war Frank eigentlich nicht gut?!

»Am besten, Sie gehen uns aus dem Weg und lassen uns unsere Arbeit machen«, sagte der Kriminalkommissar.

Längst war ein Team vom Regionalfernsehen vor Ort. Klatschjournalisten interviewten Nachbarn. Fotoapparate klickten. Barbara zog mich und die Kinder ins Haus. Zum ersten Mal seit meiner Trennung von Jochen ließen wir die Rollläden runter.

41

Nach Stunden war die Verwüstungsaktion vorbei. Die Polizei zog ab und ließ ein Schlachtfeld zurück. Die Fische aus dem Teich lagen tot auf dem umgepflügten Acker, der vor ein paar Stunden noch ein frisch gemähter Rasen gewesen war.

Bald darauf fuhr wieder ein Auto vor, mit dem ich nicht gerechnet hatte. Es war der altvertraute Wagen von Jochen.

Ich war gerade beim Einkaufen gewesen, als ich es entdeckte. IHN darin entdeckte.

Die Kinder hatten ihn informiert. Er war sofort aus Spanien zurückgekommen. In seinem Blick stand Entsetzen und Fassungslosigkeit.

Ich ließ die Einkaufstüten fallen. Wie gern hätte ich mich in seine Arme geworfen! Wir sahen uns an und hatten keine Worte. Ich war ihm so dankbar, dass er nicht sagte: »Ich hab es ja gleich gewusst«, oder so etwas Ähnliches. Jochen schwieg, und in diesem Schweigen lag die ganze Vertrautheit unserer gemeinsamen Jahre. Auf einmal kam mir Jochen gar nicht mehr langweilig vor. Lange standen wir einfach nur da, und er ließ zu, dass ich meinen Kopf an seine Schulter lehnte. Erst als sich die Gardinen der Nachbarn bewegten, zog ich Jochen ins Haus.

Er besah sich mit ehrlicher Betroffenheit den Schaden. Geistesgegenwärtig machte er Fotos, um alles zu dokumentieren. Er hoffte wohl, die Versicherung würde später für alles aufkommen, was sich jedoch im Nachhinein als Trugschluss erwies.

Wenn das Haus eines Mörders umgepflügt wird, zahlt die Versicherung nicht.

»Du wirst Geld brauchen«, stellte er sachlich fest. »Der nun extrem belastete Name Hellwein wird sich fatal auf deine Geschäfte auswirken. Du wirst hier mit den Kindern nicht bleiben können.«

»Aber wo soll ich dann hin?« Ich starrte ins Nichts. Ein letzter Funke Hoffnung glomm in mir auf, nämlich der, dass er sagte: Komm zurück, Linda. Komm mit den Kindern zu mir zurück.

Aber das tat er nicht.

Was ich gut verstehen konnte. Man kann Möbel in Zimmer zurückräumen, Küchengeräte in Schränke und Zimmerpflanzen auf Fensterbänke. Aber keine Liebe in Herzen, die so verletzt worden waren.

Jochen zückte sein Handy, ging aus dem Zimmer und besprach sich kurz mit jemandem.

»Okay«, meinte er, als er wieder hereinkam. »Katja hatte eine Mietwohnung in der Eschersheimer Landstraße.«

»Katja …?«

»Lass uns nicht darüber reden, ja?«

Er ließ sich seufzend auf einen Sessel fallen und rief den Frankfurter Stadtplan auf seinem Display auf: typisch Jochen. Kein überflüssiges Wort. Er war da und half.

»Nichts Tolles: drei Zimmer, Küche, Bad, und die steht gerade ohnehin leer.« Er räusperte sich. »Katja war ja zu mir gezogen, hatte sie aber aus Sicherheitsgründen behalten.«

Seine Lippen zitterten und bildeten schließlich ein mondsichelschmales Lächeln.

»Sie konnte sich nicht von ihrer Stadtwohnung trennen.«

»Jochen, das kann ich unmöglich …«

»Ein Jahr«, würgte er mich ab. »Du kannst ein Jahr mietfrei mit Patti und Simon in dieser Wohnung wohnen, bis du dich wieder berappelt hast.«

Ich würgte an einem riesigen Kloß im Hals. »Das würdest du wirklich für mich tun, Jochen?«

O Gott, war das beschämend! Ich fühlte mich wie ein Kriegsflüchtling, der dankbar jede Unterkunft annimmt, die man ihm bietet.

»Für dich. Und für die Kinder«, setzte Jochen trocken nach.

Gleichzeitig tat er so, als hätte er soeben angeboten, mir ein paar Kartons Computerpapier dazulassen, oder ein Päckchen zur Post zu bringen, da er ohnehin gerade auf dem Weg war.

Ich wollte ihm dankbar um den Hals fallen, aber er wehrte mich ab.

»Das heißt nicht, dass uns sonst noch irgendwas verbindet. Außer Patti und Simon natürlich.«

»Ja, Jochen.« Ich schluckte und begleitete ihn zur Tür.

Das war ein Strohhalm, an den ich mich klammerte. Ein Jahr eine kleine Mietwohnung. Und dann würde man weitersehen.

Ich hatte keine andere Wahl. Jetzt, wo sich der schwere schwarze Vorhang des selbst inszenierten Familiendramas endgültig senkte, musste ich zugeben: Meinen Stolz hatte ich längst an der Abendkasse abgegeben.

Nach einer weiteren durchwachten Nacht setzte ich mich in mein Auto und fuhr zu meinem Schwiegervater, dem ich tags zuvor mit zittriger Stimme irgendeine Entschuldigung aufgetischt hatte. Horst und seine Frau Ilse standen besorgt vor der Tür und hielten bereits nach mir Ausschau. Irgendwie waren die beiden wohl schon auf etwas Schlimmes gefasst. Ihre blassen Gesichter waren sorgenvoll auf mich gerichtet, kaum dass ich aus dem Auto gestiegen war. »Mädchen, du siehst ja entsetzlich aus, ist Frank etwas zugestoßen?«

Ich presste die Lippen zusammen und nickte.

Sie nahmen mich entsetzt am Arm: »Ist er – tot?"

In dem Moment wurde mir klar, dass ich mir genau dieses sehnlichst wünschte, denn die Nachricht, die ich ihnen überbringen musste, war noch viel schlimmer.

Nie hatte ich ihnen von unserem Zerwürfnis erzählt. Sie wussten nichts von Franks Affären, Betrügereien, cholerischen Anfällen und seinem Auszug aus der Villa. Wir hatten ihnen die perfekte, liebevolle Familie vorgespielt, die wir einmal gewesen waren.

Horst war herzkrank, Ilse eine liebe Frau, und die beiden Rentner hatten doch nur noch ihren ganzen Stolz: Frank, den Bankdirektor, der es zu etwas gebracht hatte. Der eine strahlende, blonde, kluge Frau namens Linda und vier Kinder hatte, in einer tollen Villa lebte und sich jetzt erfolgreich mit einer Firma selbstständig gemacht hatte.

Er war die Sonne ihres Lebens. Überall standen Bilder von uns, silbern gerahmt, auf jedem Möbelstück ihrer bescheidenen Wohnung. Daran klammerten sie sich. Das hatten wir bis jetzt nicht zerstören wollen. Aber nun ging es nicht mehr anders.

Alle Farbe wich aus ihren besorgten lieben Gesichtern, als sie mir unter die Arme griffen. Sie führten mich ins Wohnzimmer, wo der Tisch mit Streuselkuchen, Sahne und gefalteten Papierservietten liebevoll gedeckt war.

»Linda! Sag es uns endlich! Mein Gott, Mädchen, was ist passiert?«

Ich schluckte. Es fiel mir so entsetzlich schwer, dem armen Mann einen Tag nach seinem siebzigsten Geburtstag diese entsetzliche Nachricht zu überbringen.

»Frank hat einen Menschen umgebracht.« Meine Hände zitterten so, dass mein Ehering auf der Glasplatte vibrierte. »Er hat meine Freundin Elfi Sturm ermordet.«

Die beiden starrten mich an, als säße der Teufel persönlich bei ihnen am Tisch.

Ihre Gesichter drückten völlige Fassungslosigkeit aus.

»Wie ... Was ... Was sagst du da?!«

»Er hat sich vorgestern gestellt. Er hat gesagt, er übernehme die volle Verantwortung für die Tat. Mehr weiß ich nicht.«

An diesem Tag sah ich, wie ein Mensch zerbrach. Vor meinen Augen. Franks Vater fiel in sich zusammen und alterte um zwanzig Jahre. Als ich nach zwei Stunden wieder abfuhr, war er ein Greis.

Trotzdem ließ mich eine Frage nicht mehr los: WARUM?, ging es mir unablässig durch den Kopf. Warum hatte Frank das getan? Was ergab das alles für einen SINN? Warum hatte er Elfi Sturm ermorden müssen? Warum hatte er sie nicht zur Seite geschubst, als er von ihr ertappt worden war, sondern sie GEFESSELT und mit KLEBEBAND ...

Ich straffte mich. Diese Frage sollte er mir jetzt endlich beantworten. Damit ich eine Antwort hatte, wenn die Leute von MIR wissen wollten, warum mein Mann meine Freundin Elfi umgebracht hatte. Ich würde auf der Stelle zu Frank ins Untersuchungsgefängnis fahren.

Mit letzter Kraft lenkte ich meinen Wagen auf den hässlichen Parkplatz mit den Brackwasserpfützen, in denen sich Stacheldraht und hohe Mauern spiegelten. Achtlos lief ich durch sie hindurch: Nasse Füße waren jetzt mein geringstes Problem.

Am Besuchereingang stand ein Justizbeamter in Uniform.

Aufgedreht wie ich war, wollte ich knapp grüßend an ihm vorbeigehen. Irgendwie dachte ich, so ein Besuch funktionierte so ähnlich wie in einem Krankenhaus: Man meldet sich an der Pforte an und betritt forsch die entsprechende Station. Nur Blümchen hatte ich keine dabei.

»He, he, was soll das, wo wollen Sie hin?«

Der Beamte verstellte mir den Weg und griff reflexartig nach der Pistole in seinem Halfter.

»Ich bin Linda Hellwein und möchte zu meinem Mann, Frank Hellwein. Er ist vor ein paar Tagen hier ... ähm ... einquartiert worden. Also, eingeliefert.«

Mein Gott, was war nur der korrekte Ausdruck dafür? Eingebuchtet? Eingezogen war eindeutig auch falsch.

Der Beamte sah mich an, als hätte ich einen an der Waffel.

»So geht das nicht, junge Frau! Sie brauchen eine richterliche Besuchserlaubnis, ohne die können Sie hier nicht rein.«

»Ja, und wie lange dauert das?«

Verlegen trat ich von einem Bein aufs andere und steckte mir erst mal eine Zigarette an. »Ich meine, geht das heute noch?«

Er hatte wohl Mitleid mit der graugesichtigen Frau vor sich, auf jeden Fall rauchte er eine mit.

»Das wohl kaum.« Er schaute auf die Uhr. »Es ist erst sechs Uhr abends, aber ...« – er konnte sich ein mitleidiges Grinsen nicht verkneifen – »... das dürfte eher sechs bis acht Wochen dauern.« Er erklärte mir das genaue Prozedere und schob mich dann mitfühlend zu meinem Auto. »Alles Gute für Sie. Und passen Sie auf sich auf!«

Nicht nur Frank hatte neue Räumlichkeiten bezogen. Es kam der Zeitpunkt, an dem auch wir die Villa Kunterbunt verlassen mussten, in der wir so viel Schönes, aber auch Entsetzliches erlebt hatten. Mein einstiger Rückzugsort, meine letzte Trutzburg war nicht mehr zu finanzieren.

Barbara und die Kinder halfen mir beim Entrümpeln. Viel konnten wir nicht retten, denn Katjas Dreizimmerwohnung, die Jochen uns angeboten hatte, bot nicht so viel Platz.

Jeder nahm nur das Nötigste mit. Mir wurde plötzlich bewusst, mit wie wenig man von vorn anfangen konnte. Von vorn – wieder mal! Ich durfte nicht länger darüber nachdenken, denn sonst hätte ich laut geschrien. Ich war inzwischen dreiundfünfzig Jahre alt und hatte geglaubt, mir jetzt endlich einen Platz im Leben erkämpft zu haben.

Wie nach einem verlorenen Krieg stand ich da und starrte auf meinen zerbrochenen Traum von der Patchwork-Großfamilie. Denn auch von Franks Töchtern mussten wir uns verabschieden. Für sie war einfach kein Platz in unserer neuen Bleibe.

Linda ging für ein Jahr als Austauschstudentin nach Australien. Sie wollte größtmöglichen Abstand zwischen sich und ihren Vater bringen.

Lena zog zurück zu Heidrun. Die hatte längst wieder geheiratet und einen inzwischen vierjährigen Sohn. Eine so späte Annäherung war für alle Beteiligten nicht einfach. Ich drückte Lena an mich und versprach ihr, immer für sie da zu sein.

Patti, Simon und mir fiel es schwer, Katjas Dreizimmerwohnung zu beziehen. Nicht nur, weil wir uns räumlich einschränken mussten, sondern auch, weil noch überall ihre persönlichen Dinge herumlagen. Jochen ließ sich nicht blicken. Vermutlich schaffte er es noch nicht, sich den Erinnerungen zu stellen.

Ich war sehr einsam in dieser Zeit. So sehr, dass manchmal sogar der Gedanke in mir aufkeimte, mich wieder bei Michaela zu melden. Um ihr zu sagen, dass sie damals recht gehabt hatte. Aber die wollte nichts mehr mit mir zu tun haben.

Als Frau eines Mörders hat man nicht mehr sehr viele Freunde.

42

In diese Wohnung wurde auch das Einschreiben geschickt, das man mir wenige Wochen später aushändigte:

»Besuchserlaubnis für die Ehefrau des Gefangenen Frank Hellwein, Aktenzeichen XY, am soundsovielten um soundsoviel Uhr für sechzig Minuten. Das Gespräch muss in deutscher Sprache geführt werden und ist von einem Justizvollzugsbeamten zu überwachen.«

An besagtem Tag war ich vor lauter Aufregung eine halbe Stunde zu früh dran. Mit Grauen betrachtete ich Franks neuen Wohnsitz. Es war ein schmuckloser grauer Bau am Rande der Stadt, irgendwo im Niemandsland, wo sich normale Menschen nicht hinverirrten. Vergitterte Fenster, Wachtürme, dicke Mauern ... Wieder ein Stück Neuland, auf das mich meine einstige große Liebe Frank führte. Wenn auch eines, das ich freiwillig nie betreten hätte.

Nach einer gefühlten Ewigkeit wurde ich aufgerufen.

Gemeinsam mit anderen Frauen, die ihre inhaftierten Männer besuchten, musste ich durch eine Sicherheitsschleuse gehen und sämtliche persönlichen Gegenstände abgeben, als wäre ich selbst eine Verbrecherin: Handtasche, Handy, Geld, Schmuck wurden routiniert in einen Spind geschlossen. Schwere Eisentüren fielen krachend hinter mir ins Schloss. Auch das Klappern von Schlüsselbunden und metallenen Türriegeln hallte mir in den Ohren. In einem grell erleuchteten Warteraum, der mit hässlichen Plastikstühlen ausgestattet war, musste ich mich erneut in Geduld üben. Gemeinsam mit einem Polizisten, der so tat, als ginge ihn das alles nichts an.

In einer Ecke des Wartezimmers lagen ausrangierte Spielsachen herum, Legosteine und Holzschienen, zu denen der Zug fehlte. Und in einem alten Holzlaufstall krabbelten und plärrten mehrere Babys, die von ihren Müttern angeschrien wurden, als könnte sie das beruhigen. Dann wurde ich – als Ehefrau eines Schwerverbrechers – von den anderen Frauen getrennt. Mein Aufpasser latschte desinteressiert neben mir her und führte mich in einen weiteren kalten, kargen Raum, der mit einer Panzerglastür gesichert war. Dann verkündete er: »Was jetzt kommt, ist Frauensache«, und ging.

Und tatsächlich: Eine Beamtin erschien und forderte mich auf, mich auszuziehen.

»Ähm … Wie?«

»Bitte ziehen Sie die Jacke, die Jeans, die Strümpfe, die Schuhe und den Pulli aus. Ihre Unterwäsche können Sie anlassen, die taste ich am Körper ab.«

Fassungslos starrte ich sie an, zog mich jedoch willig aus und fühlte mich wie ein Schaf, das zur Schlachtbank geführt wurde.

»Sie sind neu hier, was?« Ein kurzes Lächeln stahl sich auf das Gesicht der Beamtin. Sie hatte einen asymmetrischen Kurzhaarschnitt und sah in ihrer Uniform aus wie ein blasser, dicklicher Mann.

»Ja, das ist mein erstes Mal …«

»Bitte kurz die Beine grätschen und die Hände an die Wand.«

Sie tastete mich mit einem piepsenden Suchgerät ab. Ehe ich begriff, wie mir geschah, hatte sie schon meinen Pferdeschwanz gelöst, Spange und Haare untersucht.

»Mund auf, bitte!«

Mit einer Taschenlampe leuchtete sie schnell und routiniert meinen Mund, meine Ohren und meine Nasenlöcher aus. Sie würde doch nicht auch noch weitere Körperöffnungen …

»Nur damit Sie Bescheid wissen: Die Damentoiletten im Besucherraum sind abgeschlossen«, erklärte sie. »Sonst riskieren wir, dass Drogen in Scheide oder After ins Gefängnis geschmuggelt werden. Manche schaffen es, sich das Zeug bis in den Enddarm zu stopfen. Wenn Sie da was drin haben, dann bleibt es drin!«

Schweigend zog ich mich wieder an. Das hier war demütigender als Abstrich und Mammografie beim Frauenarzt.

Nach dieser Untersuchung ging es wieder durch drei Sicherheitstüren in einen fensterlosen Raum. Die schwere Tür fiel hinter mir ins Schloss, und ich fühlte mich selbst wie eingekerkert.

Hilfe!, dachte ich. Ich kriege keine Luft! Ich wollte schon schreien, als der mir zur Seite gestellte Beamte eintrudelte. Er roch nach kaltem Rauch. »Keine Panik«, meinte er beruhigend, als er die weißen Flecken in meinem Gesicht sah. »In diesem Schlauch wartet man höchstens zehn Minuten.«

Da standen wir. Die Vorstellung, mit diesem Wildfremden nicht nur zehn Minuten, sondern zehn JAHRE oder länger in einer Zelle eingepfercht zu sein, raubte mir fast den Verstand. Ich bekam schon wieder Atemnot, doch zum Glück hatte jemand Erbarmen mit mir. Die Tür wurde wieder aufgeschlossen. Wir wurden eine Treppe höher geführt, diesmal in einen Raum mit zwei Türen. Die hintere wurde nach uns abgesperrt, die vordere geöffnet.

Und da waren wir, im winzigen weiß verputzten Besucherraum für Schwerverbrecher.

Die gesamte Breite des Zimmers wurde von einem langen Glastisch eingenommen. Aus Glas war er deshalb, damit man sich nicht unauffällig etwas unter dem Tisch durchreichen konnte, so der Beamte.

Durch die Tür auf der anderen Seite des Tisches wurde Frank hereingeführt. Unter diesen Umständen sah ich meinen Mann zum ersten Mal wieder. Bei seinem Anblick musste ich schwer schlucken: Er war hager, hatte einen langen Bart und bestimmt zehn Kilo abgenommen. Seine Klamotten schlotterten ihm um die Hüften. Er sah wirklich erbärmlich aus.

Dieser Mann hatte mich einmal angestrahlt, geküsst und geliebt.

Ich musste die Augen schließen.

»Linda!« Seine Stimme war das Einzige, was mir noch annähernd vertraut war.

Kurz flackerte die Erinnerung an damals auf, als wir an der blühenden Hecke gestanden hatten, an einem lauen Sommerabend, der voller Verheißung, Duft und Leben gewesen war.

Jetzt war es ein kalter Glastisch, der uns trennte.

»Hier bin ich!« Genau das hatte ich damals kokett und übermütig geantwortet.

Hätte ich damals nicht angefangen, mit ihm zu flirten, stünde ich heute nicht hier. Vermutlich wäre Frank dann auch nie zum Mörder geworden. Diese Erkenntnis traf mich wie ein Fausthieb in den Magen.

Ich sank auf einen Stuhl und versuchte, das Zittern meiner Hände unter Kontrolle zu bekommen, indem ich mich auf sie setzte.

»Hände auf den Tisch!«

Der Beamte, der mich begleitete, setzte sich neben mich. »Gespräche über die Tat, das Verfahren und die Zustände im Gefängnis sind nicht gestattet.«

Er erklärte mir, dass das verhindern sollte, dass ich meinen Mann in seinen Aussagen irgendwie beeinflusste.

Also blieb uns nichts anderes übrig, als mit brechender Stimme erst mal über das Wetter zu sprechen.

Und über die Kinder.

Frank nahm unter Tränen zur Kenntnis, dass seine Töchter ihn aus ihrem Leben verbannt hatten.

»Was habe ich nur angerichtet, Linda! Ich wollte das nicht, das musst du mir glauben, ich hatte nie vor, Elfi zu töten ...«, schluchzte er verzweifelt.

»Kein Wort über die Tat!«

»Linda, du MUSST für mich aussagen, dass ich es nicht aus Vorsatz getan habe ...«

»Mäßigen Sie sich«, rief der Justizbeamte schon lauter.

»Sonst müssen wir die Sprechzeit an dieser Stelle abbrechen.«

Ich starrte Frank mit flatternden Lidern an. Eine Stunde. In der man über nichts sprechen durfte, was einem wirklich auf dem Herzen lag.

»Wir sind aus der Villa ausgezogen«, begann ich vorsichtig. »Die Polizei ist ja mit einem Durchsuchungsbefehl ...«

»KEIN Wort über das Verfahren! Das war die dritte und letzte Warnung!«

Wir schwiegen beklommen. Am liebsten wäre ich gleich wieder gegangen.

»Hast du das Büro schon aufgelöst?«, fragte Frank schließlich.

»Nein, Frank.« Ich straffte mich. »Es ist nach wie vor polizeilich versiegelt.«

»Das war's«, bellte der Beamte. »Sie können einen neuen Besuch beantragen, der frühestens in sechs Wochen gestattet wird!«

Frank wurde abgeführt. Unter Tränen sah er sich noch einmal nach mir um, aber in diesem Moment fiel auch schon die schwere Eisentür hinter ihm zu.

43

rau Hellwein?«

Ich hatte mich mit Linda Albrecht gemeldet, und jetzt durchzuckte es mich kalt.

Immer wenn jemand am Telefon »Frau Hellwein« zu sprechen wünschte, konnte es sich nur um etwas Unangenehmes handeln. Also um Frank.

Ich stand nervös rauchend an der geöffneten Balkontür unserer Dreizimmerwohnung und wappnete mich innerlich.

»Ja, bitte? Wer spricht da?«

Natürlich wurde ich oft von der Presse belagert, die mit mir über Frank sprechen wollte und mir Fragen stellte wie: »Wie fühlt man sich so als Frau eines Mörders?« Ich legte dann immer ganz schnell auf.

Aber diesmal hörte ich im Hintergrund das Jaulen eines Martinshorns. Es war ein Justizbeamter, der mich von seinem Handy aus anrief. Aus dem Rettungswagen.

»Wir müssen Sie leider davon in Kenntnis setzen, dass Ihr Ehemann mit einem Magendurchbruch in eine Spezialklinik gefahren wird«, brüllte der Mann gegen den Lärm an. »Hallo? Hören Sie mich?«

»Ich höre Sie.«

Überraschend gefasst trat ich auf dem Balkon meine Zigarette aus und kam nicht umhin, mich zu fragen, ob dieser Albtraum eigentlich nie aufhörte. Ließ sich das Grauen endlos steigern?

»Er schwebt in akuter Lebensgefahr!«

»Aha«, hörte ich mich sagen. »In welches Krankenhaus bringen Sie ihn denn?«

Zögern.

»Hallo?«

»Das darf ich Ihnen leider nicht sagen!«

»Hä? Warum nicht? Ich denke, er schwebt in Lebensgefahr!«

»Es ist leider so, dass Angehörige eines Schwerverbrechers keine Besuchserlaubnis erhalten, wenn der Patient sich in einem ungesicherten Krankenhaus befindet.«

Ich schluckte und starrte ratlos an die Wand.

»Und warum haben Sie mich dann angerufen?«

»Um Ihnen mitzuteilen, dass sich Ihr Mann in Lebensgefahr befindet.« Nach diesen Worten legte der Beamte wieder auf.

Ich stand wie gelähmt auf dem Balkon und überlegte, was ich denn jetzt tun sollte.

So wie früher alle Frankfurter Krankenhäuser abtelefonieren? Aber würde man mir überhaupt Auskunft geben, mir, der Frau eines Mörders?

Und was hatte Frank überhaupt getan, dass er einen Magendurchbruch hatte? Kloreiniger getrunken?

Natürlich verbrachte ich wieder mal eine schlaflose Nacht. Am nächsten Tag klingelte das Telefon erneut, diesmal meldete sich die Intensivstation der Uniklinik. Franks behandelnder Arzt war dran.

»Frau Hellwein?«

»Ja?«

»Ich muss Ihnen leider mitteilen, dass Ihr Mann sich in akuter Lebensgefahr befindet. Wollen Sie ihn noch einmal sehen?«

Alles in mir zog sich zusammen. Ich hätte ein Herz aus Stein haben müssen, um davon unberührt zu bleiben. Weil ich unfähig war, selbst Auto zu fahren, nahm ich ein Taxi zur Uniklinik.

Kaum kam ich auf die Intensivstation, erkannte ich sofort, welches sein Zimmer war: Ein Polizist saß an einem kleinen Tischchen davor.

Na toll!, dachte ich in einem Anflug von Selbstironie. So ist dein Mann immer leicht zu finden.

»Darf ich?«, fragte ich, bevor ich an die Tür klopfte.

Der uniformierte Beamte studierte erst einmal ausführlich meinen Personalausweis und stellte mir dann umständlich eine Sondererlaubnis aus, mit Stempel und Unterschrift, bevor er mich schließlich mit einem Kopfnicken eintreten ließ.

Drinnen saß ein weiterer Beamter auf einem Stuhl an der Wand. Wortlos streckte er die Hand nach meiner Sondergenehmigung aus, las sie umständlich und ließ sich seinerseits noch mal meinen Personalausweis zeigen.

Eine Krankenschwester kam herein und brachte mir Schutzkittel und Mundschutz. Wieder musste ich in Begleitung des Beamten durch eine Sicherheitsschleuse, bis ich endlich im Krankenzimmer stand.

Fassungslos blieb ich mitten im Raum stehen: Frank war nicht nur an alle möglichen Schläuche angeschlossen, sondern trug auch noch eine elektronische Fußfessel. Bleich und ausgezehrt starrte er mir mit leerem Blick entgegen.

Mein Herz zog sich schmerzhaft zusammen. Er hatte sich umbringen wollen!

»Hat er … Hat er sich was angetan?«

Der Polizist tat so, als hätte er etwas an den Ohren.

»Frank!« In einer Aufwallung von Mitleid wollte ich mich zu ihm auf die Bettkante setzen, doch der Beamte zog mich sofort zurück. »Kein Körperkontakt.«

»Ähm … Wie?«

»Setzen Sie sich auf Ihren Stuhl!«

Gehorsam ließ ich mich darauf fallen.

»Frank! Erkennst du mich?,« rief ich durch meinen Mundschutz.

»Linda …«, rang Frank sich von den ausgedörrten Lippen. Er schien starke Schmerzen zu haben. Kalter Schweiß stand ihm auf der Stirn. Ich hätte ihn so gern abgetupft.

Doch das erledigte mechanisch die Schwester. Kurz und sachlich informierte sie mich über die Geschehnisse: In einer Notoperation hatten sie den Bauchraum von Mageninhalt gereinigt und den Durchbruch genäht. Doch es sei bereits zu einer Bauchfellentzündung gekommen, man wisse nicht, ob Frank noch zu retten sei.

»Wollte er sich – umbringen?«

»Das darf ich Ihnen leider nicht sagen.«

Sie kontrollierte den Tropf über Franks Bett, prüfte seinen Blutdruck und verschwand mit einem Nicken.

»Frank!« Schon wieder machte ich einen Schritt auf ihn zu, ganz automatisch, wie es jede Ehefrau in dieser Situation getan hätte. Ich wollte seine Hand nehmen, doch der Beamte schien das als Befreiungsversuch zu deuten.

»Ich weise Sie ein letztes Mal darauf hin, dass Sie sich auf Ihren Stuhl setzen sollen!«

Automatisch griff er zu seiner Pistole.

Der hatte Nerven! Wie sollte ich bitte schön einen ausgewachsenen Mann aus dem Bett heben und ihn an zwei bewaffneten Polizisten vorbei aus dem Krankenhaus tragen? Um ihn dann irgendwo zu verstecken, in seinem todkranken Zustand? Mal ganz abgesehen davon, dass man ihn mithilfe der Fußfessel überall hätte orten können.

Ein bisschen mehr Mitgefühl und gesunder Menschenverstand wären schon wünschenswert gewesen.

»Frank …?«

»Linda.«

»Was hast du getan?«

»Ich … halte … es … nicht … aus …«

Meinte er die Schmerzen oder die Zustände im Gefängnis?

Mit zusammengekniffenen Augen starrte ich meinen Mann an – beziehungsweise das, was von ihm übrig geblieben war.

Der Blick, mit dem er mich jetzt ansah, war der gleiche wie damals vor der Drehtür, kurz bevor er nach »Istanbul« geflogen war. In diesem Moment hatte ich Gewissheit, dass er sich schon damals in Spanien hatte umbringen wollen. In der Garage unseres Ferienhauses. Plötzlich sah ich alles ganz genau vor mir: An dem Tag, als ich ihn zum ersten Mal aufgefordert hatte, seine DNA abzugeben, war er überstürzt aufgebrochen und hatte sich unter dem Vorwand einer Kreuzfahrt nach Torremolinos abgesetzt. Nur, dass aus seinem Selbstmordplan nichts wurde, weil Jochen ihn dabei gestört hatte.

Daraufhin hatte sich Frank hemmungslos betrunken und mich voller Selbstmitleid angerufen. Und ich hatte ihn wieder nach Frankfurt gebracht. Und damit letztlich in diese Situation.

Ausgerechnet Jochen hatte unwissentlich dafür gesorgt, dass Frank mit seiner Tat und ihren Folgen weiterleben musste.

Und auch jetzt sollte es ihm nicht gelingen, sich aus dem Leben zu verabschieden. Die Ärzte bekamen die Bauchfellentzündung in den Griff, und Frank verschwand wieder hinter Schloss und Riegel. Wie lange er tatsächlich einsitzen musste, würde der Gerichtsprozess entscheiden.

Und der zog sich endlos hin.

Mehrere Gutachter wurden damit beauftragt, seine Psyche zu

analysieren. Falls er psychisch krank war, würde sich das natürlich günstig aufs Strafmaß auswirken. Andererseits käme er dann vielleicht in die Psychiatrie.

Letztlich stellte sich aber heraus, dass Frank geistig nicht abnorm war. Er besaß nur ein übersteigertes Geltungsbedürfnis und konnte schlecht mit Zurückweisung umgehen. Die Ursachen dafür waren vermutlich in seiner Kindheit zu suchen. All das hätte ich den Gutachtern auch sagen können.

Andererseits war das natürlich keine Entschuldigung für seine Tat. Und auch keine Erklärung.

Hatte er in Elfi seine Mutter gesehen, die ihn abgelehnt und zweimal verlassen hatte? Konnte man bei seiner Verteidigungsstrategie so weit gehen?

Drei Wochen vor dem Prozess wurden alle Angehörigen ersten Grades, also Heidrun, die Kinder und ich, vom Gericht angeschrieben und gefragt, ob wir eine Aussage machen wollten.

Wollte ich? Sollte ich? Frank hatte mich angefleht, für ihn auszusagen, um seine grauenvolle Tat zu »erklären«. Dass er es »nicht vorsätzlich«, »nicht mit Absicht« getan hatte. Dass bei ihm »nur« eine Sicherung durchgebrannt sei. Doch was sollte ich zu einer Tat sagen, die ich nicht begreifen konnte? Woher sollte ich wissen, was Frank während der Tat dachte, fühlte, beabsichtigte oder auch nicht?

Ich konnte nicht für ihn aussagen. Elfi war tot. Daran ließ sich nichts ändern.

Auch die Kinder wollten nicht aussagen. Abgesehen davon, dass sie sich auch nicht der damit verbundenen Öffentlichkeit preisgeben wollten – Hunderten von geifernden Zuschauern, Journalisten und Reportern: Wir hätten ihm damit vermutlich nur noch mehr geschadet. Seine cholerischen Anfälle, seine Lügen, sein Doppelleben – all das würde ihn zusätzlich belasten.

Anders als die Kinder wollte ich den Prozess allerdings unbedingt mitverfolgen. Um vielleicht doch noch so etwas wie Klarheit zu bekommen. Um mit meinen tausend brennenden Fragen nicht mehr allein dazustehen. Aber als stumme Zuhörerin, irgendwo hinten im Saal.

Eine Woche vorher durfte ich ihm einen Anzug, Hemden und Schuhe bringen, damit er nicht in seiner Gefängniskleidung vor dem Gericht erscheinen musste.

Wieder durften wir nicht über die Tat reden. Sein wiederholt gestammeltes »Es tut mir ja so leid, was ich euch, Elfi und ihrer Familie angetan habe!« wurde von einem Justizbeamten sofort im Keim erstickt.

Frank war ein Fremder für mich geworden. Ein letztes Mal legte ich ihm sein rosa Hemd hin.

44

K omm, wir gehen da jetzt rein.« Barbara nahm meinen Arm, aber ich stand immer noch unentschlossen vor dem Gerichtsgebäude. Meine Beine waren weich wie Knetgummi und meine Lippen ausgedörrt.

Ich wusste nicht, ob ich die Kraft haben würde, das durchzustehen. Ein Jahr war inzwischen seit Franks Verhaftung vergangen, somit war unser Gnadenjahr in Katjas Wohnung vorbei. Jochen hatte mir schriftlich mitgeteilt, dass die Wohnung zum nächsten Ersten anderweitig vermietet sei. Ich wusste nicht, wie es weitergehen sollte. Alle meine Ersparnisse waren inzwischen aufgebraucht. Im Notfall würden die Kinder und ich in der Firma schlafen müssen. Doch die gab es nur noch zum Schein. Sie war zwar nicht mehr versiegelt, aber kein Mensch wollte sich noch von der Firma eines Mörders weiter beraten lassen.

»Los, Mädel, bringen wir es hinter uns.« Barbara warf ihre Zigarette in den Rinnstein.

»Lass mich noch kurz etwas frische Luft …«

Wieder überrollte mich eine Panikattacke, und ich rang keuchend nach Luft.

Meine Hände krallten sich an das Treppengeländer, und die Leute gafften schon.

»Du schaffst das, Linda. Ich bin bei dir.«

Patti, meine Zweitälteste, war doch mitgekommen. Ihr ging es ebenfalls nicht gut, aber sie wollte mir beistehen. Simon hatte es vorgezogen, seinen Krankenhausdienst zu verrichten. Er war inzwischen Intensivkrankenpfleger.

Während sensationslüsterne Gaffer und Zeitungsreporter an uns vorbei ins Gebäude strömten, sah ich aus dem Augenwinkel, wie das vergitterte Polizeiauto der JVA langsam in die Tiefgarage fuhr. Ein Raunen wurde laut, und ich hob den Kopf, sah in das schneeweiße, angstverzerrte Gesicht Franks. Wieder dieser stumme Hilfeschrei. Aber was hätte ich denn für ihn tun können? Ich war da. Das musste reichen.

Ich empfand nichts mehr für ihn. Aber er tat mir leid, wie er da wie ein Tier im Käfig saß und gleich zum Abschuss freigegeben werden würde.

Der Wagen entschwand unseren Blicken.

»Hast du ihn?«, riefen die Paparazzi.

»Hast du ihn scharf?«

»Nein, er hat nur ganz kurz geguckt. Ich glaube, seine Frau ist hier!«

»Da ist sie!«

»Die Frau des Mörders!«

Ganz so, als wäre ich selbst eine Verbrecherin, duckte ich mich und versuchte, mein Gesicht hinter dem Jackenkragen zu verbergen. Barbara und Patti stellten sich schützend vor mich.

»Okay, Linda, nimm die hier!« Barbara reichte mir ihre übergroße Sonnenbrille, und Patti zückte die Zeitung, hinter der wir uns zusätzlich verschanzten.

»Nicht so auffällig«, warnte Barbara. »Guckt einfach beiläufig geradeaus.«

Sie zog mich ins Gebäude, in dessen Foyer schon aufgeregtes Treiben herrschte.

Selbst wenn man uns die Nummer des Verhandlungssaals nicht mitgeteilt hätte, hätten wir nicht lange danach suchen müssen.

Es genügte, sich von der Menge mitreißen zu lassen. Man konnte ihn gar nicht verfehlen.

»Saal zwo«, teilte uns Barbara überflüssigerweise mit.

»Das ist der Gerichtssaal, in dem den späteren RAF-Gründern Andreas Baader und Gudrun Ensslin der Prozess gemacht wurde. Wegen der Frankfurter Kaufhaus-Brandstiftungen«, stöhnte Patti.

»Frank hat es schon immer beeindruckend und pompös gewollt«, bemerkte Barbara sarkastisch und schob mich in den Aufzug. »Jetzt hat er seinen großen Auftritt.«

Wir ließen uns von den Schaulustigen in den Saal schieben. Ganz vorn hatten drei Kamerateams Stellung bezogen. Ich erkannte die Logos von RTL, SAT 1 und dem Hessischen Rundfunk. Frank war jetzt deutschlandweit in den Nachrichten, allerdings konnte ich mir nicht vorstellen, dass er einmal von dieser Form öffentlichen Ruhms geträumt hatte.

»Komm, guck nicht hin.« Barbara nahm meine Hand und zog mich zur letzten Reihe an der Wand, in der Hoffnung, dass uns niemand bemerken würde. Ich fühlte mich wie ein Eindringling in einem Wespennest. Jede Sekunde konnte der gesamte Saal auf mich losgehen.

Erneut hielt Patti eine aufgeschlagene *Frankfurter Allgemeine* schützend vor mein Gesicht.

Wie hatte Frank bei unserem ersten Treffen so schön gesagt? Dahinter steckt immer ein kluger Kopf. Und ich hatte mir sonst was darauf eingebildet! Im Nachhinein war mein Handeln alles andere als klug gewesen.

Mühsam versuchte ich, meinen rasenden Puls wieder unter Kontrolle zu bekommen, als die schwarz gekleideten Vertreter von Anklage und Verteidigung Einzug hielten. Mit undurchdringlichen Mienen nahmen sie ihre Plätze ein.

Links erkannte ich Franks Verteidigerin sowie zwei weitere Anwälte und eine Protokollführerin.

Rechts zwei Staatsanwälte, drei Anwälte der Nebenkläger und drei weitere Personen.

»Die drei ganz rechts sind vom *Weißen Ring*«, flüsterte Barbara mir zu. »Opferschutz. Im Saal wimmelt es nur so von Gewaltopfern und ihren Angehörigen.«

»Und wer sind die beiden daneben?«, wollte Patti wissen. »Ach du grüne Neune, das ist Elfis Tochter aus Amerika samt Ehemann. Ich kenne sie von der Beerdigung«, murmelte ich erstickt. »Damals haben wir uns die Hände geschüttelt, und ich habe ihnen mein Beileid ausgesprochen. Aber jetzt halten sie mich sicher für mitschuldig!«

WARUM, Frank, WARUM hast du mir das angetan?, hätte ich am liebsten gebrüllt. Doch er war noch gar nicht eingetroffen. Trotzdem, die Frage ließ mich einfach nicht mehr los. Seit seinem Geständnis. Nur weil ich mir eine Antwort darauf erhoffte, mutete ich Patti und mir diesen Prozess überhaupt zu.

»Jetzt! Achtung!«

Ich spürte Barbaras Knie an meinem Bein und Pattis Hand, die meine umklammerte.

Vor uns wurde Frank durch eine Nebentür hereingebracht. In Handschellen. Kreidebleich. In seinem Anzug und dem rosa Hemd sah er aus wie eine bizarre Karikatur des erfolgreichen Bankdirektors, der er einmal gewesen war. Sein Blick zuckte suchend zu mir herüber, und ich versteckte mich schnell hinter meiner Zeitung. Diesen Mann hatte ich also einmal geliebt. Sieben verdammte Jahre lang! Mein Leben hatte ich ihm zu Füßen gelegt. Und das meiner Kinder!

Sein Haar war von grauen Strähnen durchzogen. Es sah schlaff und schütter aus.

Kaum hatte Frank den Saal betreten, stürzten die Reporter auch schon mit Mikrofonen und Diktiergeräten auf ihn zu. Auch die Fernsehkameras rotierten hektisch. Frank wurde mit Fragen bombardiert. Mit gefesselten Händen versuchte er, sich einen Aktenordner vors Gesicht zu halten – vergeblich.

»Herr Hellwein! Bitte mal hierher!«

»Schauen Sie mal in diese Kamera!«

»Herr Hellwein, eine Frage nur: WARUM?«

»Herr Hellwein, in welcher Beziehung standen Sie zum Mordopfer?«

»Was war das für ein Gefühl, eine wehrlose alte Frau zu knebeln und zu fesseln?«

»Wie haben Sie es geschafft, so lange unerkannt zu bleiben?«

»Wieso haben Sie sich schließlich doch gestellt?«

»Haben Sie dabei eine Sekunde an Ihre Frau und Ihre Kinder gedacht?«

»Haben Sie an die Familie Ihres Opfers gedacht?«

»STOPP!«, schrie die Anwältin und sprang mit wehender Robe dazwischen. »Herr Hellwein steht für keinerlei Auskünfte zur Verfügung!« Sie scheuchte die Pressevertreter fort wie lästige Schmeißfliegen. »Es gibt keine Stellungnahme vonseiten meines Mandanten!«

In dem Moment betrat das Hohe Gericht den Raum: drei Richter und zwei Schöffen. Sie wehten herbei wie schwarze Adler und geboten den Aasgeiern ebenfalls Einhalt.

Zum ersten Mal konnte ich ein wenig durchatmen. Unauffällig schaute ich mich im Saal um.

Ich entdeckte die gesamte Frankfurter Bridgeklub-Riege, zwei Reihen mit den Mitgliedern des *Lions Club,* die Leute von Elfis Tennisverein und Golfklub sowie all ihre Freunde, Bekannten und Nachbarn. Auch die Siebers, die Elfi tot aufgefunden hatten, und mit denen wir schon auf der Beerdigung gesprochen hatten. Alle wollten den Mörder sehen, der ihre geliebte Freundin auf dem Gewissen hatte.

Und seine Frau.

Inzwischen hatten sie mich im Saal gefunden, und ihre Blicke straften mich mit Verachtung. Du Lügnerin!, las ich darin. Du hast es die ganze Zeit gewusst! Du bist mitschuldig!

Mein Magen rebellierte, und ich duckte mich noch tiefer hinter meiner Zeitung.

»Wo sind eigentlich die Netthausens?«, fragte Patti zaghaft. Sie waren die Einzigen, die uns noch nicht den Rücken zugekehrt hatten.

»Die sagen als Zeugen aus«, erklärte ihr Barbara. »Die warten draußen und werden später einzeln aufgerufen.«

Das Hohe Gericht nahm Platz, und alles sah genauso aus wie im Film, war aber leider grausame Wirklichkeit.

»Ruhe im Saal! Aufgerufen wird als Erstes der Zeuge …«

Es war Dr. Herzog, Franks ehemaliger Chef, der über Franks Charakter ausgefragt wurde. Ich kannte ihn vom Sehen und hegte heimlichen Groll gegen ihn, schließlich hatte er Frank damals mehr oder weniger entlassen.

Herr Dr. Herzog sagte aus, er habe es Frank freigestellt, zu bleiben oder zu gehen. Während er sprach, drehte er sich mehrfach zum Publikum um. Er schien seinen Auftritt zu genießen. Seine Stimme war laut und volltönend. Immer wieder machte er dramatische Pausen. Frank habe sich aber für die sechsstellige Abfindung entschieden.

Ein Raunen ging durch den Saal.

Das waren unsere Reisen, dachte ich. Unser Bootsführerschein. Unsere Flitterwochen – die Zeiten, in denen er mich auf

Händen getragen und in den siebten Himmel katapultiert hatte. Um mich danach umso brutaler auf dem Boden der Tatsachen landen zu lassen.

Als Nächstes wurden die Netthausens getrennt voneinander befragt.

Ob Frank aufbrausend gewesen sei, cholerisch, streitsüchtig?

Mit einem besorgten Blick auf Patti und mich schilderte Wolfgang die Szene mit Simon und der Taschenlampe.

»Er konnte aus heiterem Himmel wahnsinnig wütend werden. Und ungerecht. Er hat vier traumhafte Kinder, um die wir ihn immer beneidet haben. Fleißig, hilfsbereit … Er hat seine Wut oft an ihnen ausgelassen – warum, haben wir nie richtig verstanden.«

Frank saß mit gesenktem Kopf dabei. Seine Schultern bebten vor heftigen Schluchzern.

Auch Patti weinte leise. Ich legte den Arm um sie.

Renate wurde hereingerufen, und Wolfgang durfte sich ins Publikum setzen. Sie erzählte von unseren Bridgerunden. »Er war Perfektionist. Er konnte es nicht ertragen, wenn jemand einen Fehler machte. Seine Frau stand ständig unter Strom. Erst als er nicht mehr Teil unserer Runde war, konnte sie sich entspannen und Spaß haben. Wir haben sie sehr ins Herz geschlossen.« Wie ihr Mann schaute sie liebevoll zu uns herüber.

Beide Netthausens waren sich einig: Frank sei ein interessanter Mensch, ein bemerkenswerter Zeitgenosse, ein Gentleman mit feinen Manieren, sehr darauf bedacht, sich in höchsten Kreisen zu behaupten.

Aber er habe auch völlig aus der Rolle fallen können.

»Und dann wurden seine Augen so – kalt.«

Auf die Frage, ob sie ihm den Mord jemals zugetraut hätten, antworteten beide wie aus der Pistole geschossen mit Nein.

Auch ich hätte mir damals eher einen Finger abgehackt, als Frank einen Mord zuzutrauen. Ich hatte es ja noch nicht mal geglaubt, als er mir alles gestanden hatte.

Aber mich fragte ja keiner. Und das war gut so.

45

An einem späteren Verhandlungstag wurde Silke Fuchs in den Zeugenstand gerufen. Sie wirkte sehr nervös und kämpfte mit den Tränen. Ihre Stimme zitterte. Halt suchend umklammerte sie ihre Handtasche.

Sie wurde vereidigt und musste schwören, die Wahrheit zu sagen, die ganze Wahrheit und nichts als die Wahrheit. Ich biss mir auf die Lippe und war auf einmal sehr erleichtert, mich gegen eine öffentliche Aussage entschieden zu haben. In ihrer Haut wollte ich jetzt absolut nicht stecken.

Ich beugte mich vor und versuchte, ihre Worte zu verstehen. Ich musste mich schwer beherrschen, halbwegs ruhig zu bleiben. Eigentlich wollte ich nichts über ihre Beziehung zu meinem Mann hören, doch was mir dann zu Ohren kam, war wie ein Schlag ins Gesicht

»Wir waren insgesamt sieben Jahre zusammen«, hauchte sie verspannt.

Der Richter fragte nach dem Zeitraum, und dieser fiel exakt mit der Dauer meiner Beziehung zu Frank zusammen.

»Er war die Liebe meines Lebens«, sagte Silke Fuchs mit brüchiger Stimme.

Autsch, tat das weh!

Aber Silke Fuchs war noch nicht fertig: »Für ihn habe ich meinen Mann verlassen und leider auch meine Kinder.«

Buhrufe erklangen, und sie duckte sich.

»Er hat mir immer versprochen, dass wir heiraten und die Kinder zu uns holen. Wir waren erst kurz zusammen, als ich seiner späteren Frau Linda Albrecht die Tür zu seinem Büro geöffnet habe. Sie kam wegen einer Geldanlage, aber schon am selben Tag ist Frank mit dieser Frau über Nacht in einem Hotel geblieben.« Sie sah in meine Richtung: »Übrigens dasselbe Hotel, in dem wir unsere Nächte verbrachten. *Zum Rostigen Anker.*«

Ich schluckte. Sie wartete sicher darauf, dass ich mit Empörung oder Überraschung reagierte, aber was sie da sagte, war mir leider nicht neu.

Frank saß zusammengesunken da, versuchte erneut, sich hinter dem vor ihm aufgebauten Aktenordner zu verstecken. Dennoch konnte er meine Blicke spüren. Jetzt musste er sich das alles anhören. Öffentlich. Was für eine Schande und Schmach.

Aber mich traf es genauso hart.

Silke Fuchs fuhr fort. »Eines Tages hat er sich tatsächlich scheiden lassen. Aber nicht, um mich zu heiraten. Sondern Linda Albrecht.« Wieder schaute sie zu mir herüber. »Doch noch am Abend vor ihrer Hochzeit hat er mit mir geschlafen und mir gesagt, wie leid es ihm tue, diese Linda Albrecht heiraten zu müssen. Er tue das nur wegen der Kinder. Frau Albrecht war schließlich Hausfrau und konnte sich mehr um seinen Nachwuchs kümmern als ich.«

Silke Fuchs ließ ihre Handtasche auf- und zuschnappen, als wollte sie damit ihre On-off-Beziehung zu Frank unterstreichen.

»Schon vorher hat er Linda Albrecht die Renovierung des neuen Hauses samt Umzug machen lassen – während er mit seinen Töchtern in Ägypten in Urlaub war und ich heimlich dazukam. Tagsüber taten wir so, als würden wir uns nicht kennen – die Nächte verbrachten wir dann in seinem Zimmer allein. Anschließend ist er dann zu ihr und ihren Kindern in die sogenannte Villa Kunterbunt gezogen.«

Im Publikum ertönten hässliche Lacher.

Selber schuld!, schien Silke auf die Stirn geschrieben zu stehen. Und mir auch. Was für eine Demütigung! Allein schon dafür hatte Frank lebenslänglich verdient!

»Wieso haben Sie sich das alles bieten lassen?« Der Richter schüttelte fassungslos den Kopf.

Silke Fuchs biss sich auf die Unterlippe und sagte dann: »Er hat Linda Albrecht immer als Haushälterin und Kinderfrau bezeichnet. Mit ihr laufe schon lange nichts mehr.«

Wie bitte? Das war doch der Gipfel! Mir entfuhr ein unterdrücktes Stöhnen. Doch es sollte noch schlimmer kommen. Gleich darauf ließ Silke Fuchs eine neue Bombe platzen.

»Deshalb habe ich mich endgültig von meinem Mann getrennt und eine Wohnung für Frank und mich angemietet. Dort habe ich ihn dann mit einer anderen Geliebten überrascht.«

Mir blieb der Mund offen stehen. Das durfte doch alles nicht wahr sein!

Im Publikum machte sich so etwas wie Heiterkeit breit.

Der Richter mahnte erneut zur Ruhe. Dann wandte er sich wieder an Silke Fuchs. »Nennen Sie den Namen dieser Frau.«

In meinem Kopf ratterte es wie verrückt. Sissy Bleibtreu, oder? Bestimmt kam sie jetzt ins Spiel.

Silke drehte an einem Knopf ihrer Kostümjacke. Dann sagte sie mit leiser Stimme, aber deutlich hörbar in die Stille des Saales hinein:

»Michaela Hermanns. Seine ehemalige Nachbarin.«

»Das schlägt doch dem Fass den Boden aus!«, tobte Barbara, als wir in einer Verhandlungspause ins Foyer hinausgingen. »Dein Frank hat alles gevögelt, was nicht bei drei auf den Bäumen war!«

Ich stolperte fast über meine eigenen Füße. Hatte ich Halluzinationen? Da stand Michaela! Entsetzt starrte ich sie an. Sie hatte mir damals die Freundschaft gekündigt! Jetzt wusste ich auch, warum! Heidrun kehrte ihr wütend den Rücken zu. Drei Meter von ihr entfernt stand Silke Fuchs, und in der anderen Ecke des Raumes entdeckte ich Sissy Bleibtreu. Neben ihr stand ihr schwuler Freund mit dem Seidenhalstuch.

Ich massierte mir die Nasenwurzel und versuchte, die sich anbahnende Migräne zu verscheuchen.

Er hatte mit uns allen gespielt, aber ich war wohl diejenige, die am längsten ahnungslos gewesen war, ihm bis zum Schluss die Stange gehalten hatte. Und immer noch an das Gute in ihm geglaubt hatte.

Barbara drückte mir einen Kaffee in die klammen Hände. Patti starrte fassungslos vor sich hin.

»Ist das alles nicht ein bisschen zu viel für dich, Süße?« Barbara legte den Arm um sie. »Vielleicht möchtest du ein bisschen an die frische Luft gehen?«

»Ja. Ich pack das hier nicht mehr«, sagte sie verstört. »Mama, sei mir nicht böse, aber mir reicht's.«

Fluchtartig verließ sie das Gebäude.

»Ich begreif es einfach nicht«, sagte ich mit einer Stimme, die ich kaum wiedererkannte. »Er hat uns alle nur benutzt!«

Barbara schüttelte nur den Kopf.

Zum Glück sagte sie nicht: »Ich habe es dir immer gesagt«, oder »Ich habe es gleich gewusst«. Dafür liebte ich sie. Beste Freundinnen sagen so etwas nicht.

»Wie blöd können Frauen eigentlich sein?« Wütend wirbelte ich zu ihr herum. »Ich wollte um jeden Preis glücklich sein, aller Welt demonstrieren, dass ich das Richtige tue. Und habe darüber ganz vergessen, mich zu fragen, ob ich eigentlich noch alle Tassen im Schrank habe.«

»Ich schätze, das geht vielen Frauen so«, sagte Barbara nachsichtig. »Jedenfalls Frauen, die zu sehr lieben.«

Am nächsten Verhandlungstag wurde es richtig heftig: Der Gerichtsmediziner zeigte riesengroße Dias von der bis zur Unkenntlichkeit verschnürten Elfi, beschrieb jeden Schlag, den Frank ausgeteilt hatte, und nannte schließlich die Todesursache: Ersticken am eigenen Erbrochenen. Die Leute im Saal schlugen die Hände vors Gesicht, und auch ich konnte den Anblick meiner dermaßen zugerichteten Freundin kaum ertragen. Ich musste den Kopf an Barbaras Schulter vergraben. Dicke Tränen liefen mir übers Gesicht. Wie gut, dass Patti nicht mehr im Saal war!

Mithilfe eines Kollegen stellte der Gutachter den Kampf nach, den Elfi und Frank sich geliefert hatten. Wir Zuschauer schlugen die Hände vor den Mund, als wir das alles miterleben mussten: Elfi hatte einen Fremden in ihrem Schlafzimmer überrascht und tapfer zum Golfschläger gegriffen, um dem Einbrecher eins überzubraten. Der Golfschläger hatte Franks Gesicht gestreift.

Jetzt war mir alles klar: Ich sah Frank wieder aus der Dusche kommen, an dem Tag, an dem er mir weismachen wollte, er hätte einen Unfall mit dem Mountainbike gehabt. Elfi hatte auf ihn eingedroschen, sodass er ein blaues Auge und eine Platzwunde an der Stirn davongetragen hatte. Sie hatte ihm fast die Nase gebrochen!

Spätestens da musste Frank klar geworden sein, dass er es nicht mit einer gebrechlichen alten Witwe zu tun hatte. Er war mit der Situation völlig überfordert gewesen: Hier bot ihm jemand die Stirn. Das war er von Frauen nicht gewohnt. Diese Frau ließ sich nicht einschüchtern, sondern zeigte ihm seine Grenzen auf. Das musste den Choleriker in ihm geweckt haben.

Ich sah die Szene regelrecht vor mir: Wütend packte er die

rüstige Elfi, und der Golfschläger fiel ihr aus den Händen. Doch sie ließ sich nicht einschüchtern und schlug mit den Fäusten auf ihn ein. Sie grub ihm die Fingernägel ins Gesicht, kratzte, spuckte, schrie und wehrte sich mit Händen und Füßen. Sie trat ihn zwischen die Beine, griff nach einer Lampe und schlug ihm damit auf den Hinterkopf. Die Lampe ging in tausend Scherben. Sein Zorn wuchs, und das Bedürfnis, als Sieger aus diesem Kampf hervorzugehen, ließ ihn zum Tier werden. Er überwältigte Elfi und drückte sie zu Boden, kniete sich auf ihre Arme …

»Stopp, stopp, stopp.« Der Richter wandte sich an Frank, der, wie schon die Tage zuvor, zusammengesunken hinter seinem Aktenordner hockte.

»Was WOLLTEN Sie da, Herr Hellwein? Wieso sind Sie überhaupt in den Taunus gefahren? Warum haben Sie das Haus von Frau Sturm betreten?«

Frank konnte oder wollte nicht antworten. Er hatte während des gesamten Prozesses kein Wort gesagt, und ich hatte auch jetzt wieder den Eindruck, dass er sich ganz weit weggebeamt hatte. Dort unten saß nur noch eine leblose Hülle.

Dabei war das die brennende Frage, die ich mir seit dem Tag seines Geständnisses selbst stellte!

Seine Verteidigerin versuchte eine Erklärung: Frank sei an jenem Abend privat, beruflich und gesundheitlich völlig am Ende gewesen. Seine Geliebten seien ihm abhandengekommen, und sogar seine Ehefrau Linda habe ihn seit geraumer Zeit vor die Tür gesetzt. In der gemeinsamen Firma habe sie mehr und mehr das Ruder in die Hand genommen. Die eigenen Töchter hätten sich von ihm abgewendet, und seine Bridgefreunde hätten ihn einfach ausgetauscht.

Alles, worauf er Wert gelegt habe, sei auf einmal weg gewesen, er sei im völligen Abseits gestanden. Er habe kein eigenes

Geld mehr verdient, schlief auf dem Sofa in der Firma und habe sich selbst beim Verwahrlosen zugesehen.

Während seine Frau Linda die Familie, die Freunde und die Kunden ausnahmslos auf ihre Seite gezogen habe.

Und an diesem Abend, als Linda sich fein gemacht habe und gut gelaunt mit ihren Freunden zum Bridgespielen gefahren sei, habe er sich spontan aufs Mountainbike gesetzt. Um einen klaren Kopf zu bekommen, so die Verteidigerin.

Er sei dreißig Kilometer in den Taunus geradelt, erst ganz ohne Ziel, aber dann hätten ihn seine Beine automatisch zum Haus von Elfi Sturm befördert.

Dort habe er seine einstigen Freunde durch die offene Terrassentür fröhlich Bridge spielen sehen – das Spiel, das einst SEINE Domäne gewesen war. Und jetzt genoss seine Frau, der er das alles beigebracht, ja, die er erst in diese Kreise eingeführt habe, die aufrichtige Sympathie und Anerkennung dieser Menschen. Menschen, die ihn ohne mit der Wimper zu zucken verstoßen hatten!

Körperlich erschöpft, dehydriert und ohne jeden Plan habe er das Haus betreten. Er sei völlig neben sich gestanden und habe seinen Füßen gewissermaßen beim Gehen zugesehen.

Dann bat die Verteidigerin eine Gutachterin hinzu, die das Phänomen aus medizinischer Sicht erklären sollte.

Diese Gutachterin nannte einen Begriff aus der Psychiatrie: Depersonalisation. Der Patient stehe plötzlich dermaßen neben sich, dass er völlig gefühllos sei. Nichts könne ihn mehr berühren – weder ein Sechser im Lotto noch der gewaltsame Tod eines Menschen.

Der Richter ließ das nicht gelten, sondern forderte die Verteidigerin auf, den weiteren Verlauf des Abends zu schildern.

Sie räusperte sich und fuhr fort: Als Elfi die Gäste zur Haustür hinausbegleitet habe, sei ihrem Mandanten eine dumme, aber harmlose Idee gekommen. Mit ihr habe er seine Frau Linda zurückgewinnen oder ihr wenigstens einen Denkzettel verpassen wollen. Elfis Handtasche habe halb geöffnet auf dem Bett gelegen, und da habe er instinktiv nach dem Portemonnaie gegriffen. Gerade mal zweihundert Euro und ein paar Zerquetschte seien darin gewesen. Das habe er Linda in einem geeigneten Moment unterjubeln wollen, um das Vertrauensverhältnis zwischen ihr und Elfi zu zerstören.

»War das so, Herr Hellwein?«, fragte der Richter mit dröhnender Stimme.

Frank reagierte nicht, was den Richter erneut sehr verwunderte.

»Es ist der Versuch einer Erklärung«, fügte die Verteidigerin selbst nicht ganz überzeugt hinzu.

Ich starrte meinen Mann fassungslos an: Hatte Frank ernsthaft geglaubt, dass Elfi auf einen so billigen Trick reinfallen würde?

Mir wurde schwindelig, und es rauschte so laut in meinen Ohren, dass ich kaum mitbekam, was die Frau als Nächstes vortrug: Nämlich, dass Elfi Sturm auf einmal vor ihm gestanden und ihn angegriffen, ja, ihn ANGESEHEN habe. Und das sei der entscheidende Moment gewesen, die Millisekunde, die ihr Schicksal besiegelt habe. In dem Moment habe Frank begriffen: Sie hat mich erkannt. Sie weiß, wer ich bin.

Spätestens jetzt drohte ich ohnmächtig zu werden. Unser Hochzeitsfoto! Ich sentimentale Ziege hatte es noch lange als Bildschirmschoner auf meinem Handy gehabt. Und es Elfi gezeigt, damit sie wusste, in wessen Fußstapfen sie beim Bridgen getreten war.

Es war alles meine Schuld! Dass Elfi tot war, war einzig und allein meine Schuld! Ich hatte Frank zu ihr geführt, dafür gesorgt, dass sie wusste, wer er war. Ich war nicht nur die Frau eines Mörders, ich war …

»Stopp, stopp, stopp«, hallten mir die Worte des Richters von vorhin wieder in den Ohren.

Ich war KEINE Mörderin. Ich hatte Elfi nicht an Händen und Füßen gefesselt, ihr das Gesicht mit Klebeband zugeklebt. Augen, Mund UND Nase! Ich hatte sie nicht hilflos zurückgelassen, ihrem sicheren Tod überlassen! Das hatte Frank ganz allein getan.

Als die Anwältin mit ihren Schilderungen fertig war, herrschte Totenstille im Saal.

Bis Elfis Tochter laut aufschluchzte und schrie: »Er soll hängen! In Amerika würde er die Todesstrafe bekommen!«

Dieser Ansicht waren wohl auch einige andere im Saal. Empörtes Gemurmel breitete sich aus. Der Richter mahnte vergeblich zur Ruhe. Der Anwalt der Tochter redete besänftigend auf sie ein. Vergeblich.

»Lebenslänglich ist zu wenig!«, schrie sie und brach fast zusammen. »ICH habe lebenslänglich! Ich habe meine geliebte Mutter verloren und musste meinem Kind erklären, dass die Oma mit demselben Klebeband ermordet worden ist, mit dem sie das Geburtstagspaket verschlossen hat. Mein Kind ist vier Jahre alt! Wissen Sie eigentlich, was das bedeutet?!«

Noch eine Frau, deren Leben Frank zerstört hatte. Wenn man sie nicht festgehalten hätte, wäre sie bestimmt mit den Fäusten auf Frank losgegangen.

Der saß wieder mal wie ausgestopft dabei.

Die Anwältin versicherte vehement, dass ihr Mandant weder Einbruch noch Diebstahl und erst recht keinen Raubmord geplant habe. Das Ganze sei nichts weiter als eine Verkettung ungünstiger

Umstände gewesen. Hätte der Zeitungsbote nach dem Rechten gesehen, statt die Tür taktvoll anzulehnen, würde Elfi vielleicht noch leben.

»Das glauben Sie doch wohl selbst nicht«, brüllte die Tochter voller Hass. »Diese kranke Seele soll in der Hölle schmoren!«

Daraufhin ordnete der Richter an, die Tochter aus dem Saal zu entfernen. Sie solle sich draußen beruhigen, vorher könne sie nicht mehr an der Verhandlung teilnehmen.

Zwei Polizisten wollten sie hinausführen, doch sie wehrte sich mit derselben Vehemenz, mit der sich ihre Mutter gewehrt hatte. Und wie sie hatte sie keine Chance: Irgendwann schlossen sich die Türen des Gerichtssaals hinter ihr.

»Ich plädiere in der Tat für lebenslänglich!«, sagte der Staatsanwalt streng.

»Und ich für ein Strafmaß von zwölf Jahren«, konterte Franks Verteidigerin. »Es war kein vorsätzlicher Mord. Es war Körperverletzung mit Todesfolge.«

Daraufhin hieß es: »Das Gericht zieht sich zur Beratung zurück.«

46

Es war so weit. Das Urteil wurde erwartet. Nach einer Pause schlich ich zum letzten Mal mit eingezogenem Kopf auf meinen Platz.

Sechzehn lange Tage waren Franks grausame Tat und seine gespaltene Persönlichkeit von allen Seiten beleuchtet worden. Ich zitterte wie Espenlaub und klammerte mich an Barbara, die mir treu zur Seite stand. Sie sagte irgendwas, das ich nicht mehr wahrnahm.

»Schaffst du das jetzt noch?«, wisperte sie erneut. »Kann ich irgendetwas für dich tun?«

»Ich möchte die Zeit zurückdrehen«, hörte ich mich sagen. »Ich möchte weglaufen, in ein anderes Leben, in eine andere Welt.«

Heim zu Jochen, wimmerte es in mir. Ich möchte noch einmal von vorn anfangen …

Barbara tippte mir auf den Unterarm. »Achtung! Sie kommen zurück.«

Ein letztes Mal sah ich den Einzug des Hohen Gerichts. Ein letztes Mal schlug mir das Herz bis zum Hals. Ein letztes Mal klammerte ich mich an Barbara.

»Erheben Sie sich!«

Ohrenbetäubendes Stühlescharren. Jetzt war es so weit. Gleich war alles vorbei. Gleich durfte ich nach Hause gehen.

Nach Hause. Wenn ich nur gewusst hätte, wo das war!

»Im Namen des Gerichts ergeht folgendes Urteil …«

Die Stimme des Richters hallte von den nackten Wänden wider.

»Wegen eines besonders schweren Falles von Raubmord aus Habgier verurteile ich den Angeklagten im Sinne der Staatsanwaltschaft zu einer lebenslänglichen Haftstrafe!«

Ein Raunen ging durch den Saal. Manche applaudierten. Elfis Tochter brach weinend zusammen. Der Beifall schwoll an.

Frank starrte mich fassungslos an. Tu doch was!, sagte sein verzweifelter Blick. Sag, dass es nicht so war! Ich wollte sie nicht umbringen, und du weißt das!

Ich starrte wie gelähmt zurück.

Lebenslänglich!, dröhnte es in meinen Ohren. Den Rest der Urteilsbegründung hörte ich nicht mehr.

Frank wurde in Handschellen abgeführt. An der Tür sah er sich noch ein letztes Mal zu mir um.

Ich schüttelte unmerklich den Kopf.

Wie in Trance verließ ich schließlich an Barbaras Arm den Saal. Sie schirmte mich, so gut es ging, gegen die lästigen Reporter ab.

»Bloß weg hier«, stöhnte ich erschöpft.

»Liebes, was wirst du jetzt machen?«

»Ich weiß es nicht …«

Ich hatte keine Ahnung. Während des Prozesses hatte ich bei Barbara geschlafen. Aber ich konnte ihre Gastfreundschaft nicht überstrapazieren.

Durch die aufgebrachte Menschenmenge bahnten wir uns den Weg zum Ausgang. Wie betäubt setzte ich einen Fuß vor den anderen.

»Linda?« Barbara zeigte auf den Lift zur Tiefgarage. »Soll ich dich nicht doch noch mal mit zu mir nehmen?«

Ich schüttelte stumm den Kopf.

»Soll ich dich noch irgendwohin fahren?«

Ich zuckte mit den Schultern.

»Sollen wir noch einen Kaffee trinken gehen?«

Ich konnte jetzt nicht reden. Ich wollte allein sein. Es war alles gesagt. Ich wusste nur, dass ich da jetzt rausgehen würde. In ein neues Leben, wie auch immer das aussehen würde.

»Danke, Barbara. Ich brauche jetzt einfach Zeit für mich.«

»Ruf mich an, wenn du reden willst.«

Ich nickte.

Lebenslänglich. Es gab keinen Frank mehr.

Mit letzter Kraft stieß ich die schwere Eisentür auf. Jetzt sah ich MEINEN Füßen beim Gehen zu. Keine Ahnung, wohin sie mich führen würden. Hauptsache weg von hier.

Ich sah hinauf in den wolkenlosen Himmel. Flugzeuge hinterließen Kondensstreifen. Die Wolkenkratzer reflektierten die Sonne. Frank würde nie wieder etwas anderes sehen als ein winziges Stückchen Himmel, umschlossen von hohen Mauern und Stacheldraht.

Bedrückt steckte ich die Hände in die Taschen und ging wie betäubt über die Straße. Wenn mich jetzt ein Auto erfasst hätte – mir wäre es recht gewesen!

Diese Erkenntnis traf mich wie ein Keulenschlag. Wollte ich nicht mehr leben? Doch. Für die Kinder. Ich würde für sie da sein. Aber im Moment brauchte ich einfach eine Pause. Luft holen. Die Gedanken ordnen.

Wohin sollte ich gehen? Wo würde ich heute Abend schlafen? In der Firma. Ja. Genau wie Frank. Mit Pizza aus dem Karton und Kaffee aus dem Pappbecher.

Ich fröstelte. Ich war eine gescheiterte Existenz. Genau wie Frank.

Stopp, stopp, stopp, hallten mir die Worte des Richters erneut in den Ohren.

Jemand hupte, und ich erstarrte. Meinte der mich? Quatsch. Ich war unsichtbar geworden. Nie wieder würde sich ein Mann nach mir umdrehen. Nie wieder würde jemand an der Hecke stehen und meinen Namen rufen.

»Linda!«

Ich fühlte mich schwer wie Blei und hässlich wie die Nacht. Mechanisch strebte ich auf den dunklen U-Bahn-Schacht zu. In dem Moment fing es an zu regnen, und ich hatte natürlich keinen Schirm dabei.

»Linda!«

Ich zögerte. Nun hatte ich es aber ganz deutlich gehört. Wer rief denn da meinen Namen?

Verblüfft drehte ich mich um. Es war Jochens Wagen, der neben mir an einer Hecke hielt. Ratlos blieb ich stehen.

In dem Moment wurde die Beifahrertür von innen aufgestoßen.

Fragend schaute ich ins Wageninnere.

Jochen saß am Steuer und sah mich eindringlich an. Langsam nahm er seine Tasche vom Beifahrersitz und sagte: »Linda!«

Sonst nichts.

Nachwort der Protagonistin

Lange Zeit habe ich es nicht geschafft, über meine Geschichte zu sprechen, ich konnte noch nicht einmal darüber nachdenken. Es war, als erlebte ich einen schlechten Film, einen Albtraum, aus dem ich nicht erwachen konnte. Ich habe mich geschämt für meine Entscheidung für ein Leben mit Frank und hatte ständig das Gefühl, mich erklären, rechtfertigen oder entschuldigen zu müssen. Die Frage, was ich meinen Kindern zugemutet habe, welch schreckliche Folgen meine Liebe für so viele Menschen hatte, bewegt mich noch heute. Ganz zu schweigen davon, dass ein lieber Mensch auf grausame Weise starb – darüber werde ich sicher nie hinwegkommen.

Unvorstellbar war für mich, mit einem fremden Menschen über meine Geschichte zu sprechen oder sie aufzuschreiben. Das änderte sich, als ich Hera Lind traf. An einem kalten Wintertag habe ich sie am Flughafen Frankfurt abgeholt, und nach kurzer Zeit war mir klar: Hier kann ich alles genau so erzählen, wie es war, ohne auf einen erhobenen Finger zu schauen. Hera Lind hat zugehört, einfühlsame Fragen gestellt und mir schnell das Gefühl vermittelt, ihr vertrauen zu können. Entstanden ist ein Buch, von dem ich sagen kann: Genau so war es! Dafür möchte ich mich bedanken.

Heute lebe ich in unmittelbarer Nähe meiner Kinder und bin glücklich damit. Die Ereignisse verfolgen mich noch immer, es gibt gute und schlechte Tage. Noch heute wache ich auf, und mein erster Gedanke ist: Habe ich das nur geträumt? Und dann fällt mir wieder ein, dass meine Geschichte kein Albtraum, sondern Realität war. Ich lebe jetzt ein »kleines, ruhiges« Leben und bin dankbar für diese Ruhe. Stürme habe ich genug erlebt.

Linda Albrecht, im August 2015

Nachwort der Autorin

Als ich diese Geschichte in den Händen hielt, bekam ich starkes Herzklopfen. Ich saß im Zug und konnte nicht aufhören zu lesen, denn das erste Drittel erinnerte mich stark an meine eigene Lebensgeschichte. Auch ich bin in der Mitte meines Lebens unerwartet meiner großen Liebe begegnet, obwohl ich schon gebunden war. Auch mir hätte eine solche Tragödie passieren können. Was für ein unglaubliches Glück ich gehabt habe, tatsächlich auf den Richtigen zu treffen, ist mir erst beim Lesen dieser Geschichte schlagartig bewusst geworden. Und wie sehr Frauen bereit sind zu lieben, um den Familienfrieden zu erhalten. Daher war Linda für mich die perfekte Protagonistin: Eine mutige Frau, die alles auf eine Karte gesetzt und für das Glück ihrer Kinder gekämpft hat wie eine Löwin.

Der berühmte Funke ist sofort gesprungen. Ich wollte diese Geschichte unbedingt machen.

Also setzte ich mich in den nächsten Flieger und besuchte Linda Albrecht in Frankfurt, wo ich sie mit ihren Kindern Patti und Simon in ihrer Wohnung bei Kaffee und Kuchen kennenlernen durfte. Frau Albrecht wirkte nach wie vor sehr verletzlich, aber auch gleichzeitig stark. Sie hatte den Mut, ihrer großen Liebe zu folgen, und wurde dafür vom Schicksal so grauenvoll bestraft. Wir beratschlagten lange und behutsam, wie wir mit diesem brisanten Stoff umgehen sollten.

Die Presse hatte sich damals auf ihren Fall gestürzt, und

Linda Albrecht wollte vermeiden, dass die Medien ihre eigenen Gefühle oder die ihrer Kinder erneut verletzen. Umso mehr ehrt es mich, dass sie mir ihre Geschichte für einen neuen Tatsachenroman anvertraut hat.

Wir arbeiteten fortan »Kopf an Kopf«, sie stellte mir höchst wertvolles Material zur Verfügung, und ich schickte ihr fast täglich ein neues Kapitel. Danach korrigierten wir gemeinsam und nahmen Feinjustierungen vor. Sie ließ mir freien Lauf, was das Erfinden von Dialogen und Situationen anbetraf, die ich wie üblich mit munterer Fantasie ausschmücken durfte. Dank Lindas Unterstützung ist der Balanceakt zwischen der Leichtigkeit einer großen neuen Liebe und den entsetzlichen Konsequenzen gut gelungen.

Hiermit bedanke ich mich noch einmal bei Linda Albrecht für den mitreißenden Stoff, für die vertrauensvolle Zusammenarbeit und für ihre Tapferkeit, noch einmal so tief und manchmal schmerzhaft in die Vergangenheit einzutauchen.

Und ich bedanke mich bei all meinen treuen Leserinnen und Lesern, die mir ihre Geschichte über meine Website bereits geschickt haben oder vielleicht noch schicken werden. Es ist mir eine große Ehre und Freude, in das Leben anderer Menschen eintauchen zu dürfen.

Hera Lind, im Oktober 2015

Über die Autorin

Hera Lind studierte Germanistik, Musik und Theologie und war Sängerin, bevor sie mit ihren heiter-besinnlichen Frauenromanen sensationellen Erfolg hatte. Später eroberte sie auch mit ihren Tatsachenromanen die SPIEGEL-Bestsellerliste. Hera Lind lebt mit ihrer Familie in Salzburg.